世界贸易组织发展报告

2020—2021

屠新泉　等　著

对外经济贸易大学出版社
中国·北京

图书在版编目（CIP）数据

世界贸易组织发展报告. 2020—2021 / 屠新泉等著. —北京：对外经济贸易大学出版社，2021.12
ISBN 978-7-5663-2337-8

Ⅰ. ①世… Ⅱ. ①屠… Ⅲ. ①世界贸易组织–研究报告–2020–2021 Ⅳ. ①F743.1

中国版本图书馆 CIP 数据核字（2021）第 257517 号

世界贸易组织发展报告 2020—2021

屠新泉　等　著

责任编辑： 高　卓

出版发行：对外经济贸易大学出版社
社　　址：北京市朝阳区惠新东街 10 号
网　　址：www.uibep.com
资源网址：www.uibepresources.com
邮政编码：100029
邮购电话：010－64492338
发行部电话：010－64492342
E-mail：uibep@126.com

成品尺寸：170mm×230mm
印　　张：18
字　　数：313 千字
ISBN 978-7-5663-2337-8
印　　刷：北京九州迅驰传媒文化有限公司
版　　次：2021 年 12 月北京第 1 版
印　　次：2021 年 12 月第 1 次印刷
定　　价：68.00 元

内 容 提 要

世界贸易组织（World Trade Organization，WTO）是三大国际经济组织之一，是中国参与全球经济治理的重要平台。本报告内容共分三篇，第一篇为宏观经贸形势，内容主要有2019—2020年全球经济贸易发展回顾与展望、2019—2020年中国经济贸易发展回顾与展望；第二篇为世界贸易组织的发展，详细分析了2019—2020年世界贸易组织的新发展及货物贸易协议、贸易救济措施、服务贸易、与贸易有关的投资措施、与贸易有关的知识产权、争端解决机制、贸易政策审议机制、区域贸易协定等主要议题的发展与演变；第三篇为美国贸易政策与中美经贸关系展望，主要内容包括特朗普政府时期的美国贸易政策、特朗普政府对华贸易政策与中美经贸关系转变、拜登政府的贸易政策与中美经贸关系展望。

Abstract

The World Trade Organization (WTO) is one of the three major international economic organizations and an important platform for China to participate in global economic governance.The content of this report is divided into three parts.The first part is the macro economic and trade situation, mainly including the review and prospect of global economic and trade development in 2019–2020, and the review and prospect of China's economic and trade development in 2019–2020. The second part is the development of WTO, which analyzes in detail the new development of WTO, goods trade agreements, trade remedy measures, trade in services, trade-related investment measures, trade-related intellectual property rights, dispute settlement mechanism, trade policy review mechanism, regional trade agreements and so on.The third part is the topic of US policy and Sino-US economic and trade relations.The main content includes the US trade policy during the Trump administration, the Trump administration's China trade policy and Sino-US economic and trade relations, the Biden administration's trade policy and the prospect of Sino-US economic and trade relations.

前 言

世界贸易组织（WTO）是根据乌拉圭回合谈判达成的《建立 WTO 协定》于 1995 年 1 月 1 日成立，用以取代 1948 年 1 月 1 日临时实施的关税与贸易总协定（General Agreement on Tariffs and Trade，GATT），并以乌拉圭回合谈判达成的一整套协定和协议条款作为国际法律规则，对各成员之间在经济贸易关系方面的权利和义务进行监督、管理的正式国际经济贸易组织。它是世界上唯一的专门从事制定和管理国际贸易规则的国际机构，是多边贸易体制的法律基础和组织基础；它是各成员政府讨论和解决相互间贸易议题的场所，核心是由世界贸易伙伴谈判、签署并经其立法机构批准的一系列 WTO 协定、协议；它规定了各成员对协定、协议的义务，以决定各成员政府如何制定和实施其贸易法律规章和制度，目的是利于货物和服务生产者、出口者和进口者管理其商务，并允许政府努力实现其社会和环境目标。WTO 的建立标志着一个完整的、更具活力和永久性的多边贸易体制的诞生，它在监督、协调、管理世界经济秩序和多边贸易法律关系方面起到了十分重要的作用。

自 1995 年 1 月 1 日正式成立以来，WTO 在削减全球贸易壁垒，促进国际贸易发展方面取得了巨大的成就。但当前，WTO 正面临发展的挑战，多哈回合谈判发起以来出现的困境提醒人们，世界需要一个更加包容、均衡和持久的，能造福于全体人类的和平与发展的全球化。作为经济全球化的重要载体，WTO 需要加大自身改革，才能更好地实现其设立时的目标与宗旨。

为持续跟踪研究 WTO 的发展演变情况，了解主要成员对 WTO 的态度和政策调整，为中国更好地参与全球经济治理提出应对之策，在教育部哲学社会科学研究发展报告项目的支持下，由教育部人文社科重点研究基地——对外经济贸易大学中国世界贸易组织研究院组织撰写年度《世界贸易组织发展报告》。在撰写过程中，课题组力求做到“国际视野、中国立场、和谐发展”，强调理论联系实际，不断改进科研之风，形成相对稳定的研究团队，建立动态专题数据库，发布高水平咨询性专家建议。报告的突出特点是：以服务于国家重大战略需要和重大现实问题为导向；以数据库建设为支撑，做到定量与定性结合；强化应用性、研究性，避免年鉴化和学理化。

本报告在体系结构设计上基本上按照主报告、分报告框架展开，每年包括1～2 个专题研究。《世界贸易组织发展报告（2020—2021）》内容共分三篇，主要包括：宏观经贸形势、世界贸易组织的发展、美国贸易政策与中美经贸关系展望。

《世界贸易组织发展报告 2020—2021》课题组由对外经济贸易大学中国世界贸易组织研究院院长屠新泉教授领衔，李杨教授负责统稿，各篇参与人员如下：第一篇为周念利、李杨、胡奋梅、赵梦凯、丁广超、曹湾琴、范永欣、任财君；第二篇为杨荣珍、刘斌、李思奇、杜映昕、李小帆、孙娜、戴臻、石晓婧、翟玉东、朱卉琳、夏莹玉、刘爽、王禹、周伊宁；第三篇为屠新泉、刘斌、杜映昕、戴臻、曾瑞、刘芷君、刘玥君。

在撰写过程中，本报告得到教育部社科司、商务部世界贸易组织司、商务部政策研究室、商务部贸易救济调查局、商务部条约法律司以及商务部国际贸易经济合作研究院等有关部门领导和专家的指导和大力支持，在此表示感谢。课题组每位成员都本着认真负责的态度，力争精益求精，然能力所限，难免有谬误之处，还请各位读者批评指正。

对外经济贸易大学中国世界贸易组织研究院院长
屠新泉

目　录

第一篇　宏观经贸形势

第二篇　世界贸易组织的发展

第三篇 美国贸易政策与中美经贸关系展望

第一篇

宏观经贸形势

第一章

2019—2020 年全球经济贸易发展回顾与展望

第一节 2019—2020 年全球经济发展回顾与展望

一、2019—2020 年全球经济发展回顾

2019—2020 年全球经济同步放缓，主要经济体复苏动力减弱，世界经济增长动力不足，全球制造业衰退。贸易保护政策在全球范围内发酵、WTO 争端解决机制面临瘫痪且改革面临阻碍、新冠肺炎在全球暴发与扩散等多重风险叠加，给世界经济稳定增长带来不确定性。2019 年，主要经济体中美国经济维持扩张势头，欧洲经济依旧增长缓慢，日本经济回升的前景不明。2020 年，受新冠肺炎疫情的冲击，全球经济体的经济几乎均是负增长，世界经济增长面临着前所未有的挑战。

（一）全球经济增速持续放缓

2019 年世界经济环境高度不确定，全球商业信心减弱，制造业生产大幅放缓，投资决策受到抑制，世界经济明显下行，不少经济指标甚至创下 2008 年国际金融危机以来新低，全球 GDP 增长率从 2018 的 3.6%下降到 3.0%。全球近 90%的国家和地区的经济增速在同步放缓，且减速幅度超出预期。主要发达经济体中，除日本外，其他经济体均出现增速明显回落现象。各主要经济体纷纷实行货币宽松政策以维持经济稳定，贸易摩擦、地缘政治紧张局势带来的不确定性因素将全球经济拖入了同步放缓境地，全球经济微弱复苏的步伐更显沉重。

发达经济体中，美国经济温和扩张，增速放缓。美国商务部发布的数据显

示，2019 年美国经济增长率为 2.3%。2019 年美国供应管理协会制造业采购经理人指数（PMI）从 1 月的 56.6 下降到 12 月的 47.2，降到“荣枯线”（PMI 数值通常以 50 作为经济强弱的分界点）以下，为 2019 年全年最低水平。欧元区经济体的经济增长有所回落。根据欧盟统计局数据，2019 年欧元区 19 国 GDP 增长率为 1.2%，比 2018 年下降了 0.6 个百分点。[①]2019 年欧元区制造业的 PMI 从 1 月的 50.5 下降至 12 月的 45.9，反映出欧元区企业活动呈收缩态势，欧盟经济再度走到“十字路口”。德国制造业萎缩在很大程度上拖累了欧洲经济增长，上半年德国制造业的 PMI 均在“荣枯线”以下，贸易局势紧张对德国工业产出及制造业出口带来不利影响。[②]日本经济增长趋缓。2019 年日本 GDP 实际增长率为 0.7%。制造业增长乏力，自 2019 年 5 月以来，日本制造业的 PMI 连续 8 个月位于“荣枯线”以下。

IMF 统计数据显示，2019 年，新兴经济体和发展中国家经济增长态势继续分化，印度、南非、俄罗斯、巴西等国经济增速下滑明显。2019 年，印度实际经济增长率为 4%，比 2018 年下降了 2.5 个百分点；南非实际经济增长率为 0.2%，较 2018 年下降了 0.6 个百分点；俄罗斯与巴西实际 GDP 增长率分别为 2%、1.4%，较 2018 年分别下降了 0.8 与 0.4 个百分点。2019 年，中国实际 GDP 增长率为 5.8%，较 2018 年下降了 0.9 个百分点，但保持了总体平稳、稳中有进的发展态势。

2019 年，大洋洲整体经济增速放缓。澳大利亚的经济自 2018 下半年开始增速明显下滑，2019 年经济疲软态势仍在继续。2019 年澳大利亚实际 GDP 增长率为 1.9%，较 2018 年下降 0.9 个百分点。2019 年澳大利亚经济最大亮点是出口强劲，净出口贡献了一半的经济增长，特别是对中国的出口激增。尽管增速缓慢，澳大利亚经济已连续 28 年保持正增长。2019 年，新西兰经济增长略有放缓，实际 GDP 增长率为 2.4%，较 2018 年下降 10 个百分点，主要原因是固定投资显著下降以及政府支出增长更为疲软。

拉丁美洲和加勒比经济经历寒冬，持续低迷。无论从整个地区经济形势看，还是从主要国家经济指数看，拉丁美洲经济增速都呈现出放缓趋势，陷入持续 6 年的“低增长怪圈”。IMF 的统计数据显示，2019 年，拉丁美洲和加勒比实际 GDP 增长率为 0.1%。其中，巴西和墨西哥的实际 GDP 增速分别 1.1%、−0.1%。

① 姜跃春，张玉环．2019 年世界经济：同步放缓，复苏乏力 [J]．世界知识，2020（2）：62-64.

② 姜跃春，张玉环．上半年世界经济形势及中国面临的外部挑战 [J]．世界知识，2019（15）：54-56.

横向比较来看，拉丁美洲经济和加勒比经济既没有达到发展中国家平均 3.7%的经济增长水平，也没有达到世界平均水平 2.9%，更远低于亚洲国家和地区 5.5%的经济增速，连续 6 年成为全球经济增速最缓慢的地区。2019 年国际原油、铜、大豆价格分别下跌 12.2%、8%和 7.4%，这使得一些严重依赖初级产品出口的拉丁美洲国家的出口受挫，直接对其经济增长造成冲击。经济不景气导致人均收入下降，消费水平相应地降低，内需增长呈现疲软乏力之态。

进入 2020 年，新冠肺炎疫情在全球迅速蔓延，主要经济体经济严重受创，世界经济出现金融危机后最严重的衰退。①保护主义与疫情冲击的双重压力给世界经济带来巨大挑战，绝大多数国家 GDP 出现负增长、失业率上升、通货膨胀率下降。同时，世界贸易显著萎缩，国际直接投资断崖式下降，全球金融市场大起大落，全球债务水平快速攀升。2020 年世界 GDP 增长率按购买力平价（PPP）计算约为–4.4%，按市场汇率计算约为–4.7%。这是第二次世界大战结束以来世界经济最大幅度的产出规模萎缩。②

2020 年，美国经济衰退速度超过预期。IMF 统计数据显示，2020 年美国实际 GDP 增长率为–3.5%，比 2019 年回落 5.8 个百分点。欧元区经济增长降幅较大，实际 GDP 增长率由 2019 年的 1.2%降至 2020 年的–6.6%。其中，德国 GDP 增速下降 5.5 个百分点至–4.9%，法国 GDP 增速下降 9.8 个百分点至–8.2%，意大利 GDP 增速下降 9.2 个百分点至–8.9%。英国和加拿大的 GDP 增长率分别下降至–9.9%和–5.4%，日本经济增速下降至–4.8%，其他发达经济体经济增速总体下降至–2.1%。

新兴市场与发展中经济体实际 GDP 也呈现负增长。亚洲新兴经济体 2020 年 GDP 增长率为–1%，比 2019 年下降 6.5 个百分点。中国和越南是少有的经历大幅度增长率下降后仍能保持正增长的国家。中国的 GDP 增长率从 2019 年的 5.8%下降到 2020 年的 2.3%，越南的 GDP 增长率从 2019 年的 7%下降到 2020 年的 2.9%。印度 GDP 增长率从 4.2%下降到–8%；印度尼西亚、马来西亚、菲律宾、新加坡和泰国东盟五国的整体 GDP 增长率从 4.9%下降到–3.4%。新兴与发展中欧洲经济体 GDP 在 2020 年同样出现大幅度负增长，GDP 增长率从 2019 年的 2.1%下降至 2020 年的–4.6%。其中俄罗斯 GDP 增长率从 2019 年的 2%下

① 中国宏观经济研究院对外经济研究所形势分析课题组．2020 年上半年世界经济和我国外贸外资形势分析与展望［J］．中国物价，2020（7）：7–9．

② 姚枝仲．2020—2021 年世界经济形势分析与展望［EB/OL］．https://www.sohu.com/a/441871553_729263.

降至 2020 年的－3.1%。但土耳其 GDP 增长率从 2019 年的 0.9%增长至 2020 年的 1.8%，在新冠肺炎疫情的冲击下，不仅仍能够保持正的经济增速，还能够较 2019 年提高了 0.9 个百分点。2021 年 4 月 IMF 发布的《世界经济展望》报告显示，拉丁美洲和加勒比地区整体 GDP 增长率从 2019 年的 0%下降到 2020 年的－7%。其中，阿根廷 GDP 增长率从 2019 年的－2.1%下降到－10%，下降了 7.9 个百分点；巴西和墨西哥 GDP 增长率分别从 2019 年的 1.4%和－0.1%下降到 2020 年的－4.1%和－8.2%，分别下降了 5.5、8.1 个百分点。中东北非地区由于地缘政治冲突和油价持续低迷导致 GDP 增长率从 2019 年的 0.8%下降到 2020 年的－5.0%。其中，沙特阿拉伯 GDP 增长率从 2019 年的－0.3%下降到 2020 年的－4.1%。撒哈拉以南非洲地区 GDP 增长率从 2019 年的 3.2%下降到 2020 年的－1.9%。其中，2020 年尼日利亚和南非的经济增长率分别为－1.8%、－7%。

（二）通货膨胀率下降

2019 年，全球主要经济体通货膨胀率均有所下降。美国的平均消费价格指数从 2018 年的 2.4%的增长高点，逐步下降至 2019 年的 1.8%，下降了 0.6 个百分点。欧洲总体通胀水平有所下降，核心通胀率稳定在低位。2019 年，德国、法国、意大利、爱尔兰的通货膨胀增长率分别为 1.4%、1.3%、0.6%、1.2%，分别较 2018 年下降 0.5、0.8、0.6、1.1 个百分点。日本通胀率再次下降，2019 年日本 CPI 增长率仅为 0.5%，较 2018 年下降 0.5 个百分点，陷入通货紧缩的风险较高。[①] 2019 年，澳大利亚和韩国的 CPI 增长率分别为 1.6%、0.4%，较 2018 年分别下降 0.3、1.1 个百分点。全球大多数国家通货膨胀率下降的同时，个别国家的通货膨胀率却在上升，如印度和阿根廷。2019 年，印度平均消费价格指数增长率为 4.8%，较 2018 年上升 1.4 个百分点。2019 年阿根廷的通货膨胀率显著增长，其增长率高达 53.5%，创 1991 年以来最高纪录。

2020 年，全球主要经济体通货膨胀率均有所下降，部分经济体出现通货紧缩。美国 CPI 增长率从 2019 年的 1.8%下降到 2020 年的 1.2%。其中，2020 年 5 月美国的 CPI 同比增长仅为 0.1%。美联储降息、无限量宽松货币政策等措施推动了经济复苏，CPI 于 6 月开始回升，9 月 CPI 同比增长率回升至 1.4%，同比仍下降 0.3 个百分点。2019 年，欧元区的消费价格调和指数（HICP）处于通货紧

① 姚枝仲．2019—2020 年世界经济形势分析与展望［EB/OL］．https://mp.weixin.qq.com/s?src=11&timestamp=1619179155&ver=3026&signature=CbifUEDkBRGnj4DpMz6RshHRDrP3n2xitVR5GWWKQ4xmw3BAmfxK1Gq3DpJncpn*ZlzZ9fGEkJ5Ry*4PhkumSs0dfjboZZzW9hmHcI69jG3EJo2Puzjdx98f1SES59dS&new=1.

缩边缘，2020年受疫情冲击的影响通货紧缩开始显现。2020年，德国、意大利、法国、爱尔兰的CPI增长率分别为0.4%、-0.1%、0.5%、0.4%，均显现通货紧缩状态，分别较2019年下降1、0.7、0.8、0.8个百分点。2020年，日本CPI增长率下降为零增长，且其核心CPI从2020年4月开始出现-0.2%的增长，至9月，核心CPI同比增长率为-0.3%。

主要新兴市场国家中，俄罗斯CPI平均增长率从2019年的4.0%下降到2020年的3.4%。2020年，巴西CPI平均增长率为3.2%，较2019年下降0.5个百分点。其中在2020年5月和9月，巴西同比CPI增长率分别下降至2.1%和2.9%，此后逐渐回升。2020年，印度CPI平均增长率为6.2%，较2019年上升1.4个百分点，超过了印度央行设立的6%的最高通胀上限。印度CPI在2019年总体上处于上升趋势，至疫情暴发前，已经从2019年1月的0.8%上升到2020年1月的8.8%，疫情暴发后，通胀率有所回落。南非CPI增长率从2016年6.3%的增长高位逐年下降，2020年下降至3.3%，较2016年下降了3个百分点。2020年，中国CPI增长率为2.4%，较2019年下降了0.5个百分点。通货膨胀严重的阿根廷在2020年CPI增长率为42%，较2019年下降了11.5个百分点。导致其通货膨胀率下降的主要原因包括疫情背景下政府实施的价格保护计划、美元官方汇率的控制以及经济活动减少等。

（三）世界经济增长面临挑战

2019年世界经济发展格局不断变化，贸易保护主义阻碍贸易秩序的正常发展，美国对中国发起贸易战，不仅阻碍了中美两国的进出口贸易发展，导致经济增长的下降，还对世界其他国家造成了一定的冲击，影响了世界经济的有序发展。2020年，WTO面临上诉机构停摆、贸易争端解决机制难以有效运行的困境，世界贸易的正常秩序难以为继。与此同时，新冠肺炎疫情又在全球蔓延，世界各国纷纷在贸易、旅游、交通等方面采取封锁政策抑制疫情的扩散与传播。疫情得到有效控制的代价为全球经济增长的急剧下降，全球经济体的经济增速几乎均呈现负增长状态，而中国因疫情发现与控制及时，有效遏制了疫情在国内的传播，对经济的冲击和影响相对其他国家较小，仍保持了低速正增长。

1. 美国贸易保护政策加剧多边贸易体系危机

特朗普政府贸易保护政策的影响依然在全球范围内发酵，对以WTO为核心的多边贸易体系的破坏程度持续加深。一方面，全球贸易保护措施仍在加码升级，直接破坏自由开放、互惠互利的多边贸易体系。2019年，美国与中国、欧盟、印度等贸易伙伴的关税战仍在上演，美国调整贸易关系的举措成为拖累国际贸易增长的重要因素，继续引发“以邻为壑”的加征关税浪潮。WTO 发布的报告显示，2018 年 10 月至 2019 年 10 月，WTO 成员共实施 102 项新贸易限制措施，涉及贸易进口额约为 7 469 亿美元，同比增长 27%，是自 2012 年 10 月以来的最高纪录。另一方面，WTO 争端解决机制濒临瘫痪，改革面临阻碍。2019 年 12 月 11 日，WTO 争端解决机制上诉机构正式停摆。针对争端解决机制危机，欧盟等成员从 2018 年就开始提出改革方案，各方改革方案在回应美国不满的基础上提出了路径略有不同但目标一致的建议，然而，由于美国的阻挠，阻碍了 WTO 改革进程，多边贸易体系危机重重。

2. 地缘政治动荡与诸多治理组织改革进程受阻掣肘世界经济增长

2019 年，全球政治经济格局加速调整，地缘政治紧张局势升级，多重风险挑战叠加，给世界经济稳定增长带来不确定性。首先表现在中东地区地缘政治局势紧张，导致国际原油价格波动加剧。随着美国退出“伊核协议”并于 2019 年 5 月重启对伊朗的制裁，美国和伊朗紧张关系加剧，再加上 2019 年海湾地区发生多起油轮和商船遇袭事件，沙特阿拉伯的重要石油设施遭也门胡塞武装袭击，土耳其对叙利亚北部发动军事打击等因素的影响，中东地区大国博弈逐步升级，直接引发国际原油价格多次波动，影响世界经济稳定。其次表现在全球范围内反政府抗议迭起，威胁国家稳定和经济增长。2019 年以来，拉美、欧洲、中东地区多个国家爆发反政府抗议示威活动，经济民生问题成为民众抗议的导火索。民众反政府抗议对国家和地区经济增长产生不利影响，拉美地区尤为突出。[①]治理组织改革方面，WTO 争端解决机制陷入困境，上诉机构停摆阻碍 WTO 经济治理机制的正常运转。[②]

3. 疫情全球蔓延导致世界经济陷入危机

2019 年底突发的新冠肺炎疫情对全球经济产生巨大冲击。就业方面，疫情期间大量商家与产业停工停产，交通业和旅游业遭受巨大冲击，全球经济下滑的同时大量公司与企业倒闭或缩小规模进行裁员，导致失业率大量增加。根据 IMF 发布的数据，2020 年，美国失业率高达 8.1%，较 2019 年上升 4.4 个百分点，是 2013 年以来的最高失业水平，美国月度失业率飙升至 14.7%，创下大萧条以来的最高纪录；澳大利亚失业率为 6.5%，是 2012 年以来的最高失业水平；俄罗斯失业率为 5.8%，是 2012 年以来最高失业水平；史上就业率极高的日本 2020

① 姜跃春，张玉环．2019 年世界经济：同步放缓，复苏乏力［J］．世界知识，2020（2）：62－64．

② 冀牡丹，李少华．全球经济治理的挑战与展望［J］．西部学刊，2020（21）：151－153．

在双向波动中稳步走强。中国在 2020 年初至 5 月受疫情影响，人民币对美元汇率下跌至年内低位 7.176 5；随后疫情防控生效，中国经济复苏加快，外资竞相配置人民币资产，跨境资金持续流入，带动人民币持续走强，在 12 月 25 日触及年内高位 6.524 1，创 2018 年 6 月以来新高，较年内低位反弹近 10%。[①]

新冠肺炎疫情造成的经济衰退和大规模财政货币资金投放极大地增加了金融体系的脆弱性，主要体现在：一是新冠肺炎疫情导致的封锁与停工停产致使企业收入大幅度下降和企业债务大幅度扩张，不仅提高了企业财务风险，还降低了银行和金融部门的资产质量；二是政府债务水平增长过快，主权债务违约风险上升；三是股市繁荣的实体经济基础不牢，股市下行风险较大。

二、全球经济展望

2020 年全球经济因新冠肺炎疫情的冲击经历了−3.3%的产出增长，大多数国家经济出现负增长。对于 2021 年全球经济发展的展望，世界主要经济组织和机构均持积极乐观的态度，不同程度地上调了 2021 年世界经济增速预测。这主要是由于新冠疫苗的研发与经济政策的支持有望提升经济增长速度。2021 年全球经济进一步稳固，但复苏进程出现分化且存在极大不确定性。尽管新冠疫苗的研发及推广提振了人们的信心，但变异毒株的出现和病亡人数的不断增加引发了人们的担忧。各国及各部门受疫情的冲击程度的不同以及政策支持力度的不同将导致各自复苏进程出现分化。未来经济的发展前景不仅取决于新冠肺炎疫情控制和疫苗研发的结果，还取决于在高度不确定情况下实施的经济政策的有效性。

（一）全球经济增速有望回升

2021 年 1 月，世界银行发布的《全球经济展望》中预测 2021 年全球产出将增长 4%，比 2020 年提高 8.3 个百分点，但仍远低于疫情前的预测。其中发达经济体与发展中经济体 2021 年经济增长率为 3.3%、5%，分别比 2020 年提高 8.7、7.6 个百分点。OECD 预测 2021 年按 PPP 计算的世界 GDP 增长率为 5.2%，比 2020 年提高 11.2 个百分点。

2021 年 4 月 IMF 发布的《世界经济展望》中预计 2021 年全球经济增长率

① 刘猛，曹誉波. 2020 年全球外汇市场回顾［EB/OL］. https://mp. weixin. qq. com/s?src=11&timestamp=1619361648&ver=3030&signature=qbA25csEzSKwY3IB03W-8jnNqNFuAzPwnjvg0MKISmbC2GZSrO-9FdBFQycm-NQQwywTb42cdHlZCNow0uR-jOm4T3p78yotFGWSM6BAWuJdL1PMXK-0CtqNSbiVDw4z&new=1.

为 6%，比 2020 年提高 9.3 个百分点，2022 年经济增长将放缓至 4.4%。2021 年下半年新冠疫苗的接种将释放经济的流动性及推动全球经济复苏。其中，发达经济体的整体经济增长率将由 2020 年的−4.7%上升至 2021 年的 5.1%，提高 9.8 个百分点。美国、欧元区、日本经济增长率分别为 6.4%、4.4%、3.3%，比 2020 年分别提高 9.9、11 和 8.1 个百分点。英国、加拿大及其他发达经济体 GDP 整体增长率分别为 5.3%、5%、4.4%，比 2020 年分别提高 16.2、10.4、6.5 个百分点。新兴经济体和发展中经济体的整体经济增长率由 2020 年的−2.2%回升至 2021 年的 6.7%，提升 8.9 个百分点。亚洲新兴经济体和发展中经济体的总体经济增长率为 8.6%，比 2020 年提高 9.6 个百分点。其中，印度经济增长率将达 12.5%，比 2020 年提高 20.5 个百分点，成为 2021 年经济增长潜力最大的国家；中国经济将增长 8.4%，比 2020 年提高 6.1 个百分点；东盟五国经济增长率将达 4.9%，比 2020 年提高 8.3 个百分点。俄罗斯、巴西、墨西哥、沙特阿拉伯、尼日利亚与南非经济预计增长率分别为 3.8%、3.7%、5.0%、2.9%、2.5%、3.1%，均高于 2020 年的经济增长。

（二）经济增长前景有所改善，但全球各国经济复苏进程不一

IMF 于 2021 年 4 月发布的《世界经济展望》预测全球经济活动将随着疫情的控制和疫苗的研发与推广而逐渐复苏，加上各国的封锁措施逐渐放松，世界经济有望快速走出疫情时期的发展困境。各国经济复苏势头取决于其卫生危机的严重程度、国内经济活动受到冲击的程度、对跨境溢出效应的敞口，以及政策支持在减小持久损害方面的有效性，而各国因为经济结构与所采取应对措施的差异，导致各自经济复苏水平的分化。

发达经济体能为家庭和企业提供扩张性的财政支持，同时央行通过扩大资产购买计划、提供融资和贷款工具以及（部分央行的）降息等举措，进一步强化了财政政策的效果，因此经济能够较快复苏。但发达经济体内部因制度与经济发展状况的差异也存在分化。其中，美国和日本将在 2021 年下半年恢复到 2019 年底的水平，欧元区和英国的经济到 2022 年仍无法恢复至 2019 年底的水平。IMF 下调了 2021 年欧元区经济增速预测值，主要原因是欧元区疫情扩散并重新实施封锁措施，欧元区经济在 2020 年底前走弱，这一趋势预计将延续至 2021 年初。美国和日本均出台了财政刺激政策，IMF 上调了美日两国的经济增速预测值。

新兴经济体和发展中经济体中，中国与其他国家的复苏态势将出现明显差异。新兴经济体和发展中经济体中，石油出口国和依赖旅游业的经济体将面临尤为严峻的形势，这是因为跨境出行预计要较长时间才能恢复正常，且石油行

业前景低迷。中国因疫情防控取得明显成效，同时加大公共投资应对疫情，央行也提供了流动性支持，这些都推动了经济的强劲复苏。

（三）全球货币政策宽松

面对新冠肺炎疫情的控制趋势与全球经济复苏的不确定性，世界各国仍将继续采取宽松的货币政策与财政政策来拉动经济增长。货币政策方面，主要央行仍将维持宽松货币政策以支撑经济复苏，如美联储或将维持当前低利率至 2023 年。财政政策方面，继续增加财政支出以刺激经济复苏，如日本通过规模 73.6 万亿日元的经济刺激计划，欧洲复苏基金有望在 2021 年落地。这些财政支持将促进发达国家的经济活动，并对贸易伙伴产生积极的溢出效应。随着新冠肺炎疫苗的研发问世及对疫情的有效控制，各国将会逐渐取消宽松的刺激政策，部分政策将逐步温和退出。如欧洲央行可能通过减少月度购债规模来放缓货币宽松的力度和步伐；日本央行可能减少交易型开放式指数基金和房地产投资信托基金年度购买目标等。[①]正如 IMF 在 2021 年 4 月发布的《财政监测报告更新》中所述，随着经济不断复苏，财政收入将自动增加，财政支出也将自动减少，预计大多数国家 2021 年财政赤字将收窄。

第二节　2019—2020 年全球贸易发展回顾与展望

2020 年突然暴发的新冠肺炎疫情切断了世界贸易，在许多国家和地区，停工导致企业无法进行正常的业务运营，国际贸易流量也受到资本流量减少的影响，投资者的投资需求受到抑制。

一、2019—2020 年全球贸易发展回顾

（一）全球贸易量大幅缩减

在 2017 年国际贸易复苏之后，由于美国和中国之间的贸易紧张局势，对英国脱欧以及全球产出前景相对负面的担忧，全球经济状况在 2018 年下半年开始恶化，并在 2019 年进一步恶化。全球 GDP 增速从 2018 年的 2.9%放缓至 2019 年的 2.3%，全球 GDP 增长疲软以及中美贸易战带来的持续的贸易紧张局势拖累

① 中国工商银行现代金融研究院宏观经济与政策研究团队．走出深度衰退 欲待共振复苏——2020 年国际经济金融形势研判及 2021 年展望［J］．现代金融导刊，2021（1）：36–40．

了全球贸易[①]。2019 年世界商品总贸易量下降了 0.1%，这是自 2008 年和 2009 年全球金融危机以来的首次收缩。全球商品出口下降 3%，降至 18.89 万亿美元。全球商业服务出口增长 2%，达到 6.07 万亿美元，但增速与 2018 年的 9%相比大幅下降。由于 2019 年的汇率波动不大，因此商业服务贸易的放缓主要是由于经济活动的实际减少而不是汇率的变化。全球货物相关服务出口的美元价值同比增长从 2018 年的 16.6%降至 2019 年的 2.1%。运输服务出口在 2018 年取得 9.1%的增长率后于 2019 年下降了 0.8%。其他商业服务（包括金融服务、IT 服务）在 2019 年的出口增长了 3.3%，与 2018 年的出口增长 9.2%相比，2019 年的出口增长仍然显著放缓[②]。

2020 年全球贸易量在疫情的冲击下变得更加紧缩，由于疫情导致的边境关闭和供应中断，使得国际贸易崩溃。根据 WTO 发布的数据，2020 年以美元计算的贸易额下降幅度甚至超过以数量计算的贸易额下降幅度，2019 年全球商品出口总额为 190 146.80 亿美元，2020 年全球商品出口总额为 175 829.19 亿美元，相比 2019 年下降了 8%，商业服务收入下降了 20%。从各季度数据看，第一季度全球商品出口总额为42 891.11 亿美元，全球商品进口总额为44 457.12 亿美元；第二季度全球商品出口总额为 37 143.47 亿美元，全球商品进口总额为 38 183.57 亿美元；第三季度全球商品出口总额为 44 815.11 亿美元，全球商品进口总额为 45 180.13 亿美元；第四季度全球商品出口总额为 49 180.89 亿美元，全球商品进口总额为 49 518.91 亿美元[③]。2020 年第一季度和第二季度，所有十大经济体进口额都出现萎缩，第二季度再次出现有记录以来最糟糕的情况；第三季度进口额仅在中国出现增长；2020 年第四季度，更多国家进口额高于 2019 年水平：中国（增长 5.7%）、美国（增长 4.3%）、英国（增长 7.7%）、巴西（增长 1.9%）和加拿大（增长 0.8%）[④]。全球商品进出口总额在 2020 年二季度大幅度下降的主要原因还是第二季度突然爆发的新冠肺炎疫情，疫情的冲击导致上半年很多国家采取停产停工的政策，国内生产受阻，进而进出口贸易受到极大影响。2020

① WTO. World Trade Statistical Review 2020［EB/OL］. https://www.wto.org/english/res_e/statis_e/wts2020_e/wts20_toc_e.htm.

② WTO. World Trade Statistical Review 2020［EB/OL］. https://www.wto.org/english/res_e/statis_e/wts2020_e/wts20_toc_e.htm.

③ WTO.https://data.wto.org/.

④ WTO.World trade primed for strong but uneven recovery after COVID－19 pandemic shock[EB/OL]. https://www.wto.org/english/news_e/pres21_e/pr876_e.htm.

年上半年，各国受疫情的影响较大，尤其是西方国家，包括欧洲和美国，在疫情暴发之初没能采取有效措施，国内政治经济生活都受到重大影响。2020 年下半年贸易和产出慢慢恢复了增长，主要原因是各国国内经济得到了政府政策和措施的支持，包括美国的重大财政刺激措施，这些措施在抑制疫情蔓延的同时，提高了家庭收入，支持了包括进口在内的所有商品的持续消费①。此外，许多企业和家庭适应了不断变化的环境，在面临与健康有关的流动性限制的情况下，找到了维持经济活动的创新办法，对疫情的有效控制抑制了中国和其他亚洲经济体的经济衰退程度，使它们得以继续扩大进口，提振了全球需求，并阻止了更大幅度的贸易下滑。

（二）全球贸易结构存在差异

1. 贸易增速存在地区差异

2020 年新冠肺炎疫情对各区域商品进出口贸易量的影响各不相同，大多数区域的出口和进口都出现大幅下降，但亚洲是唯一的例外，出口量增长了 0.3%，进口量小幅下降了 1.3%。自然资源丰富的地区进口下降幅度最大，包括非洲（降幅为−8.8%）、南美洲（降幅为−9.3%）和中东（降幅为−11.3%），这可能是由于石油价格下跌约 35%从而导致出口收入减少。与其他地区相比，北美的进口量下降相对较小（降幅为−6.1%）。在占全球贸易额 3/4 的全球前十大经济体中，只有中国的出口量在 2020 年同比增长 4%——仅在第一季度出现收缩（同比下降 13.4%），其次是稳步复苏——第二季度增长 0.1%，第三季度增长 8.8%，第四季度增长 17.1%。2020 年，其他十大经济体的出口量均出现萎缩：韩国下降 5.4%，巴西下降 6.9%，欧盟下降 7.4%，日本下降 9.1%，加拿大下降 12.5%，美国下降 12.9%，印度下降 14.8%，英国下降 15.3%②。

与此同时，大多数排名前十的经济体 2020 年进口量萎缩（除美国和加拿大）都比出口量萎缩更为严重；所有已经公布 2020 年全部数据的经济体的进口量都有不同程度的下滑：中国同比下降 0.4%、美国同比下降 6.4%、韩国同比下降 7.1%、英国同比下降 9.4%、欧盟同比下降 9.9%、巴西同比下降 10.4%、加拿大同比下降 10.7%、日本同比下降 11.9%，印度同比大幅下降 23.5%③。

---

① WTO．Trade set to plunge as COVID－19 pandemic upends global economy［EB/OL］．https://www.wto.org/english/news_e/pres20_e/pr855_e.htm.

② WTO.https://data.wto.org/.

③ WTO.World trade primed for strong but uneven recovery after COVID－19 pandemic shock［EB/OL］．https://www.wto.org/english/news_e/pres21_e/pr876_e.htm.

受疫情影响较重的北美和欧洲地区在2020年第二季度的出口量同比大幅下降，分别下降25.8%和20.4%，但到了第四季度，这些地区的出口量已经得到大幅改善，同比仅分别下降了3.0%和2.4%。亚洲出口量在第二季度下降了7.2%，但是到了第四季度，与2019年同期相比增长了7.7%。它们的快速复苏主要是因为2019年新冠肺炎疫情对某些亚洲经济体的影响相对较小，并且该地区在疫情期间一直向全球供应消费品和医疗用品，推动了该地区的出口。

2. 各行业受到不同程度的疫情冲击

在疫情大流行期间，服务贸易的下降与商品贸易的下降一样猛烈。2020年经济衰退期间，全球服务贸易活动指数从峰值的约125跌至当前低谷的95，降幅约为24%，远超过2008年金融危机时的9%[①]。国际旅行是许多低收入国家创收的一个重要来源，因疫情大流行限制了人口跨境流动，加剧了服务贸易的下跌。

但到2020年下半年，大多数类别的制成品都有显著增长。世界钢铁贸易额在第三季度下降了17%，但是到第四季度仅下降了2%。钢铁贸易反映了更广泛的经济状况，因为这些产品被大量用于汽车制造业和建筑业，而这两个行业都受到疫情的严重打击。第三和第四季度纺织品贸易的强劲增长可能是由于对医用面部护理产品的高需求。包括电脑在内的电子产品贸易额在2020年下半年也稳步增长了12%，这反映了家庭和企业为便于远程工作而升级设备的强劲需求。2020年全年，旅游和交通服务贸易额分别下降了63%和19%。同时，其他商业服务（包括金融服务和计算机服务）发展态势良好，贸易额仅下降2%。最后，与商品相关的服务业贸易额下跌13%[②]。运输和旅行服务受到旨在限制冠状病毒传播控制措施的直接影响，其中许多措施仍然有效，以应对疫情的反弹。

3. 新冠肺炎疫情促进了全球数字贸易的发展

新冠肺炎疫情全球大流行虽然重创了世界经济，使世界很多产业陷入前所未有的困境，甚至使一些产业消亡，但它却在一定程度上推动了全球数字贸易的发展。为应对新冠肺炎疫情采取的社交隔离等措施，使得消费者转到线上进行购物、社交等，带来线上B2C（企业对消费者）业务的激增。医疗用品、家居用品、食品等产品的线上销售出现爆炸式增长[③]。在新冠肺炎疫情全球大流行

① 王灏晨. 2020年全球贸易形势分析与2021年展望［J］. 中国物价，2021（2）：3-5.

② IHS Markit.New global trade forecast by IHS Markit GTA Forecasting［EB/OL］. https://ihsmarkit.com/research-analysis/new-global-trade-forecast-by-ihsmarkit-gta-forecasting.html.

③ 王灏晨. 2020年全球贸易形势分析与2021年展望［J］. 中国物价，2021（2）：3-5.

的背景下，各国政府和市场经济主体都认识到数字信息技术对改变传统经济生产和生活模式的重要性，不断推进“云办公”“云社交”“云生产”等“云经济”的发展。此外，多国政府制定了大规模促进数字经济发展的政策和措施，积极拓展数字技术的应用场景，大规模投资数字基础设施建设。

但目前世界各国的数字经济发展差距较大，存在地区结构失衡。由于世界各国经济发展存在差异，特别是以大数据、云计算、物联网、人工智能等为代表的新一代信息技术的发展存在显著的“鸿沟”，因此全球数字贸易发展不可避免地出现地区结构失衡的问题。以数字贸易的重要组成部分——电子商务为例，根据 UNCTAD 于 2020 年发布的《2019 全球 B2C 电商指数报告》，在用来衡量一国电子商务市场完备程度的全球电商指数排名中，前 10 位的国家中有 8 个国家都在欧洲；同时，非洲、东南亚、拉美加勒比地区及西亚使用互联网的人口比例分别为 25%、53%、59%和 75%，发达经济体中该比例为 86%；非洲、东南亚、拉美加勒比地区和西亚拥有金融机构或移动货币服务提供商账户的人口比例分别为 40%、59%、53%和 58%，发达经济体中该比例为 93%；非洲、东南亚、拉美加勒比地区和西亚每百万人拥有安全的互联网服务器的比例分别为 29%、57%、53%和 49%，发达经济体中该比例为 87%[①]。这些数字充分说明世界各国在数字经济基础设施建设方面存在着巨大差异。

新冠肺炎疫情的全球传播性和长期性对全球数字贸易发展产生了重要影响。一方面，新冠肺炎疫情全球大流行加速了全球数字基础设施投资的增长，激发了数字经济行业的创业精神，激励了数字金融服务的创新，扩大了数字技术与产业的融合，促进了全球数字贸易的发展；另一方面，新冠肺炎疫情全球大流行加剧了全球数字贸易的结构失衡，引发了对全球数字贸易规则构建的新实践。WTO 在 2020 年发布的《2020 年世界贸易报告》中探讨了创新和技术政策在日益数字化的世界经济中的作用，提倡各国政府出台促进数字时代创新的政策，促进数字贸易发展[②]。

二、全球贸易展望

总体来看，此次疫情对国际贸易的影响比 2008 年金融危机的影响要温和，这主要与抗击疫情的政策有较大关系。边境封锁和旅行限制等从供给侧对经济

① UNCTAD. UNCTAD B2CE-COMMERCE INDEX 2019［R］. 2019.

② WTO.World Trade Report 2020:Government Policies to Promote Innovation in the Digital Age［EB/OL］. https://www.wto.org/english/res_e/publications_e/wtr20_e.htm.

产生了严重影响，影响了服务业和大部分制造业，进而影响了经济增长。疫苗的研发与普及是在2021年恢复消费者和投资信心的关键一步，有助于使贸易量达到疫情前的水平。

（一）贸易增速将有所回升

在中国和快速增长的东亚市场的带动下，贸易在2020年第三季度开始恢复，但2021年的前景仍然不确定。尽管当前全球货物贸易量仍处于收缩状态，但也表现出反弹倾向，全球贸易走势在很大程度上取决于疫情防控效果及各国间对自由贸易的支持力度。

商品贸易在2020下半年的扩张速度超过预期，因此世界贸易迅速复苏的前景已有所改善。WTO于2021年3月发布的报告中估计，继2020年全球商品贸易总量下降5.3%之后，2021年全球商品贸易总量预计将增长8.0%，将从2020年第二季度疫情引发的崩溃中反弹。美国IHS Markit公司2021年3月25日发布的报告中基于GTA对全球贸易进行了预测，数据显示，2021年全球贸易的实际价值将同比增长6.5%，2022年将增长4.3%[①]。这个预测考虑到了2021年全球国内生产总值的预期复苏和2021年第二季度特别强劲的增长推动力。

但如果疫情再次出现大面积暴发，导致各国政府再次采取防控、封锁措施，可能将重挫市场信心，使当前的经贸反弹失去向上的动力，因此全球贸易走势在很大程度上取决于疫情防控效果。疫苗的研发和普及接种是在2021年恢复消费者和投资信心的关键一步，有助于使贸易量达到疫情前的水平。但是，与疫情相关的运输能力的中断将需要一些时间才能恢复，即使需求恢复，也会造成持续的影响[②]。尽管随着需求的恢复贸易将迅速做出反应，但可能要等到2022年才能再次达到疫情前的水平。

（二）疫情将加速服务贸易转型升级

当前，世界正处于新技术开发应用和经济结构性调整升级的关键时期，全球服务贸易规模扩大化、服务贸易方式的数字化和智能化尤为明显，服务贸易迎来了难得的发展机遇。服务贸易因高度依赖人际交往和人员国际流动而遭受了极为显著的疫情冲击，其主要影响为边境封锁和旅行限制所造成的流动壁垒。疫情不仅冲击着境外旅行和留学需求，还对境外消费、自然人移动等服务提供

---

① IHS Markit. New Global Trade Forecast by IHS Markit GTA Forecasting［EB/OL］. https://ihsmarkit.com/research-analysis/new-global-trade-forecast-by-ihsmarkit-gta-forecasting.html.

② 刘连舸. 后疫情时代全球经济的破题之道——2020年全球经济金融回顾与展望［J］. 国际金融研究，2021（1）：3-4.

模式产生影响。如今许多国家面临着疫情的反弹和进一步恶化，很可能重启边境封锁和旅行限制，经济复苏或将被中断[①]。

短期来看，疫情造成消费行为改变、服务需求下降，对教育服务、旅游服务、医疗服务的冲击尤为明显。疫情暴发带来的持续性边境封锁影响到全球经济，多个国际组织下调了 2020 年全球 GDP 增长预期。世界银行 2020 年发布的《全球经济展望》中指出，疫情冲击以及防控措施造成的经济停摆将使世界经济陷入自第二次世界大战以来最严重的衰退期。外部经济环境对短期消费行为造成影响，促使消费者增加预防性储蓄，减少不必要的服务需求。但长期来看，疫情将加速服务贸易的转型升级。疫情对旅游、建筑等传统服务领域产生直接冲击，使服务贸易进一步提质增效变得更为迫切。对于传统服务贸易、与制造业密切相关的服务贸易而言，疫情加速了其由线下经营向“互联网+”线上模式的转变；对于新兴服务贸易而言，疫情为协同办公、在线教育、电信、计算机和信息服务等服务贸易创造了新的发展契机，在推动新兴服务贸易规模快速增长的同时，进一步促进其向知识、技术密集型转变[②]。

（三）诸边贸易协定成为更灵活的选择

由于疫情的严峻形势以及拜登政府参与 WTO 改革的过程等因素的影响，直到 2021 年 2 月 15 日在 WTO 举行的总理事会特别会议上，才确认了新任总干事。但在 2020 年 12 月 16 日举行的网络研讨会调查中，只有 30%的受访者期望在未来四年内实现对 WTO 的全面改革。欧盟认为 WTO 体现的是一种基于规则的全球秩序，具有战略利益，并希望与美国、日本和其他国家合作以指导 WTO 的改革。欧盟与美国一样，对中国的所谓“不公平贸易做法”也有很多担忧，但欧盟更赞成采取具体实际的方法来促进多国合作，而不是单方面采取行动。因此 WTO 改革仍然面临不小的阻力，WTO 部长级会议的时间可能会延长到 2021 年 12 月。

2020 年全球贸易领域的一项重大、积极进展是区域全面经济伙伴关系协定（RCEP）谈判终于完成，于 2020 年 11 月 15 日签署。生效后，RCEP 将成为 GDP 和人口方面全球最大的区域贸易协定，约占全球国内生产总值的 29%，世界人口的 29%。值得强调的是，RCEP 国家在应对新冠肺炎疫情方面比世界上其他大

① 李俊，张谋明．全球服务贸易发展：回顾与展望［J］．海外投资与出口信贷，2021（1）：4-7.

② 李俊，张谋明．全球服务贸易发展：回顾与展望［J］．海外投资与出口信贷，2021（1）：4-7.

多数地区要好得多，并且该地区已经在推动全球复苏[①]。因此，RCEP 可以因其规模而在短期和长期内在全球范围内产生重大的影响，随着区域内经济活动的作用日益增强，RCEP 增加了建立全球最大区域价值链的可能性。与此同时，RCEP 的长期比较者 CPTPP 可能最终会开始扩张，其最大成员日本将积极寻求在 2021 年引入新成员，中国已经表明了加入 CPTPP 的意向。

第三节　2019—2020 年全球直接投资发展回顾与展望

一、2019—2020 年全球直接投资概况

2021 年 1 月 24 日 UNCTAD 发布的投资趋势监测报告显示，全球 FDI 在 2020 年受到疫情的严重冲击，从 2019 年的 1.5 万亿美元下降至估计的 8 590 亿美元，约下降了 42%[②]。上一次出现如此低的水平是在 20 世纪 90 年代，比 2008—2009 年全球金融危机之后的投资低谷低 30%以上。

（一）全球 FDI 持续下滑

继 2017 年和 2018 年出现大幅下降之后，2019 年全球 FDI 流量略有增加，大约为 1.54 万亿美元，FDI 流入增加了 3%，但仍低于过去 10 年的平均水平，比 2015 年的峰值水平低 25%左右[③]。2019 年 FDI 增加的主要原因是，随着 2017 年美国税收改革影响的减弱，流入发达经济体的资金增加，流向转型经济体的资金也有所增加，但流向发展中经济体的资金略有下降。由于 2019 年全球资本市场估值上升和跨国公司盈利能力提高，FDI 存量增加了 11%，达到 36 万亿美元。

2020 年全球 FDI 受到新冠肺炎疫情的冲击。为应对疫情，不少国家和地区相继实施的“大封锁”政策对生产和消费产生了明显抑制作用，造成生产、运输、消费受阻，全球产业链、价值链中断，阻碍了 FDI[④]。同时，“大封锁”叫停了现有的投资项目，世界经济衰退迫使企业重新评估外商直接投资项目。

---

① A Look Ahead: Global Trade Policy in 2021［EB/OL］. https://medium.com/issues-decoded/a-look-ahead-global-trade-policy-in-2021-1af8e9529079.

② UNCTAD. Global Foreign Direct Investment Projected to Plunge 40% in 2020［EB/OL］. https://unctad.org/news/global-foreign-direct-investment-projected-plunge-40-2020.

③ UNCTAD.World Investment Report 2020: International Production beyond the Pandemic［EB/OL］. https://unctad.org/topic/investment/world-investment-report.

④ 王宇. 全球外商直接投资有望重振活力［J］. 西部金融，2020（12）：3.

（二）发达国家FDI受疫情影响最严重

根据2020年UNCTAD发布的《世界投资报告》，FDI的下降主要集中在发达国家，流入量下降了69%，估计为2 290亿美元。流入北美的资金减少了46%，为1 660亿美元，跨国并购（M&A）下降了43%。宣布的绿地投资项目下降了29%，项目融资交易下降了2%①。流入美国的FDI减少了49%，降至1 340亿美元。下降发生在批发贸易、金融服务和制造业领域。美国资产对外国投资者的跨境并购销售下降了41%，主要是在第一产业②。流入欧洲的资金大量减少，在英国，FDI降至零，其他主要投资接受国的FDI也呈现出下降趋势。其他发达经济体中，流向澳大利亚的流量有所减少（减少幅度为-46%，降至220亿美元），但流向以色列（从180亿美元至260亿美元）和日本（从150亿美元至170亿美元）的流量有所增加③。

（三）发展中经济体占全球外国直接投资的份额创新纪录

2020年尽管流向发展中经济体的FDI减少了12%（约为6 160亿美元），但占全球FDI的比重为72%，是有记录以来的最高份额。在发展中地区，下降幅度非常不均衡：拉丁美洲和加勒比地区为-37%，非洲为-18%，亚洲发展中国家为-4%。亚太地区在全球FDI流入中的份额从2018年的45%下降到2019年的35%，其在全球FDI流出中的份额从2018年的52%降至2019年的41%。④虽然亚洲发展中国家整体表现良好，2020年吸引了大约4 760亿美元的FDI，但流入东盟成员的资金减少了31%（为1 070亿美元），原因是该区域最大的投资接受国的投资减少。印度是另一个主要的新兴经济体，在数字领域的投资推动下，FDI实现了正增长（13%）。就单个国家而言，中国是世界上最大的FDI接受国，流向中国的FDI增长了4%，达到1 630亿美元。2020年，高科技行业的FDI增长了11%，跨境并购的FDI增长了54%，主要集中在ICT和制药行业⑤。

---

① UNCTAD. World Investment Report 2020: International Production beyond the Pandemic［EB/OL］. https://unctad.org/topic/investment/world-investment-report.

② UNCTAD. Global Foreign Direct Investment Fell by 42% in 2020, Outlook Remains Weak［EB/OL］. https://unctad.org/news/global-foreign-direct-investment-fell-42-2020-outlook-remains-weak.

③ UNCTAD. Global Foreign Direct Investment Fell by 42% in 2020, Outlook Remains Weak［EB/OL］. https://unctad.org/news/global-foreign-direct-investment-fell-42-2020-outlook-remains-weak.

④ UNESCAP.Foreign Direct Investment Trends and Outlook in Asia and the Pacific 2020/2021［EB/OL］. https://www.unescap.org/resources/foreign-direct-investment-trends-and-outlook-asia-and-pacific-20202021.

⑤ UNCTAD.Global Foreign Direct Investment Fell by 42% in 2020, Outlook Remains Weak［EB/OL］. https://unctad.org/news/global-foreign-direct-investment-fell-42-2020-outlook-remains-weak.

（四）不同行业的跨境并购和绿地投资

2019 年，净跨境并购和已宣布的新建项目价值都有下降。绿地项目的价值减少了 14%，为 8 460 亿美元。跨国合并和收购净额下降 40%，降至 4 910 亿美元，为过去五年来的最低水平①。交易数量减少的主要原因是缺乏大型交易，交易数量仅减少 4%。

2020 年上半年，新的绿地投资项目和跨境并购项目比 2019 年下降了 50%以上。在全球项目融资中，与基础设施项目相关的新交易下降 40%以上。UNCTAD 于 2020 年 10 月 27 日发布的《全球投资趋势监测》中的内容显示，2020 年前三个季度，跨国并购交易额达到 3 190 亿美元②。但数字产业方面的并购活动较多，约占全球交易的 80%。2020 年前 8 个月，绿地投资项目的价值为 3 580 亿美元。发展中经济体的跌幅比发达经济体的跌幅大得多，反映出经济支持计划的作用有限。发达经济体下降速度可能会趋于平缓，因为第三季度一些投资活动似乎正在回暖。预计流向发展中经济体的流量将趋于稳定，东亚则显示出即将复苏的迹象。

二、全球直接投资展望

新冠肺炎疫情的流行和全球投资政策环境的不确定性将继续影响 2021 年 FDI 流量。尽管预计全球经济将在 2021 年复苏，但 UNCTAD 预计，由于新冠肺炎疫情趋势的不确定性，FDI 流量仍将保持疲软，由于东亚经济复苏态势较好，发展中经济体的下降速度预计将趋于平缓，但全球下降预计将继续，预计到 2021 年将进一步下降 5%至 10%③。

（一）全球外商直接投资有望恢复较快增长

2021 年 2 月 UNCTAD 发布的《2020 年世界投资报告》中的内容显示，2020 年和 2021 年 FDI 将大幅下降，比 2019 年下降约 40%。由于政治和贸易紧张局势以及宏观经济前景总体不确定，经济增长将停滞不前（2020 年下降 3%，2021 年上升 1%）④，疫情的外来冲击加剧了 FDI 的波动，决定下降严重程度的

---

① UNCTAD. World Investment Report 2020: International Production beyond the Pandemic [EB/OL]. https://unctad.org/topic/investment/world-investment-report.

② UNCTAD. World Investment Report 2020: International Production beyond the Pandemic [EB/OL]. https://unctad.org/topic/investment/world-investment-report.

③ UNCTAD: Global Foreign Direct Investment Fell by 42% in 2020, Outlook Remains Weak [EB/OL]. https://unctad.org/news/global-foreign-direct-investment-fell-42-2020-outlook-remains-weak.

④ UNCTAD. World Investment Report 2020: International Production beyond the Pandemic [EB/OL]. https://unctad.org/topic/investment/world-investment-report.

主要因素是新冠肺炎疫情是否能得到有效控制。不确定性的另一个关键因素是经济损失的程度，以及世界各国政府为支持企业和家庭而采取的措施的有效性，应对危机的具体贸易和投资政策也将严重影响投资者的信心和投资决策。

尽管新冠肺炎疫情及其引发的“封锁”措施从供给和需求两个方面对各国生产、贸易和投资活动形成冲击，但新冠肺炎疫情并不能改变劳动、资本、技术等长期经济发展的决定因素[①]。由于新冠肺炎疫情的冲击具有短期性和外生性的特点，从中期看，新冠肺炎疫情对世界各国的劳动生产力和科技创新力影响有限，因此全球 FDI 仍有希望恢复较快增长。

（二）发展中经济体 FDI 恢复将更加艰难

2020 年，所有区域和经济集团的 FDI 都出现负增长。发展中经济体似乎更容易受到这场危机的影响（与全球金融危机之后的情况相反，全球金融危机对发达国家 FDI 产生了更大的影响）。发展中经济体的生产和投资多样化程度较低，因此更容易受到系统性风险的影响。拉丁美洲和加勒比以及非洲对初级商品的依赖以及亚洲对全球价值链密集型产业的依赖，将这些地区推到了危机的前沿[②]。这些区域的政治对策和支持措施——在此关键时刻对于限制疫情危机的深度和启动复苏至关重要——可能比发达经济体的政策和措施要弱得多，因为它们的财政空间更紧张。

通常作为全球 FDI 增长引擎的亚洲发展中国家的 FDI 在疫情的冲击下减少了 30%至 45%。虽然早期指标表明，中国在疫情早期暴发的冲击后，该区域已经开始了投资复苏，但对全球价值链相关投资的依赖使国际生产和亚洲的 FDI 高度受到发达经济体经济和政策趋势的影响。

UNCTAD 在《2020 年全球投资报告》中预计拉丁美洲和加勒比的 FDI 下降幅度最大。该地区的 FDI 大多集中在采掘业，采掘业在阿根廷、巴西、智利、哥伦比亚和秘鲁的 FDI 中占很大比例。石油价格暴跌和新冠肺炎疫情的大流行造成的需求冲击影响了大多数商品的价格，这两个因素结合在一起，使得 FDI 在该地区的预测下降幅度超过其他地区[③]。由于结构的脆弱性和政治的不确定性，经济复苏启动条件相对较弱，也使该区域在受到冲击后恢复较为艰难。

---

① 王宇．全球外商直接投资有望重振活力［J］．西部金融，2020（12）：3．

② UNCTAD. Global Foreign Direct Investment Fell by 42% in 2020, Outlook Remains Weak［EB/OL］. https://unctad.org/news/global-foreign-direct-investment-fell-42-2020-outlook-remains-weak.

③ UNCTAD. World Investment Report 2020: International Production beyond the Pandemic［EB/OL］. https://unctad.org/topic/investment/world-investment-report.

在疫情的冲击下非洲的 FDI 减少了 25%至 40%。尽管早期人们担心新冠肺炎可能在非洲传播，但非洲大陆似乎没有像世界其他地区最初那样暴发。尽管该地区也存在结构脆弱性和对初级商品的依赖，但宏观经济指标显示，其增长道路比其他区域更为坚实[①]。正在进行的区域合作，包括通过非洲大陆自由贸易区开展的合作，也可能有助于制定区域协调一致的危机应对措施，并支持区域贸易和 FDI。

（三）新签订的区域合作将推动全球 FDI 增长

2020 年 11 月 15 日签署的 RCEP 将进一步推动该区域内部各成员间的 FDI 流动。UNCTAD 发布的数据显示，RCEP 所涵盖地区是吸引 FDI 的主要地区。2019 年 RCEP 成员吸引了全球近 1/4 的 FDI。过去 10 年，全球 FDI 流量停滞不前，但得益于中国和东盟国家对外资的强劲吸引力，流入该区域的 FDI 几乎保持逐年增长态势。在复杂多变的全球经贸环境及疫情的影响下，RCEP 区域表现出较强的供应链弹性与韧性。2020 年上半年流入亚洲的 FDI 下降了 12%，但降幅远低于全球其他地区，显示出较强的抵御风险能力。RCEP 的签署为正遭遇保护主义和单边主义逆流的国际投资合作提振了信心，也为受新冠肺炎疫情影响而持续衰退的全球经济走向复苏注入了活力。

2020 年 12 月 30 日，中欧领导人共同宣布如期完成中欧全面投资协定（China-EU Comprehensive Agreement on Investment，CAI）谈判。中欧 CAI 是一个高标准的投资协定，其完成谈判乃至后续的签署和生效具有重大意义。2005 年以来，中欧双向直接投资，尤其是中国对欧盟直接投资快速增长。2005 年，欧盟对中国直接投资流量为 43.48 亿美元，2019 年已上升到 64.44 亿美元，增长 48.21%。2005 年，中国对欧盟直接投资流量仅为 1.90 亿美元，2019 年已上升到 106.99 亿美元，增长超过 55 倍。中欧互利合作基础好、潜力大，因此中欧 CAI 必将进一步提升双方贸易投资便利化水平，有利于促进中欧双向直接投资的增长[②]。

① UNCTAD. World Investment Report 2020: International Production beyond the Pandemic［EB/OL］. https://unctad.org/topic/investment/world-investment-report.

② 刘典. 开启中欧经济合作的崭新篇章［N］. 解放军报，2021-01-04（4）.

第二章

2019—2020 年中国经济贸易发展回顾与展望

第一节　2019—2020 年中国经济发展回顾与展望

一、2019—2020 年中国经济政策

（一）2019—2020 年中国的财政政策

1. 从“积极有为”转为“提质增效”

2019 年和 2020 年中国继续贯彻稳中求进的总基调，财政政策逐步回归常态。相比 2019 年“积极的财政政策要更加积极有为”的要求，2020 年“积极的财政政策要提质增效、更可持续”的提法更加克制、回归中性。疫情得到有效控制，经济向潜在增速修复，逆周期调节政策逐步退出，财政政策回归常态。

2019 年宏观政策强化逆周期调节，继续实施积极的财政政策，适时预调微调，稳定总需求。2019 年，中央一般公共预算支出为 109 475.01 亿元，完成预算的 98.4%。加上补充中央预算稳定调节基金 1 328.46 亿元，支出总量为 110 803.47 亿元。收支总量相抵，中央财政赤字为 18 300 亿元，与预算持平。2019 年，中央财政补助地方专项扶贫资金 1 261 亿元，增长 18.9%，进一步向“三区三州”等深度贫困地区倾斜①。

面对严峻复杂的国际形势、艰巨繁重的国内改革发展稳定任务，特别是新冠肺炎疫情的严重冲击，2020 年的财政工作有力推动了经济恢复和社会大局稳

---

① 中华人民共和国财政部，http://gks.mof.gov.cn/zhengfuxinxi/tongjishuju/.

定。2020 年全国一般公共预算收入达 18.29 万亿元，全国一般公共预算支出达 24.56 万亿元，减负超过 2.6 万亿元，有效促进了市场主体和实体经济发展。民生兜底工作得到重点保障，基本养老、基本医疗、城乡低保等保障水平进一步提高。财税体制改革纵深推进，预算管理更加科学规范，绩效管理改革全面实施，基本确立现代财政制度框架。

2. 多措并举保障市场活力

2019—2020 年，受经济下行压力较大、减税降费政策的实施以及新冠肺炎疫情等因素影响，财政收入增速有所放缓，而财政支出增长刚性较强，收支平衡压力较大。尤其疫情暴发蔓延时，全国财政收入大幅下滑，收支矛盾异常突出，地方财政运转尤为困难。在严峻形势面前，财政部门统筹疫情防控和经济社会发展，实施更加积极有为的财政政策，多措并举保障市场活力。

2019 年适度扩大财政支出规模，促进形成强大国内市场。通过统筹收入、赤字和调用预算稳定调节基金等方式，加上中央和地方实施压减一般性支出、收回长期沉淀资金等措施，2019 年预算安排财政支出超过 23 万亿元，增长 6.5%；中央对地方均衡性转移支付增长 10.9%。安排财政赤字 2.76 万亿元，比 2018 年增加 3 800 亿元，赤字率由 2.6%适度提高到 2.8%。安排地方政府专项债券 2.15 万亿元，比 2018 年增加 8 000 亿元。

2020 年疫情暴发蔓延时，多措并举保住市场主体，使市场活力得到有效激发。一是安排中小企业发展专项资金 30 亿元，采用奖补结合的方式，对扩大小微企业融资担保业务规模、降低小微企业融资担保费率等政策性引导较强的地方予以奖补激励，支持中小企业纾困发展。二是创业担保贷款贴息力度不断加大。逐步放宽小微企业申请条件。中央财政专门追加 20 亿元预算，全年共拨付创业担保贷款贴息资金 38.20 亿元，同比增长 54%。三是政府性融资担保覆盖面大幅拓展，担保费率明显降低。2020 年，国家融资担保基金完成再担保合作业务金额为 4 224 亿元、担保户数 27.4 万户，支小支农业务规模占比为 97.6%，合作机构平均担保费率降至 0.95%，累计再担保合作业务规模突破 7 000 亿元，已确定 12 家地方政府性融资担保机构为首批股权投资对象。四是对加工贸易企业内销税款暂免征收缓税利息，扩大内销选择性征收关税政策试点，使加工贸易企业困难有效纾解。五是灵活调整关税，完善关税排除制度体系，中美经贸摩擦对企业的影响得到缓解。落实中美磋商共识，及时调整部分原产于美国的进口商品的关税税率，开展市场化采购排除，降低企业进口负担，稳定双边经贸关系。[①]

（二）2019—2020年中国货币政策

2019年，中国人民银行坚持金融服务实体经济的根本要求，实施稳健的货币政策，加强逆周期调节，在多重目标中寻求动态平衡，保持货币信贷合理增长，推动信贷结构持续优化，以改革的办法疏通货币政策传导，千方百计降低企业融资成本，为实现“六稳”和经济高质量发展营造了适宜的货币金融环境。2020年，面对复杂严峻的国内外环境，中国人民银行坚持稳健的货币政策灵活适度、精准导向，坚持总量政策适度、融资成本明显下降、支持实体经济三大确定性方向，应对高度不确定的形势，灵活把握货币政策调控的力度、节奏和重点，做好“六稳”工作、落实“六保”任务，为确保完成决胜全面建成小康社会营造了适宜的货币金融环境。

1. 灵活开展公开市场操作

2019—2020年，中国人民银行在运用降准、再贷款、再贴现、中期借贷便利等工具投放中长期流动性的基础上，以7天期逆回购为主灵活开展公开市场操作，始终保持流动性合理充裕、供求平衡。

2019年，累计开展常备借贷便利操作共5 465亿元，第一至第四季度分别开展常备借贷便利操作753亿元、1 239亿元、1 190亿元、2 284亿元，期末余额为1 021亿元[②]。发挥常备借贷便利利率作为利率走廊上限的作用，促进货币市场平稳运行。2020年，累计开展中期借贷便利操作51 500亿元，期限均为1年。第一至第四季度分别开展中期借贷便利操作6 000亿元、4 000亿元、17 000亿元、24 500亿元，期末余额为51 500亿元，比年初增加14 600亿元[③]。

2. 加大对新冠肺炎疫情防控的货币信贷支持力度

适时加大宏观政策对冲力度。2020年，中国人民银行在春节开市后向金融市场提供了1.7万亿元的短期流动性，有效稳定了市场预期。2020年，中国人民银行三次降低存款准备金率，提供1.75万亿元长期流动性。通过下调法定准备金率、中期借贷便利操作和公开市场操作，保持流动性合理充裕，维护市场利率平稳运行，为特别国债和地方政府专项债发行营造了适宜的流动性环境。

分层次、有梯度地出台并落实好1.8万亿元再贷款、再贴现政策。2020年，

① 中华人民共和国中央人民政府，http://www.mof.gov.cn/zhengwuxinxi/caizhengxinwen/202103/t20210305_3666406.htm.

② 中国人民银行，http://www.pbc.gov.cn/goutongjiaoliu/113456/113469/3974306/index.html.

③ 中华人民共和国中央人民政府，http://www.gov.cn/xinwen/2021-02/09/content_5586209.htm.

中国人民银行分三批次安排 3 000 亿元专项再贷款，5 000 亿元再贷款、再贴现额度，1 万亿元再贷款、再贴现额度，共计 1.8 万亿元，支持抗疫保供、复工复产和中小微企业等实体经济发展。

3. 降低金融机构存款准备金率，畅通经济金融良性循环

2019 年，中国人民银行三次下调金融机构存款准备金率，建立“三档两优”存款准备金框架。其中，1 月和 9 月全面下调金融机构存款准备金率共 1.5 个百分点，释放长期流动性约 2.3 万亿元。自 5 月起分三次定向下调服务县域的农商行存款准备金率 2 至 3.5 个百分点至农信社档次，自 10 月起分两次下调仅在本省经营的城商行存款准备金率 1 个百分点。定向降准共释放流动性约 4 000 亿元，全部用于发放小微、民营企业贷款。定向降准旨在鼓励中小金融机构服务当地，支持实体经济健康发展。

2020 年，中国人民银行三次下调金融机构存款准备金率，并下调超额存款准备金利率，支持经济恢复发展。2020 年 1 月，中国人民银行下调金融机构存款准备金率 0.5 个百分点（不含财务公司、金融租赁公司和汽车金融公司）。3 月实施普惠金融定向降准，对 2019 年度普惠金融领域贷款达标的银行给予 0.5 或 1.5 个百分点的存款准备金率优惠。此外，对此次考核中得到 0.5 个百分点存款准备金率优惠的股份制商业银行再额外降准 1 个百分点，共释放长期资金约 5 500 亿元。4 月宣布下调农村商业银行、农村合作银行、农村信用社、村镇银行和仅在本省级行政区域内经营的城市商业银行存款准备金率 1 个百分点，于 4 月 15 日和 5 月 15 日分两次实施到位，共释放长期资金约 4 000 亿元。同时，将金融机构在中国人民银行超额存款准备金利率从 0.72%下调至 0.35%。以上措施增加了金融机构长期稳定资金来源，推动金融机构提高资金使用效率，加大对中小微企业和受新冠肺炎疫情影响较严重行业企业的信贷支持力度。

二、2019—2020 年中国经济发展状况

2019 年中国国民经济运行总体平稳，经济结构持续优化，高质量发展扎实推进。消费对经济增长的拉动作用增强，工业生产和投资较为稳定，进出口规模扩大。就业总体稳定，消费价格上涨结构性特征明显。全年 GDP 同比增长 6.1%，全国居民消费价格指数同比上涨 2.9%。2020 年，面对复杂严峻的国内外环境，特别是新冠肺炎疫情的严重冲击，各地区各部门坚持稳中求进工作总基调，统筹疫情防控和经济社会发展工作取得重大战略成果，经济运行稳定恢复，工业生产持续发展，消费和投资稳步回升，出口动能强劲，就业形势总体稳定，全

年 GDP 达到 101.6 万亿元，同比增长 2.3%。

（一）农业生产向好，工业生产稳定，服务业持续恢复

2019 年，国民经济第一产业、第二产业和第三产业增加值分别增长 3.1%、5.7%和 6.9%，占 GDP 比重分别为 7.1%、39.0%、53.9%。农业生产形势较好。全年全国粮食总产量为 66 384 万吨，比 2018 年增长 0.9%，连续 5 年保持在 65 000 万吨以上。全年猪牛羊禽肉产量为 7 649 万吨，比 2018 年下降 10.2%。其中猪肉产量为 4 255 万吨，下降 21.3%。工业生产持续发展。全年全国规模以上工业增加值比 2018 年增长 5.7%。高技术制造业和战略性新兴产业增加值分别比 2018 年增长 8.8%和 8.4%，增速分别比规模以上工业快 3.1 和 2.7 个百分点。服务业有了较快发展。战略性新兴服务业、科技服务业和高技术服务业企业营业收入分别增长 12.4%、12.0%和 12.0%；规模以上服务业企业营业利润增长 3.5%。[①]

2020 年，国民经济三次产业同比增速分别为 3.0%、2.6%、2.1%，占 GDP 比重分别为 7.7%、37.8%、54.5%，第三产业占比高于第二产业占比 16.7 个百分点，比 2018 年同期高 1.0 个百分点。粮食生产再获丰收，生猪生产恢复较快。2020 年农业增加值同比增长 3.0%，增速比上年低 0.1 个百分点。全国粮食产量再创新高，连续 6 年保持在 1.3 万亿斤以上。生猪存栏持续较快恢复，出栏降幅明显收窄。2020 年末，全国生猪存栏同比增长 31.0%，生猪存栏连续 5 个季度环比增长。工业生产逐季稳步回升，企业效益持续改善。2020 年全国规模以上工业增加值同比增长 2.8%。服务业逐步恢复，现代服务业增势良好。2020 年服务业生产指数与 2019 年持平，其中第四季度同比增长 7.7%，较第三季度加快 3.4 个百分点。[②]

（二）消费持续改善，投资稳步回升，贸易结构持续优化

2019 年，全国居民人均可支配收入 30 733 元，比 2018 年名义增长 8.9%，扣除价格因素，实际增长为 5.8%。收入分配结构持续改善，农村居民收入增速持续高于城镇居民收入增速。2019 年，全国固定资产投资（不含农户）同比增长 5.4%，比 2018 年低 0.5 个百分点。2019 年，货物进出口总额为 31.54 万亿元，同比增长 3.4%，增速比 2018 年回落 6.3 个百分点。其中，出口增长 5.0%，进口增长 1.6%。

2020 年，全国居民人均可支配收入为 32 189 元，比 2019 年名义增长 4.7%，扣除价格因素，实际增长为 2.1%，略低于经济增长率。居民工资性收入稳步恢

① 中国人民银行，http://www.pbc.gov.cn/goutongjiaoliu/113456/113469/3974306/index.html.

② 中华人民共和国中央人民政府，http://www.gov.cn/xinwen/2021－02/09/content_5586209.htm.

复，农村居民收入增速高于城镇居民收入增速。2020 年，全国固定资产投资 51.9 万亿元，同比增长 2.9%。分领域看，高技术产业投资增长 10.6%，快于全部投资增长 7.7 个百分点，其中高技术制造业、高技术服务业投资分别同比增长 11.5%、9.1%。2020 年，货物进出口总额为 32.2 万亿元，同比增长 1.9%。其中，出口额同比增长 4.0%；进口额同比下降 0.7%，货物贸易顺差为 3.7 万亿元。贸易结构持续优化，一般贸易总额占进出口总额比重为 59.9%，较 2019 年提高 0.9 个百分点。

（三）居民消费价格涨幅回落，生产价格降幅收窄

2019 年，居民消费价格涨幅上升，结构性特征明显。居民消费价格指数（CPI）同比上涨 2.9%，涨幅比 2018 年增加 0.8 个百分点，其中猪肉价格上涨较快，全年同比上涨 42.5%，带动牛、羊肉价格也分别上涨 12.1%和 11.9%。生产价格同比下降，工业生产者出厂价格指数（PPI）同比下降 0.3%，比 2018 年回落 3.8 个百分点，11 月至 12 月 PPI 同比降幅收窄。

2020 年 CPI 呈前高后低走势，全年同比上涨 2.5%，其中食品价格上涨 10.6%，涨幅比 2019 年提高 1.4 个百分点；非食品价格上涨 0.4%，涨幅比 2019 年回落 1 个百分点。不包括食品和能源的核心 CPI 温和上涨 0.8%，涨幅比 2019 年回落 0.8 个百分点。生产价格降幅收窄。2020 年，PPI 主要在负值区间运行，但随着工业生产稳定恢复、市场需求持续回暖，工业品价格逐渐转升，全年呈“U”型走势，同比下降 1.8%，降幅比 2019 年扩大 1.5 个百分点。

（四）财政收入降幅收窄，就业形势总体改善

2019 年，全国一般公共预算收入为 190 382 亿元，同比增长 3.8%，增速比 2018 年回落 2.4 个百分点。就业形势保持稳定，城镇调查失业率符合预期目标。2019 年全年城镇新增就业 1 352 万人，连续 7 年保持在 1 300 万人以上，明显高于 1 100 万人以上的预期目标，完成全年目标的 122.9%。

2020 年，财政收入降幅收窄。全国一般公共预算收入为 18.3 万亿元，同比下降 3.9%，降幅比上半年收窄 6.9 个百分点。2020 年初在疫情冲击下，经济活动受限，企业停工停产较多，就业市场受到明显影响。随着疫情防控取得积极成效，复工复产复市持续推进，就业岗位逐步恢复，就业形势持续回稳向好。全年城镇新增就业 1 186 万人，明显高于 900 万人以上的预期目标，完成全年目标的 131.8%。2020 年年均城镇调查失业率为 5.6%，低于 6%左右的预期目标。

三、中国经济发展展望

展望未来，中国经济保持平稳发展存在较多的有利因素。全球经济总体上

仍延续复苏态势，世界银行预测2021年全球经济有望增长4%，中国将增长7.9%。面向2035年远景目标，从注重“量”和“速”的增长转变为强调“升维发展”，是“十四五”期间中国经济的发展之道，科创引领、绿色转型、扩大开放、深化改革代表了中国经济“高质量、可持续、协调、稳定”发展的四个维度。立足于“升维发展”之道，“双循环”新格局是中国从经济大国迈向经济强国、推动构建人类命运共同体的关键之法，并将带来以下四大改变：需求侧迎来多元消费时代，供给侧开启中国价值链重构，数字经济加速传统经济进化，人民币资产优势进一步巩固。为构建“双循环”新发展格局、对接“十四五”规划，2021年两会也做出针对性部署，“守底线、补短板、谋长远”之术成为2021年政策的核心逻辑。

全球经济增长前景仍存在高度不确定性，若要维持复苏势头，决策者仍面临重大挑战，需要进行公共卫生、债务管理、预算政策、央行和结构性等方面的改革。从长远来看，新兴市场和发展中经济体应制定以改善卫生和教育服务、数字基础设施、气候韧性和营商环境为目标的政策，减轻疫情造成的经济损失、减少贫困，促进共同繁荣。

第二节 2019—2020 年中国对外贸易发展回顾与展望

一、2019—2020 中国对外贸易政策回顾

近年来，在世界经济发展面临较大下行压力，增长动能趋缓，各国政策向内倾斜，贸易保护主义持续升温，“逆全球化”趋势导致全球经贸摩擦加剧的背景下，中国坚定地实施积极的对外开放政策，构建外向型经济和部署全面开放新格局，稳步推进“一带一路”建设，积极主动参与多边贸易体制建设和全球经济治理，加强区域经贸合作。坚决反对单边主义和保护主义，进一步推进自由贸易试验区建设和自由贸易港建设，不断加强南南合作，以开放合作的姿态促进世界经济贸易的发展。

（一）探求更高水平的自主开放

1. 进一步降低关税

自中国加入WTO以来，积极履行加入WTO时的关税减让承诺。至2021年，中国关税总水平由2001年的15.3%降至7.5%以下。在考虑贸易结构因素后，中国的贸易加权平均税率在2015年就已降至4.4%，不仅远低于其他发展中国家，

还接近欧盟和美国等发达经济体的水平。2019 年以来，中国多次下调部分商品的进口关税。自 2019 年 1 月 1 日起，下调一部分商品的进口关税，包括对杂粕和部分药品生产原料实施零关税，适当降低棉花滑准税和部分毛皮进口暂定税率。自 2019 年 7 月 1 日起，对 298 项信息技术产品的最惠国税率实施第四步降税。自 2020 年 1 月 1 日起，对 859 项商品实施低于最惠国税率的进口暂定税率。根据 WTO 框架下扩大信息技术协定产品范围的谈判成果要求，自 2020 年 7 月 1 日起对 176 项信息技术产品的最惠国税率实施第五步降税。与此同时，对于双边贸易协定和多边贸易协定中的协定汇率，也采取进一步降低关税的措施。

2. 促进贸易便利化进程

第一，大力简化进出口环节的监管证件和随附单据，简化进出口程序。自 2019 年 1 月 1 日开始，商务部和海关总署发布公告，取消 15 类共 118 项商品的自动进口许可证。从 2019 年 6 月 1 日起，海关总署和国家外汇管理局全面取消报关单收、付汇证明联和办理加工贸易核销的海关核销联。到 2019 年 7 月，进出口环节需要监管的证件由原来的 86 种减少到 46 种，其中除 4 个证件有保密特殊需要不能联网外，其他 42 种均已实现联网核查、自动比对。2020 年 7 月 22 日，海关总署联同国家有关机关，宣布将进出口环节原有的 86 种监管证件精简到 44 种，并且免予企业在进出口申报环节提交发票、装箱单等随附单据。

第二，加强与境外海关开展经认证的经营者（AEO）互认合作。截至 2021 年 8 月，中国海关已与 46 个国家和地区签署了 AEO 互认合作协定，其中包括 18 个“一带一路”沿线国家，互认国家和地区数量居全球第一。通过 AEO 互认安排，极大降低了中国 AEO 企业向这些经济体出口商品时所需的通关时间和通关成本。

第三，开展货物贸易外汇收支便利化试点。2019 年 1 月，国家外汇管理局宣布在粤港澳大湾区、上海市和浙江省开展货物贸易外汇收支便利化试点，支持审慎合规的银行在为信用优良企业办理贸易收支时，简化部分程序，并给银行更大的自主权。试点内容主要包括优化贸易外汇收支单证审核、贸易外汇收入无须经过待核查账户、取消特殊退汇业务登记手续和简化进口报关核验。

3. 调整贸易开展的模式

近年来中国积极开展和扩大跨境电子商务、市场采购贸易模式的试点。就跨境电子商务模式而言，国内进行跨境电商试点分国务院牵头的“跨境电商综合试验区”和海关总署牵头的“跨境电商试点城市”。其中“跨境电商综合试验区”自 2015 年 3 月启动开始，截至 2020 年 12 月共有 105 个城市获批，形成了陆海内外联动、东西双向互济的开放格局。跨境电商试点城市有10个，分别是上海、重庆、杭州、宁波、郑州、广州、深圳、天津、福州、平潭。2019年，通过海关跨境电子商务管理平台进出口商品零售总额达1 862.1亿元，同比增长38.3%。其中，出口总额为944亿元，年均增速为60.5%；进口总额为918.1亿元，年均增速为27.4%。2020年，全年跨境电商进出口总额为1.69万亿元，增长31.1%。其中出口总额为1.12万亿元，增长40.1%；进口总额为0.57万亿元，增长16.5%。

就市场采购贸易方式而言，自2013年4月启动开始截至2020年5月，全国市场采购贸易方式试点总数达到31个，覆盖东、中、西部15个省（区）。市场采购贸易方式自从实行以来，为外贸增长做出了积极贡献。2019年市场采购贸易方式进出口额为5 629.5亿元，增长19.7%。2020年全国市场采购贸易方式出口值为7 048.13亿元，同比增长25.2%，成为外贸新亮点。

4. 建立高标准自由贸易试验区

建立自由贸易试验区是中国政府在新发展形势下推进改革开放的一项重大举措。2019年，中国自由贸易试验区、自由贸易港等对外开放高地建设不断提速，在既有自由贸易试验区基础上，新增山东、江苏等6个自由贸易试验区。2020年又新增北京、湖南、安徽3个自由贸易试验区，最终自由贸易试验区总数达到21个。从2013年9月至2020年底，中国自由贸易试验区建设6年多来，开放程度不断扩大，如自由贸易区内负面清单多次缩减，从190条降至30条。现阶段自由贸易试验区在产业发展上以现代商贸物流、金融等生产性服务业为重点，同时也着力布局新一代信息技术、生物医药、装备制造等战略性新兴产业。

5. 国际经贸活动彰显高水平开放

近些年来，中国自主举办多场国际经贸活动来扩大开放，向世界展示中国兑现了“中国开放的大门只会越开越大”的承诺。2019年举办了中国国际服务贸易交易会、第一届中国–非洲经贸博览会、第二届中国国际进口博览会、广交会等。2020年尽管受到疫情影响，但仍未阻挡中国在防疫的基础上不断加快高水平对外开放的步伐，如举办2020年中国国际服务贸易交易会，释放出中国坚持对外开放、加强国际经贸合作的积极信号，彰显了中国以高水平对外开放促改革、促发展、促创新的坚定决心。

（二）着力深化双边、多边、区域合作关系

近年来，中国一直着力构建开放型经济体制，其中深化双边、多边、区域

合作关系对于提高对外开放水平具有重要作用和意义。在此基调下，中国以共建“一带一路”为重点，坚持引进来和走出去并重，形成陆海内外联动、东西双向互济的开放格局。同时，与多国达成区域贸易协定，促进贸易自由化、便利化，致力于构建立足周边、辐射“一带一路”、面向全球的自由贸易协定网络，向构建更高层次的开放型经济体制迈出新步伐。

1. 共建“一带一路”成果颇丰

2019 年新增 16 个国家和国际组织同中国签署共建“一带一路”合作文件，文件总数升至 199 份。2019 年中国对“一带一路”沿线国家进出口总额为 92 690 亿元，比 2018 年增长 10.8%，其中，出口增长 13.2%，进口增长 7.9%。双向投资深入发展，中国企业在“一带一路”沿线对 56 个国家非金融类直接投资为 150.4 亿美元，占同期总额的 13.6%，主要投向新加坡、越南、老挝、印度尼西亚等国家。“一带一路”沿线国家对华直接投资金额为 84 亿美元，增长 30.6%。中国企业在“一带一路”沿线的 62 个国家新签对外承包工程项目合同 6 944 份，新签合同额为 1 548.9 亿美元，占同期中国对外承包工程新签合同额的 59.5%，同比增长 23.1%；完成营业额 979.8 亿美元，占同期总额的 56.7%，同比增长 9.7%。[①]

截至 2020 年 12 月 31 日，中国已与 138 个国家、31 个国际组织签署 203 份共建“一带一路”合作文件。2020 年，中国企业对“一带一路”沿线 58 个国家非金融类直接投资 177.9 亿美元，同比增长 18.3%，占同期总额的 16.2%，较 2019 年提升 2.6 个百分点，主要投向新加坡、印度尼西亚、越南、马来西亚等国家。在沿线国家新签承包工程合同额 1 414.6 亿美元，完成营业额 911.2 亿美元，分别占同期总额的 55.4%和 58.4%。[②]

2. 加快自由贸易区建设

近年来中国不断推进自由贸易区发展。2019 年 3 月 1 日中国与智利自由贸易协定升级议定书正式实施；2019 年 4 月 28 日中国与巴基斯坦签署自由贸易协定（第二阶段）议定书；2019 年 10 月 16 日中国与新加坡自由贸易协定升级议定书正式生效；2019 年 10 月 17 日中国与毛里求斯签署中非首个自由贸易协定。2020 年 10 月 12 日，中国与柬埔寨签署自由贸易协定；2020 年 11 月 16 日，中国与东盟十国以及日本、韩国、澳大利亚、新西兰共 15 个国家共同签署 RCEP。

① 中华人民共和国商务部，http://fec.mofcom.gov.cn/article/fwydyl/tjsj/202001/20200102932470.shtml.

② 中华人民共和国商务部，http://fec.mofcom.gov.cn/article/fwydyl/tjsj/202101/20210103033338.shtml.

截至 2020 年 12 月 31 日，中国已与 26 个国家和地区签署了 19 个自由贸易协定，其中 90%以上的产品关税将降至零，同时还有 11 个自由贸易协定正在进行谈判或升级谈判。①

3. 金砖国家峰会巩固既定伙伴关系

2019 年 11 月，第十一届金砖国家峰会在巴西利亚举行，主题为“经济增长打造创新未来”，主要议题包括：聚焦科技创新合作、推动数字经济合作、打击有组织犯罪等。各国在加强和改革多边体系、经济财金合作、地区热点问题、金砖务实合作四方面达成高度共识，并通过了《金砖国家领导人第十一次会晤巴西利亚宣言》。

2020 年 11 月 17 日，金砖国家领导人第十二次会晤以视频形式举行，主题是“有利于全球稳定、共同安全和创新增长的金砖国家伙伴关系”。各国领导人聚焦全球抗疫和金砖国家各领域务实合作，就重大紧迫的全球问题共同发出金砖声音，为维护国际和平安全、提振世界经济贡献金砖力量。各国在金砖务实合作、政治安全合作、经贸财金以及政府间合作、人文交流四方面达成高度共识，并通过了《金砖国家领导人第十二次会晤莫斯科宣言》。

4. “17+1” 助力中欧两地经贸发展

2019 年，希腊作为正式成员加入“16+1 合作”，“16+1”机制更名为“17+1”，中国与中东欧国家伙伴关系越来越密切。2019 年 4 月 12 日，第八次中国－中东欧国家领导人会晤于杜布罗夫尼克举办，会晤主题为“搭建开放、创新、伙伴之桥”，中国与参会国家共计达成 39 项成果，涵盖农业、教育、公共卫生、技术等多个领域。2020 年，受新冠肺炎疫情影响，未能进行中国—中东欧国家领导人会晤，但 2021 年 2 月 9 日以视频方式举行了中国—中东欧国家领导人第九次峰会，发表了《2021 年中国—中东欧国家合作北京活动计划》和《中国—中东欧国家领导人峰会成果清单》。

5. 中欧全面投资协定的签署

2020 年 12 月 30 日，中欧领导人共同宣布完成中欧全面投资协定（CAI）谈判。中欧全面投资协定谈判历时 7 年，最终协定的谈判成果主要涵盖了市场准入承诺、公平竞争规则、可持续发展和争端解决四个方面。中欧全面投资协定展现了中国推进高水平对外开放的决心和信心，将会极大促进中欧之间经贸合作，进一步增强中国与欧盟之间的贸易伙伴关系。

① 中国自由贸易区服务，http://fta.mofcom.gov.cn.

（三）坚决维护多边贸易体制和规则

贸易是经济增长的重要引擎，WTO 为维护经济全球化和促进世界贸易增长提供了重要的制度保障。鉴于当前多边贸易体系面临的严峻挑战，中国呼吁 WTO 所有成员继续致力于维护 WTO 开放、透明、包容、非歧视和基于规则的基本原则，坚决反对单边主义和保护主义，坚决维护多边贸易体制和规则，积极构建开放型世界经济。

中国始终是多边主义的积极支持者、多边贸易体制和规则的坚定捍卫者。近年来，由于个别国家的干扰，使得多边贸易体制面临严峻挑战，并且使得 WTO 陷入困境。在此背景下，中国积极发挥负责任大国作用，为 WTO 改革积极建言建策，帮助 WTO 渡过危机。2019 年 5 月 13 日，中国向 WTO 正式提交《中国关于 WTO 改革的建议文件》，阐述中国立场和主张，向世界表明中国对于多边贸易体制的坚定支持。2019 年 12 月，由于美国滥用否决权阻止新法官遴选及任命，WTO 争端解决机制上诉机构被迫“停摆”，中国为 WTO 上诉机构摆脱危机积极建言献策，为解决此问题做出多番努力。如 2020 年 3 月 27 日，中国、欧盟等 16 个 WTO 成员联合声明建立一个多方临时上诉仲裁安排，以部分取代 WTO 上诉机构的功能，使得 WTO 面临的困境得以暂时疏解。2020 年 9 月 22 日的 G20 贸易部长会议上，中国积极参与 WTO 改革议题讨论，并为 WTO 改革建言献策，会议达成《G20 贸易部长会议公报》，并制订了《关于世界贸易组织未来的利雅得倡议》等 5 份成果文件。

除支持 WTO 日常工作以外，中国还积极响应 WTO 贸易援助倡议，在 2020 年 12 月 1 日，张向晨大使与 WTO 副总干事阿加在日内瓦签署 WTO 第九期“中国项目”谅解备忘录，帮助新加入和正在申请加入的发展中国家，尤其是最不发达国家更好地融入多边贸易体制。在 WTO 框架内，中国还高度重视和支持与电子商务有关的工作。2019 年 1 月 25 日，在瑞士达沃斯举行的电子商务非正式部长级会议上，中国和澳大利亚、日本、新加坡、美国、欧盟、俄罗斯、巴西、尼日利亚、缅甸等共 76 个 WTO 成员签署《关于电子商务的联合声明》，确认有意在 WTO 现有协定和框架基础上，启动与贸易有关的电子商务议题谈判。

此外，中国在 WTO 框架下就环境保护问题一直积极参与讨论，发挥建设性作用。2019 年 11 月 25 日上午，中国、斯里兰卡和摩洛哥联合举办了主题为“WTO 在应对塑料污染方面应担负什么角色”的研讨会。各参会人员分享了各自应对塑料污染的经验和做法，并就 WTO 在此方面可开展的工作进行了初步探讨。2020 年 2 月 19 日，中国、斐济联合日内瓦高等研究院联合举办了主题为“WTO、塑料污染和可持续塑料经济”的非正式磋商研讨会。成员们一致认为塑料污染是发展中国家和发达国家共同关心的国际重要议题，广泛支持成员积极探索，并在 WTO 贸易与环境委员会和第 12 届部长级会议上继续推进相关工作。

二、2019—2020 年对外贸易发展情况

（一）2019—2020 年总体贸易情况

近两年来，面对世界经济增长低迷、国际经贸摩擦加剧、国内经济下行压力加大、全球疫情蔓延的复杂形势，中国积极主动扩大对外开放，采取多重稳外贸政策，着力推进外贸高质量发展。对外贸易总体平稳，保持增长态势，同时贸易结构持续优化，质量效益稳步提升。

2019 年中国对外贸易逆势增长，规模创历史新高，实现稳中提质，外贸质量、效益稳步提升。全年进出口总额为 369 598.9 亿元，同比增长 3.40%。其中，出口总额为 191 862 亿元，同比增长 5.51%；进口总额为 177 736.9 亿元，同比增长 1.21%，进出口、出口、进口规模均创历史新高。①

2020 年，虽然受到新冠肺炎疫情全球蔓延的负面影响，但在积极稳外贸政策的作用下，外贸回稳向好、好于预期，贸易规模和国际市场份额提升，为推动世界经济和全球贸易复苏发挥了重要作用。2020 年全年进出口总额为 367 199.7 亿元，同比下降 0.65%。其中，出口总额为 198 682.7 亿元，同比增长 3.56%；进口总额为 168 517 亿元，同比下降 5.19%。②

（二）2019—2020 年货物贸易总体情况

2019 年中国货物贸易实现较快增长，2020 年尽管受到新冠肺炎疫情的负面冲击，货物进口额同比下降，但货物出口额增加，使得全年进出口总额较 2019 年仍有小幅上升。2019 年全年货物进出口总额为 315 446 亿元，比 2018 年增长 3.4%。其中，出口总额为 172 298 亿元，增长 5.0%，进口总额为 143 148 亿元，增长 1.6%。全年进出口、出口、进口规模均创历史新高。2019 年中国货物出口额占全球货物出口总额的比重为 13.2%，比 2018 年提升 0.4 个百分点，出口占国际市场份额稳步提升；货物进口额占全球货物进口总额的比重为 10.8%，与 2018 年持平，进口占国际市场份额保持历史最高水平。2020 年货物进出口总额为 321 557 亿元，比 2018 年增长 1.9%，货物贸易第一大国的地位更加稳固。其中，出口总额为 179 326 亿元，增长 4.0%；进口总额为 142 231 亿元，下降 0.7%。

① 中华人民共和国海关总署，http://fangtan.customs.gov.cn/tabid/970/Default.aspx.

② 中华人民共和国海关总署，http://fangtan.customs.gov.cn/tabid/1106/Default.aspx.

1. 贸易伙伴格局呈现历史性变化

两年来中国国际市场布局更加多元化，主要贸易伙伴的位次发生重大变化。2019 年，中国第一大贸易伙伴仍然是欧盟，对欧盟进出口额为 4.86 万亿元，增长 8%；东盟成为中国第二大贸易伙伴，对东盟进出口额为 4.43 万亿元，增长 14.1%；对美国进出口额为 3.73 万亿元，下降 10.7%；第四大贸易伙伴是日本，对日本进出口额为 2.17 万亿元，增长 0.4%。对“一带一路”沿线国家进出口额为 9.27 万亿元，增长 10.8%，高出整体增速 7.4 个百分点。

2020 年，中国第一大贸易伙伴为东盟，对东盟进出口额为 4.74 万亿元，增长 7%；欧盟成为中国第二大贸易伙伴，对欧盟进出口额为 4.5 万亿元，下降 7.4%；对美国进出口额为 4.06 万亿元，增长 8.8%；第四大贸易伙伴是日本，对日本进出口额为 2.2 万亿元，增长 1.4%。受新冠肺炎疫情影响，中国对“一带一路”沿线国家进出口额为 9.37 万亿元，比 2019 年只缓增 1.08%，其中进口额下降 1.8%，出口额增长 3.2%。

2. 国内区域布局均衡化发展

随着中国加快推进全方位对外开放，中西部地区[①]成为稳定中国外贸发展的重要力量。2019 年中西部地区进出口总额为 4.80 万亿元，占全国出口总额的 15.22%。其中，出口总额为 2.70 万亿元，占全国出口总额的 15.66%；进口总额为 2.10 万亿元，占全国进口总额的 14.69%。此外，加工贸易出口在中西部占比近 23%，承接加工贸易产业转移取得积极成效。

2020 年，中西部地区进出口总额为 5.6 万亿元，占全国出口总额的 17.5%，同比增加 1.4 个百分点。其中，出口总额为 3.4 万亿元，增长 10.7%，占全国出口总额的 19.0%；进口总额为 2.2 万亿元，增长 11.5%，占全国进口总额的 15.6%。此外，中西部地区承接加工贸易梯度转移取得积极成效，进出口额增长 11%，占比提升 1.4 个百分点至 17.5%。

3. 外贸主体活力持续增强

2019 年、2020 年贸易主体活力竞相迸发，外贸内生动力更加强劲。2019 年中国有进出口实绩的外贸企业为 49.9 万家，比 2018 年增长 6.2%；其中，民营企业为 40.6 万家，比 2018 年增长 8.7%。民营企业首次超过外商投资企业，成为最大外贸主体。2019 年民营企业进出口额为 13.48 万亿元，增长 11.4%，占进

① 中西部地区包括山西、内蒙古、吉林、黑龙江、安徽、江西、河南、湖北、湖南、重庆、四川、贵州、云南、西藏、陕西、甘肃、宁夏、青海、新疆。

出口总额的42.7%，比2018年提升3.1个百分点。外商投资企业进出口总额为12.57万亿元，占进出口总额的39.9%。国有企业进出口总额为5.32万亿元，占货物进出口总额的16.9%。

2020年，有进出口实绩的企业为53.1万家，增加6.2%。其中，民营企业进出口总额为15.1万亿元，增长10.6%，占中国外贸总值的47.0%，比2019年提升3.7个百分点，第一大外贸主体的地位更加稳固，成为稳外贸的重要力量。外商投资企业进出口总额为12.44万亿元，占进出口总额的38.7%。国有企业进出口4.61万亿元，占进出口总额的14.3%。

4. 贸易方式持续优化

2019年中国一般贸易进出口总额为18.61万亿元，增长5.6%，占进出口总额的59.0%，比2018年提升1.2个百分点。其中，出口总额为9.95万亿元，增长7.8%，占出口总额的57.8%，比2018年提升1.5个百分点；进口总额为8.66万亿元，增长3.1%。加工贸易进出口总额为7.95万亿元，下降5.1%，占进出口总额的25.2%。①

2020年，中国一般贸易进出口总额为19.25万亿元，增长3.4%，占进出口总额的59.86%，比2019年提升0.86个百分点。其中，出口总额为10.65万亿元，增长6.9%，占出口总额的59.40%，比2019年提升1.6%；进口总额为8.60万亿元，降低0.7%。受到疫情影响，多国供应链受到严重冲击，中国加工贸易进出口总额下降3.77%，为7.65万亿元，仅占进出口总额的23.79%，下降1.41个百分点。但产业链更长、附加值更高、更能反映企业自主发展能力的一般贸易在中国贸易中的占比持续增加，进一步提升了中国产业链价值和贸易竞争力。②

5. 传统优势产品出口继续保持增长

2019年，中国机电产品出口额为10.06万亿元，增长4.4%，占出口总值的58.4%。其中，电器及电子产品出口额为4.63万亿元，增长5.4%；机械设备出口额为2.87万亿元，增长1.4%。纺织服装等7大类劳动密集型产品出口额为3.31万亿元，增长6.1%。

2020年，中国机电产品出口额为10.66万亿元，增长6%，占出口总值的59.4%，同比提升1.1个百分点。其中，笔记本电脑、家用电器、医疗仪器及器

① 中华人民共和国海关总署，http://www.customs.gov.cn/customs/302249/zfxxgk/2799825/302274/302277/3227050/index.html.

② 中华人民共和国海关总署，http://www.customs.gov.cn/customs/302249/zfxxgk/2799825/302274/302277/3250476/index.html.

械出口额分别增长 20.4%、24.2%、41.5%。纺织服装等 7 大类劳动密集型产品出口额为 3.58 万亿元，增长 6.2%，其中包括口罩在内的纺织品出口额为 1.07 万亿元，增长 30.4%。

（三）2019—2020 年中国服务贸易发展

2019 年中国服务贸易进出口总额 54 152.9 亿元，同比增长 2.8%。其中，出口总额为 19 564.0 亿元，同比增长 8.9%；进口总额为 34 588.9 亿元，同比减少 0.4%。服务贸易逆差下降 10.5%至 15 024.9 亿元，同比减少 1 760.0 亿元。①

2020 年中国服务进出口总额为 45 642.7 亿元，同比减少 15.72%。其中，出口总额为 19 356.7 亿元，同比下降 1.1%；进口总额为 26 286 亿元，同比下降 24%。服务贸易出口降幅小于进口降幅 22.9 个百分点，带动服务贸易逆差下降 53.9%至 6 929.3 亿元，同比减少 8 095.6 亿元。②

1. 知识密集型行业快速发展

2019 年，中国知识密集型服务进出口额为 1.88 万亿元，增长 10.8%，高于服务进出口整体增速 8 个百分点，占服务进出口总额的比重达 34.7%，同比提升 2.5 个百分点。其中，知识密集型服务出口额为 9 916.8 亿元，增长 13.4%，占服务出口总额的比重达 50.7%，同比提升 2 个百分点；知识密集型服务进口额为 8 860.9 亿元，增长 8.0%，占服务进口总额的比重达 25.6%，同比提升 2 个百分点。分领域看，个人文化娱乐服务、电信计算机和信息服务、金融服务的进出口延续快速增长态势，进出口增速分别为 19.4%、18.9%和 18.7%。

2020 年，中国知识密集型服务进出口额为 20 331.2 亿元，同比增长 8.3%，占服务进出口总额的比重达到 44.5%，提升 9.9 个百分点。其中，知识密集型服务出口额为 10 701.4 亿元，增长 7.9%，占服务出口总额的比重达到 55.3%，提升 4.6 个百分点；知识密集型服务进口额为 9 629.8 亿元，同比增长 8.7%，占服务进口总额的比重达到 36.6%，提升 11 个百分点。分领域看，进口增长较快的领域是金融服务、电信计算机和信息服务，同比分别增长 28.5%、22.5%；出口增长较快的领域是知识产权使用费、电信计算机和信息服务、保险服务，分别同比增长 30.5%、12.8%和 12.5%。

2. 服务外包产业规模稳步扩大

2019 年中国企业承接服务外包合同额为 15 699.1 亿元，增长 18.6%，执行

---

① 中华人民共和国海关总署，http://fangtan.customs.gov.cn/tabid/970/Default.aspx.

② 中华人民共和国海关总署，http://fangtan.customs.gov.cn/tabid/1106/Default.aspx.

额为 10 695.7 亿元，增长 11.5%，执行额首次突破万亿元。其中，中国承接离岸信息技术外包（ITO）、离岸业务流程外包（BPO）、离岸知识流程外包（KPO）执行额分别达 2 894.3 亿元、1 183.9 亿元、24 77.6 亿元，同比分别增长 9%、30.4%、7.6%。高端生产性服务外包业务快速增长，医药和生物技术研发服务、检验检测服务、互联网营销推广服务、电子商务平台服务业务额分别增长 15.3%、20.5%、37.1%和 53.2%。

2020 年中国企业承接服务外包合同额为 17 022.7 亿元，增长 8.4%，执行额为 12 113.2 亿元，增长 13.3%。其中，中国承接离岸信息技术外包（ITO）和知识流程外包（KPO）的执行额保持较快增长，2020 年离岸执行额分别为 3 204.1 亿元和 2 921.4 亿元，同比分别增长 10.7%和 17.9%；业务流程外包（BPO）离岸执行额为 1 176.5 亿元，同比下降 0.6%。数字化程度较高的集成电路和电子电路设计业务离岸执行额为 490.9 亿元，同比增长 41%；知识密集的医药和生物技术研发业务离岸执行额为 488.1 亿元，同比增长 25%。

3. 旅行服务进出口波动较大

2019 年，中国旅行服务进出口总额为 19 702.6 亿元，同比下降 5.9%，在服务贸易总额中所占比重下降 3.5 个百分点至 36.4%。其中出口总额为 2 380.5 亿元，同比下降 8.84%；进口总额为 17 322.1 亿元，同比下降 5.45%。

2020 年由于全球新冠肺炎疫情形势严峻，世界范围内旅行服务进出口受到很大影响，中国旅行服务进出口总额大幅下降。2020 年，中国旅行服务进出口总额为 10 192.9 亿元，同比下降 48.3%，在服务贸易总额中所占比重下降 14.07 个百分点至 22.33%。其中出口总额为 1 140.30 亿元，同比下降 52.1%；进口总额为 9 059.46 亿元，同比下降 47.7%。全球新冠肺炎疫情的大流行是导致服务贸易下降的主要因素。

三、中国对外贸易发展展望

2019 年，尽管受到国际经贸摩擦加剧、国内经济下行压力加大等影响，中国对外贸易却实现逆势增长，规模创下历史新高。2020 年，由于新冠肺炎疫情的影响，中国外贸受到一定的负面冲击，但好于预期，虽然贸易规模较 2019 年略有下降，但货物贸易规模和国际市场份额双双创下历史新高，贸易结构不断优化。

展望 2021 年，世界经济发展仍然充满不确定性，全球疫情形势仍然十分严峻，全球经济复苏具有极大不确定性。尽管 2021 年 1 月联合国发布的《世界经济形势与展望》报告中预测，2021 年全球经济将反弹 4.7%，但这一增长仅能勉强抵消 2020 年的损失，中长期增长仍然面临较强风险挑战。国内方面，疫情变化和外部环境存在诸多不确定性，中国经济恢复的基础尚不牢固，但中国仍处于重要战略机遇期，制度优势显著，治理效能提升，经济长期向好的基本面不会改变。

面对复杂的国际和国内经贸形势，中国积极加快构建“双循环”发展格局，持续改善营商环境，进一步扩大“朋友圈”，推动多个自由贸易区谈判和“一带一路”倡议，这些举措无疑会为中国经贸发展提供强力支撑，不断实现产业转型升级，巩固中国在区域产业链、供应链中的地位。总体看来，在多项措施并举的情况下，中国今后的对外贸易形势将趋于稳中向好态势。

第三节　2019—2020 年中国利用外资回顾与展望

一、2019—2020 年中国利用外资政策调整

（一）多举措稳外资

2019 年 10 月，国务院颁布的《国务院关于进一步做好利用外资工作的意见》中指出，当前国际投资格局深刻调整，中国利用外资工作面临新形势、新特点和新挑战。为落实国务院关于稳外资工作的决策部署，以激发市场活力、提振投资信心为出发点，以保障外商投资企业国民待遇为重点，为打造公开、透明、可预期的外商投资环境为着力点，持续深化“放管服”改革，进一步做好利用外资工作，稳定外资规模，优化外资结构。

第一，实行投资自由化便利化政策。包括精简外商投资准入负面清单，鼓励外商投资新开放领域，加快推进金融业开放进程；提升投资便利化水平，降低资金跨境使用成本，提高来华人才工作便利度，优化外资项目规划用地审批程序。

第二，营造更加公平透明便利、更有吸引力的投资环境。包括强化监管政策执行规范性，降低外商投资企业合规成本；提高行政规范性文件制定透明度，加强行政规范性文件的合法性审查，提高政策的可预见性；完善知识产权保护工作机制，积极运用标准化方法加强知识产权保护；支持内外资企业公平参与中国标准制定，提高行业标准和技术规范修订的科学性和透明度。

第三，保护外商投资企业合法权益。包括全面贯彻外商投资法，做好培训和解读工作。建立健全外商投资企业投诉受理机构，完善处理规则，规范处理

程序；充分发挥知识产权司法保护的重要作用，持续提升知识产权司法审判工作规范化、科学化、国际化水平；保障依法平等参与政府采购，不对外商投资企业实行歧视待遇。

第四，提升引资质量和水平。在多举措吸引外资的过程中，一方面创造便利公平的营商环境，促进外商加大投资规模，另一方面引导外商投资导向，最大化外资边际收益。在外商投资内容方面，鼓励外资企业引进先进技术、管理经验。在外商投资产业导向方面，发布2019年版《鼓励外商投资产业目录》，引导外资投向现代农业、先进制造业和现代服务业等领域。在外商投资区域方面，支持外商全面参与自由贸易试验区建设，批复山东等6个省区设立自由贸易试验区，并增设上海自由贸易试验区临港新片区，推进相关深层次改革事项在自由贸易试验区先行先试，充分发挥自贸试验区改革开放试验田作用。①

（二）放宽市场准入，扩大对外开放

国家发展和改革委员会、商务部于2019年6月30日发布了《外商投资准入特别管理措施（负面清单）（2019年版）》②，自2019年7月30日起实行。同日，国家发展和改革委员会、商务部发布了《鼓励外商投资产业目录（2019年版）》，较大幅度地增加了鼓励外商投资领域，支持外资更多地投向高端制造、智能制造、绿色制造等领域。2020年6月23日，国家发展改革委员会、商务部发布第32号令《外商投资准入特别管理措施（负面清单）（2020年版）》③，自2020年7月23日起实行，2019年版的《外商投资准入特别理措施（负面清单）》同时废止。国家发展和改革委员会、商务部第38号令《鼓励外商投资产业目录（2020年版）》中，重点增加制造业、生产性服务业、中西部地区条目，引导外资投向，提振外资信心，促进外资基本盘稳定和产业链供应链稳定。

2019年版的负面清单由原来的48条精简至40条，在7大领域继续扩大开放，涉及农业、采矿业、制造业、交通运输、基础设施、文化建设和增值电信领域。其中农业领域，取消禁止外商投资原产于中国的野生动植物资源开发的规定；采矿业领域，取消石油天然气勘探开发限于合资、合作的限制，取消禁

① 中华人民共和国中央人民政府．国务院关于进一步做好利用外资工作的意见［EB/OL］．http://www.gov.cn/zhengce/content/2019－11/07/content_5449754.htm.

② 中华人民共和国中央人民政府．外商投资准入特别管理措施（负面清单）（2019年版）［EB/OL］．http://www.gov.cn/xinwen/2019－06/30/content_5404703.htm.

③ 中华人民共和国国家发展和改革委员会．外商投资准入特别管理措施（负面清单）（2020年版）［EB/OL］．https:// www.ndrc.gov.cn/xxgk/zcfb/fzggwl/202006/t20200624_1231938.html.

止外商投资钼、锡、锑、萤石勘查开采的规定；制造业领域，取消禁止外商投资宣纸、墨锭生产的规定；交通运输领域，取消国内船舶代理须由中方控股的限制；基础设施领域，取消 50 万人口以上城市燃气、热力管网须由中方控股的限制；文化领域，取消电影院、演出经纪机构须由中方控股的限制；增值电信领域，取消国内多方通信、存储转发、呼叫中心 3 项业务对外资的限制。

2020 年版的负面清单由原来的 40 条精简至 33 条，在 4 大领域继续扩大开放，涉及制造业、交通运输、基础设施和金融领域。其中制造业领域，取消禁止投资放射性矿产冶炼、加工和核燃料生产的规定，并取消商用车制造外资股比限制；基础设施领域，取消 50 万人口以上城市供排水管网须由中方控股的限制；交通运输领域，取消禁止投资空中交通管制的限制；金融业领域，取消证券公司、证券投资基金管理公司、期货公司和寿险公司外资股比不超过 51%的限制。

（三）推进自由贸易试验区改革，扩大开放继续先行先试

设立自由贸易试验区是中国构建开放型经济新体制的重大举措。作为新时代改革开放的新高地，自由贸易实验区是链接“双循环”的重要平台和关键节点，也是促进“双循环”新格局形成的重要抓手和有力支撑。

国家发展和改革委员会、商务部 2019 年 6 月发布的《自由贸易试验区外商投资准入特别管理措施（负面清单）（2019 年版）》对原有 2018 年版负面清单在清单内容上进行简化，同时提出更为开放的试点措施。其中，负面清单条目由 45 条缩减至 37 条。在市场准入方面，除与全国外资准入清单一致的内容外，还添加了许多对标国际高标准的条目，提出了更高水平的对外开放，主要试点措施有：取消禁止投资中国管辖海域及内陆水域水产品捕捞的限制；取消禁止外商投资钼、锡、锑、萤石勘查开采的规定；取消出版物印刷须由中方控股的限制；取消禁止外商投资宣纸、墨锭生产的规定；取消国内船舶代理公司须由中方控股的限制；取消国内多方通信、存储转发、呼叫中心 3 项业务对外资的限制；取消禁止外商投资原产于中国的野生动植物资源开发的限制；取消电影院建设和经营须由中方控股的限制。

2020 年版的《自由贸易试验区外商投资准入特别管理措施（负面清单）》在 2019 年版负面清单的基础上进一步简化，条目由 37 条缩减至 30 条。删减内容与 2020 年版外商投资准入特别管理措施负面清单删减内容保持一致，主要涉及制造业、交通运输、基础设施和金融领域。其中制造业领域，取消禁止投资放射性矿产冶炼、加工和核燃料生产的规定，取消商用车制造外资股比限制；基础设施领域，取消 50 万人口以上城市供排水管网须由中方控股的限制；交通运

输领域，取消禁止投资空中交通管制的限制；金融业领域，取消证券公司、证券投资基金管理公司、期货公司和寿险公司外资股比不超过51%的限制。①②

（四）增强外资法制建设，优化营商环境

为进一步扩大开放，积极促进外商投资，保护外商投资合法权益，进一步优化营商环境，中国在2019年3月15日颁布了《中华人民共和国外商投资法》（以下简称《外商投资法》），并同步配套制定《中华人民共和国外商投资法实施条例》，于2020年1月1日起全面实施。同时，为进一步细化外商投资法及其实施条例的有关要求，完善外商投资投诉工作机制，商务部出台《外商投资企业投诉工作办法》，自2020年10月1日起实施。《外商投资法》是中国历史上第一个全面系统的外资立法，具有里程碑式的意义，是贯彻落实中央扩大对外开放、促进外商投资决策部署的重要举措。

《外商投资法》实施一年多以来成效显著，有力保障中国利用外资在新冠肺炎疫情挑战下逆势增长4.5%，2020年全年新设外商投资企业5.1万户，引资规模和全球占比创历史新高，成为全球最大外资流入国。《外商投资法》实施成效显著，呈现“五更”特点。

第一，外资准入更自由。准入前国民待遇加负面清单管理制度深入实施。同时，投资主体选择更加自主，2020年外国投资者与中国自然人合资新设外资企业近9 000家，实现“从无到有”。

第二，投资活动更便利。全面取消商务领域外资企业设立及变更事项审批备案，实施信息报告制度，外商直接在市场监管部门办理外资企业设立注册登记。约99%外商投资项目实行告知性备案，通过在线平台办理。

第三，服务体系更健全。组建重点外资项目工作专班，中央层面帮助解决外资企业反映突出的防疫物资短缺、跨境物流不畅、上下游协同复工等困难问题252项。

第四，权益保护更有效。出台《外商投资企业投诉工作办法》，编制公布各地投诉工作机构名录，外资企业投诉渠道更加通畅便捷、流程更加清晰可操作。

第五，市场竞争更公平。外商投资法为外资企业平等参与政府采购和招投标提供坚实法律保障。外资企业平等参与标准化工作取得积极进展，2020年近

① 中华人民共和国国家发展和改革委员会．自由贸易试验区外商投资准入特别管理措施（负面清单）（2019年版）［EB/OL］．https://www.ndrc.gov.cn/fggz/lywzjw/zcfg/201906/t20190628_1047068.html.

② 中华人民共和国商务部．自由贸易试验区外商投资准入特别管理措施（负面清单）（2020年版）［EB/OL］．http://www.mofcom.gov.cn/article/b/f/202006/20200602976957.shtml.

百家外资企业参与国家标准制定修订工作。[①]

二、2019—2020 年中国利用外资发展回顾

（一）利用外资规模整体稳中有升

2019—2020 年中国实际使用外资金额稳中有增。据统计，2019 年全国实际利用外资金额为 9 415 亿元（未含银行、证券、保险领域数据，下同），同比增长 5.8%，增速较 2018 年提高 4.9 个百分点。2020 年全国实际利用外资金额为 9 999.8 亿元，同比增长 6.2%，增速高于 2019 年。随着中国对外开放力度的不断加强，陆续出台一系列举措吸引外商来华投资，2019—2020 年全国新设立外商投资企业数量不断增长，外商对华投资信心不减。其中，2019 年全国新设立外商投资企业超过 4 万家，2020 年全国新设立外商投资企业 3.9 万家，较 2019 年新设外企企业数量有所降低，但引进外资总额增速实现稳步提升，成为全球最大外资流入国，实现引资总量、增长幅度、全球占比“三提升”。[②③]

（二）外资来源地结构

受中美经贸关系不稳定以及全球新冠肺炎疫情的影响，美国对华直接投资比重大幅下降。2019 年美国对华投资金额为 26.9 亿美元，总额排名第六，投资金额较 2018 年的 34.5 亿美元下降 7.6 亿美元。2019 年欧盟 28 国对中国实际投资为 73.1 亿美元，同比下降 29.9%。东盟对中国实际投资为 78.8 亿美元，同比增长 37.7%。“一带一路”沿线国家对中国实际投资为 81.2 亿美元，同比增长 33.6%。2020 年主要投资来源地保持稳定。对华投资前 15 位的国家和地区投资增长 6.4%，占比为 98%，其中荷兰、英国分别增长 47.6%、30.7%，东盟对华投资增长 0.7%。

（三）利用外资的行业结构

从外资行业结构看，三大产业吸收外资金额有升有降，与 2018 年吸收外资金额差距不大，服务业吸收外资继续保持绝对主导地位。2019 年全年服务业实际利用外资额上升，占比增加；农、林、牧、渔业和制造业实际使用外资金额

---

① 光明网. 外商投资法实施一年多成效显著　利用外资逆势增长 4.5%［EB/OL］. https://m.gmw.cn/baijia/2021-03/03/1302144660.html.

② 中华人民共和国国家发展和改革委员会. 2019 年全国全年利用外商直接投资情况［EB/OL］. https://www.ndrc.gov.cn/ fggz/lywzjw/wstz/202003/t20200312_1223000.html.

③ 中华人民共和国国家发展和改革委员会. 2020 年 1—12 月全国利用外商直接投资情况［EB/OL］. https://www.ndrc.gov.cn/ fggz/lywzjw/wstz/202101/t20210128_1266103.html.

有所下降。从行业门类看，2019 年外商直接投资主要集中于制造业，房地产业，租赁和商务服务业，信息传输、软件和信息技术服务业，批发和零售业，金融业，科学研究和技术服务业。以上 7 个行业新设外商投资企业数量占比为 89.0%，实际利用外资金额占比为89.2%。2020年全年服务业实际利用外资金额为7 767.7亿元，增长 13.9%，占比为 77.7%。高技术产业吸收外资增长 11.4%，高技术服务业增长 28.5%，其中研发与设计服务、科技成果转化服务、电子商务服务、信息服务分别增长 78.8%、52.7%、15.1%和 11.6%。

（四）利用外资的区域结构

2019—2020 年中西部地区吸收外资实现平稳增长，东西部差距进一步缩小。其中 2020 年东部实际利用外资增速明显提高，充分发挥了区域带动作用。2019年全年，东部、中部、西部地区新设外商投资企业数量占比分别为 89.5%、5.2%和 5.2%，中部地区实际利用外资总额为 97.3 亿美元，西部地区实际利用外资总额为 92.9 亿美元，东部地区实际利用外资总额为 1 191.1 亿美元；自由贸易试验区实际利用外资总额占全国的 15%。2020 年东部地区吸收外资增长 8.9%，占比为 88.4%，其中江苏、广东、上海、山东、浙江主要引资省份分别增长 5.1%、6.5%、6.6%、20.3%和 18.3%。东北地区和中西部地区部分省份吸收外资增长明显，辽宁、湖南、河北分别增长 13.7%、28.2%和 35.5%。①②

三、中国利用外资展望

2020 年国内外受到新冠肺炎疫情冲击时，中国对于新冠肺炎疫情的有效治理和国内经济平稳运行赋予外商投资者更加坚定的信心。

（一）《外商投资法》的实施促进中国利用外资显著增长

《外商投资法》自 2020 年 1 月 1 日实施以来，给外国投资者和外商投资企业营造了更加市场化、法制化、国际化的投资环境。在华外资企业代表和国际工商界人士纷纷表示，更加开放的中国市场是世界的市场、共享的市场、大家的市场，为促进各方互利共赢搭建了广阔平台，外资企业对继续扎根中国、服务中国充满信心。

美中贸易全国委员会的调查显示，近 70%受访美国企业对中国未来 5 年的

① 中华人民共和国商务部外国投资管理司．中国外资统计公报 2020［EB/OL］．http://images.mofcom.gov.cn/wzs/202012/ 20201230152644144.pdf.

② 中华人民共和国商务部．2020 年中国利用外资增长 6.2%，规模创历史新高［EB/OL］．http://www.mofcom.gov.cn/article/i/ jyjl/l/202102/20210203038247.shtml.

市场前景抱有信心。中国英国商会的调查显示，44%的受访英国企业表示 2021 年将增加在华投资。中国日本商会的调查同样显示，逾四成受访日本企业未来一两年计划扩大在华业务……一系列数据充分反映了外国企业看好中国市场、加大在华投资的意愿。

（二）国际关系仍存在很大不确定性

2020 年新冠肺炎疫情冲击全球时，美国特朗普政府仍在推行单边主义和强权政治，肆意对中国挑起争端。无缘无故驱逐中国记者、关闭中国驻美领事馆、试图在台湾和涉港等问题上来牵制中国等，都使得中美关系面临着很大的不确定性。2020 年中欧全面投资协定谈判的完成不仅将赋予双方更多的投资机会，同时也表明中欧之间将会成为合作伙伴关系，这在一定程度上有利于中国规避美国的单边主义，也有利于逆转反全球化浪潮。尽管中欧全面投资协定尚未签署，但中欧之间释放的合作信号有助于稳定全球经贸关系，重振开放、自由、透明和包容的贸易投资体系。

第四节　2019—2020 年中国对外投资发展回顾与展望

一、2019—2020 年中国对外投资面临的挑战

2019—2020 年中国对外直接投资稳健发展，流量和存量的全球占比不断上升，根据 UNCTAD 发布的《2020 世界投资报告》，2019 年中国对外直接投资流量在全世界国家和地区排名中位居第二，依存量排序则居第三[①]，流量和存量排名都与 2018 年相同。但由于多国政府在新冠肺炎疫情期间采取的新投资限制政策，给现有投资项目的落实推进和新投资项目的评估决策带来了冲击，对中国对外投资合作形成了巨大挑战。此外，贸易争端、逆全球化、民粹主义泛滥以及地缘政治斗争等也进一步对中国的对外投资带来严重的不确定和不稳定因素。

（一）新冠肺炎疫情加剧全球经济下行压力

突如其来的新冠肺炎疫情造成 2020 年全球供应链受阻、国际市场需求萎缩、经济下行压力加剧，国际直接投资需求受到冲击，中国企业“走出去”面临前所未有的不确定和不稳定环境。亚洲开发银行 2020 年 5 月发布的一项调查报告

① 联合国贸易与发展会议. 2020 世界投资报告［EB/OL］. https://unctad.org/webflyer/world-investment-report-2020.

显示，新冠肺炎疫情预计在2020年给全球带来5.8万亿美元到8.8万亿美元的经济损失，相当于全球GDP减少6.4%～9%，占全球产出30%的亚太地区预计将损失2.5万亿美元。IMF2021年1月发布的《世界经济展望》中预计2020年全球经济下跌3.5%。全球经济整体下跌对中国对外投资合作形成巨大挑战。

（二）跨国企业对外投资信心疲弱

以数字技术蓬勃发展为突出表现的新科技革命和产业革命给跨国投资方式和国际生产组织中的价值链、供应链重构带来深刻影响，传统产业收益率下降，全球生产性资产的跨境投资面临沉重压力。再加上疫情危机、地缘政治斗争和逆全球化贸易争端等因素，2020年全球外商直接投资大幅萎缩，投资回报率连年下滑，企业“走出去”的信心疲软。根据UNCTAD的统计，全球绿地投资和跨国并购在2020年一季度同比下滑双双超过50%，全球项目融资中新的交易数量同比下降超过40%。全球外国直接投资资金超过50%来自跨国企业的收益再投资，但作为外国直接投资最大主体的全球5 000家领先的跨国企业已将2020年的平均盈利较2019年下调了40%，预期利润下滑将影响和制约跨国企业收益的再投资和全球外国直接投资的规模增长。

（三）多国加大对外资的审查和监管，发达国家普遍提高投资壁垒

近年来，多个发达国家以国家安全为由，对外资实施更为严苛的审查，新冠肺炎疫情使得各国对本国战略性行业的外商投资更为审慎。法国在2019年底和2020年4月两次修改外资审查办法，提高投资审查门槛，分别将外资股比限制从33%降至25%，再进一步下调至10%；意大利将外资审查范围扩展至“所有与战略性活动相关的企业”，同时提高对外部投资的警戒意识；德国2020年多次强化投资审查机制，通过了旨在加强对卫生医疗领域审查的法令，并且允许政府阻止外资并购疫苗、口罩等相关生产企业；英国政府近年来一直对收购带来的国家安全问题表示担忧，其在2020年实施的对外商投资审查更为严格的《国家安全和投资法案》，将对外商投资产生较大影响；美国通过的《外国投资风险审查现代化法案》和《出口管制改革法案》等新的监管制度也将对外商投资造成挑战。

（四）中国标准国际化亟待提速，企业经营合规性压力持续扩大

多年以来，中国一直积极参与多领域的国际标准制定工作，铁路、通信、船舶制造等领域的标准国际化也取得较大进展，但总体来看，标准规则“受制于人”仍然是影响中国企业对外投资的重要瓶颈。在基础设施、能源、工程承包等领域，核心标准大多牢牢掌握在西方国家相关企业手中，这成为中国企业对外投资最重要的“卡脖子”因素。以电力行业为例，尽管中国电力行业技术

达到世界领先水平，大部分相关标准也达到甚至超过国际标准要求，但因为中国标准国际化程度较低，“走出去”过程中经常被迫采用其他标准，削弱了中国电力企业的国际竞争力。随着中国企业“走出去”规模的不断扩大，跨国经营合规性压力持续扩大。近来部分西方国家对规则的操纵和经济政治化日趋严重，除反商业贿赂外，包括反洗钱、反垄断、数据保护、反金融欺诈等各领域都被纳入合规范畴，广义的合规体系成为跨国企业必须遵守的国际规则。在此背景下，大型跨国公司纷纷构建合规体系，提升合规风险防范能力。相比之下，中国企业的合规风险高发，频频受到相关国家制裁，成为制约企业海外可持续经营的绊脚石。尤其随着美国“长臂管辖”适用范围的不断扩大，各种具有明显政治色彩的“实体清单”成为打压中国跨国企业发展的重要手段，中国企业面临的经营合规性压力将持续扩大。

（五）中国的全球影响力稳步提升，国际舆论话语权争夺日趋激烈

从实施“走出去”战略至今，尤其是“一带一路”倡议提出以来，越来越多中国企业通过跨国直接投资积极参与国际经济竞争与合作，为促进东道国经济增长、扩大当地就业做出了积极贡献。2013 年以来，境外中资企业向投资所在国缴纳各种税金总额超过 1 000 亿美元。截至 2020 年底，中国境外企业雇用外方员工超过两百万人。中国高速铁路、高原高寒铁路、重载铁路等世界领先技术，有力地支撑了相关国家基础设施的建设和完善。随着中国在相关国家影响力的稳步提升，部分西方国家担心中国的崛起和“一带一路”建设会触动自身利益，削弱其在相关国家或领域的影响力。围绕“一带一路”的国际舆论与规则话语权争夺日益激烈，各种所谓“中国威胁论”“债务陷阱论”“新殖民主义论”等甚嚣尘上，对部分中国企业境外投资项目的正常运营造成较大干扰。这些话语体系的交锋将与全球经贸投资规则改革相行相伴，在未来相当长一段时间仍将持续。

二、2019—2020 年中国对外投资政策调整

针对中国企业对外投资面临的诸多挑战，尤其是在新冠肺炎疫情的冲击下，党中央、国务院高度重视对外投资工作，连同各有关部门持续出台相关政策促进、规范和保障企业跨国经营活动，促进对外投资合作健康发展。

（一）聚焦互联互通，深化务实合作

2019 年，习近平主席在第二届“一带一路”国际合作高峰论坛开幕式上发表主旨演讲，提出共建“一带一路”倡议的目的是聚焦互联互通，深化务实合

作，携手应对人类面临的各种风险挑战，实现互利共赢、共同发展。作为东道主，中国牵头汇总了各方达成的具体成果，形成一份283项的成果清单。中国同有关国家签署了中缅经济走廊、中泰铁路等一系列政府间务实合作协议；各方共同发起并设立了“一带一路”共建国家标准信息平台、“一带一路”应对气候变化南南合作计划等合作机制；各国企业就开展产能与投资合作项目达成众多协议，中国同意大利等国共同设立新型合作基金、开展第三方市场投融资项目。论坛期间，各方发布了一系列高质量合作倡议和报告。中国发布《共建“一带一路”倡议：进展、贡献与展望》，对五年多来共建“一带一路”走过的历程进行全方位回顾，提出下一步高质量发展的意见和建议；中国同各方一道形成并发布的《“一带一路”债务可持续性分析框架》，为融资合作防控风险，确保“一带一路”合作可持续发展提供了有益工具。由国际知名人士组成的高峰论坛咨询委员会向高峰论坛提交了政策建议报告，分析研究“一带一路”合作对改善互联互通、促进世界经济增长以及落实2030年可持续发展议程的积极作用，并就未来“一带一路”合作重点和高峰论坛发展方向提出政策建议。①

（二）帮助“走出去”企业做好疫情应对工作，促进境外项目复工

2020年，商务部印发多个与新冠肺炎疫情相关的通知，包括《关于加强境外经贸合作区疫情防控工作的通知》《关于积极指导帮助走出去企业做好新冠肺炎疫情应对工作的通知》《关于请继续做好对外承包工程领域应对新冠肺炎疫情有关工作的通知》《关于应对新冠肺炎疫情发挥开发性金融作用支持高质量共建“一带一路”的工作通知》等，积极帮助“走出去”企业做好疫情应对工作。

其中商务部和国家开发银行联合印发了《关于应对新冠肺炎疫情发挥开发性金融作用支持高质量共建“一带一路”的工作通知》，对于符合条件的高质量共建“一带一路”项目和企业，国家开发银行将通过提供低成本融资、外汇专项流动资金贷款，合理设置还款宽限期，开辟信贷“绿色通道”和提供多样化本外币融资服务等方式给予支持。要求境外企业和项目要如实、准确报告受疫情影响的情况，真实反映融资需求。支持政策实施后，各单位要督促受支持的境外项目和企业定期报告资金使用情况及效果，切实发挥好开发性金融支持高质量共建“一带一路”的积极作用，确保“一带一路”建设走深走实，奋力夺取疫情防控和高质量共建“一带一路”的双胜利。

① 王毅谈第二届“一带一路”国际合作高峰论坛成果［EB/OL］. http://www.gov.cn/guowuyuan/2019-04/29/content_5387258.htm.

（三）推进对外承包工程转型升级，实现可持续发展

2019 年，商务部、外交部、国家发展和改革委员会等 19 个部门联合印发了《商务部等 19 部门关于促进对外承包工程高质量发展的指导意见》，旨在明确对外承包工程高质量发展要坚持企业主体、质量优先、规范有序、互利共赢的原则，要实现对外承包工程规模和全球市场份额稳中有升，结构逐步优化，领域不断拓宽，综合竞争力显著增强，由对外承包工程大国向对外承包工程强国转变。

（四）进一步加强财税政策支持力度

2019 年以来，财政部、国家税务总局、国家外汇管理局等部门发布了一系列政策文件及配套解读，明确跨境应税活动适用的税收政策，为“走出去”纳税人海外投资经营提供法律保障，助力“走出去”企业高质量发展。截至 2020 年底，中国税收协定网络（含内地与香港、澳门的安排和大陆与台湾的协议）已经延伸到全球 111 个国家和地区，确保企业在东道国（地区）享受协定优惠待遇，避免或消除双重征税。2020 年，国家税务总局更新发布国别（地区）投资税收指南 58 份，累计发布税收指南 104 份，助力企业“走出去”，此外还成功举办了“一带一路”税收征管合作机制高级别视频会议，取得 15 项最新成果，在国际税收治理中提出中国方案。

（五）进一步加大对外投资的金融支持力度

中国人民银行、中国银行保险监督管理委员会、中国证券监督管理委员会等部门积极推进行业双向开放，为中国企业“走出去”开展投资、并购提供投融资服务，深化中外资本市场领域务实合作，助力“一带一路”建设。截至 2020 年底，中国证监会已与 66 个国家和地区的证券期货监管机构签署了监管合作谅解备忘录。此外，中国证监会积极参与中欧经贸高层对话、中法高级别经济财金对话、中日韩自由贸易协定等双边对话和自由贸易协定谈判磋商，助力境内金融机构“走出去”。2019 年，国家外汇管理局印发《跨国公司跨境资金集中运营管理规定》，明确进一步简政放权，对跨境资金集中运营项下的境外放款实行“一次性登记”，同时扩充新的政策红利，允许跨国公司备案后直接开展资本项目收入结汇支付便利化改革试点，此外还取消了手工报表以及合作银行不超过 3 家的限制。

三、2019—2020 年中国对外投资发展

（一）对外投资整体健康有序，对外投资结构进一步优化

根据 UNCATD 发布的《2020 世界投资报告》，2019 年全球对外直接投资流量扭转了 2018 年的下跌态势，增长至 1.54 万亿美元，但规模依然低于 2014 年至

2017 年各年水平。根据 UNCATD 发布的《全球投资趋势监测》报告，2020 年全球外国直接投资大幅下降，仅为 8 590 亿美元，与 2019 年的 1.54 万亿美元相比下降了 42%，比 2009 年全球金融危机后的低谷还低 30%。2019 年中国对外直接投资流量为 1 369.1 亿美元，同比下降 4.3%[①]；2020 年中国对外直接投资流量为 1 329.4 亿美元，同比下降 2.9%[②]。至此，中国对外直接投资流量从 2017 年开始连续 4 年下降，下降幅度分别为 19.3%、9.6%、4.3%和 2.9%，但可以看出下降幅度在逐渐缩小。虽然中国对外直接投资流量在下降，但从全球份额来看，2019 年中国对外直接投资流量全球占比为 10.4%，仍位居全球第二；2019 年末，中国对外直接投资存量为 21 988.8 亿美元，占全球比重为 6.4%，稳居全球第三。

值得注意的是，2019 年中国对外投资并购交易数量有所增加，企业共实施对外投资并购项目 467 起（较 2018 年增加 34 起），但实际交易总额为 342.8 亿美元，同比下降 53.8%，至此中国对外投资并购金额从 2017 年起已连续三年下降，下降幅度分别为 11.6%、37.9%和 53.8%。

从对外直接投资流量构成看，2019 年新增股权投资 483.5 亿美元，同比下降 31.3%，占流量总额的 35.3%；债务工具投资（仅涉及对外非金融类企业）为 279.4 亿美元，占流量总额的 20.4%，新增留存收益 606.2 亿美元，占流量总额的 44.3%，中国境外企业经营情况良好，超 70%的企业盈利或持平。

（二）中国对外直接投资覆盖广，投资额集中在少数国家和地区

根据商务部的统计，2019 年末，中国对外直接投资存量分布在全球 188 个国家和地区，占全球国家和地区总数的 80.7%，其中，近 90%的投资存量分布在发展中经济体，高达 19 206 亿美元，占投资总存量的 87.3%。2019 年末，中国境内投资者在“一带一路”沿线的 63 个国家设立境外企业近 1.1 万家，当年实现直接投资 186.9 亿美元，同比增长 4.5%，占同期中国对外直接投资流量的 13.7%。虽然中国对外投资目的地较多，但总体来看投资额仍集中在少数国家地区，根据商务部《2019 年度中国对外直接投资统计公报》中的数据，中国对外投资存量前 20 位的国家和地区累计达 20 308.7 亿美元，占对外投资存量的 92.4%。仅中国香港地区一地，就占中国内地对外直接投资 66.1%的流量以及 58%的存量。

---

① 中华人民共和国商务部．2019 年度中国对外直接投资统计公报［EB/OL］．http://images.mofcom.gov.cn/fec/201810/20181029160824080.pdf.

② 中华人民共和国商务部．2020 年度中国对外投资合作发展报告［EB/OL］．http://images.mofcom.gov.cn/fec/202102/20210202162924888.pdf.

（三）中国对外直接投资行业广泛、门类齐全

从投资行业看，中国对外直接投资行业分布广泛。商务部的统计数据显示，2019 年，中国对外直接投资涵盖国民经济的 18 个行业大类，超 70%的投资流向租赁和商业服务、制造、金融、批发和零售领域。2019 年租赁和商务服务业的投资额蝉联第一，制造业升至第二位。其中流向租赁和商务服务业的投资金额为 418.8 亿美元，同比下降 17.6%，占当年流量总额的 30.6%；流向制造业的投资金额为 202.4 亿美元，同比增长 6%，占 14.8%。租赁和商务服务、批发零售、金融、信息传输、制造和采矿六大领域存量规模均超过千亿美元，总规模为 18 618.9 亿美元，总规模占中国对外直接投资存量的 84.8%。

（四）地方对外投资稍有下降，公有经济控股主体对外投资占比重新提升

2019 年，中国地方企业对外非金融类投资达 897.4 亿美元，同比下降 8.7%，占全国非金融类流量的 76.7%，较 2018 年下降 4.3%。其中，东部地区对外投资额为 715.6 亿美元，同比下降 5.6%，占地方投资总额的 79.7%；中部地区对外投资额为 91.1 亿美元，同比下降 10.2%，占比为 10.2%；西部地区对外投资额为 78.1 亿美元，同比下降 22.4%，占比为 8.7%；东北地区对外投资额为 12.6 亿美元，同比下降 43.8%，占比为 1.4%。广东、上海、山东、浙江、北京五省市位列 2019 年地方对外直接投资前五名，对外直接投资额共计 546.5 亿美元，占地方对外投资总额的 60.9%。2020 年，地方企业对外非金融类直接投资额为 807.5 亿美元，同比增长 16.4%，占全国非金融类流量的 73.3%。其中东部地区对外投资同比增长 21.8%；广东、上海、浙江位列前三。

2019 年，中国对外非金融类投资流量中，公有经济控股境内投资者对外投资额为 580.9 亿美元，同比增长 27%，占比为 49.7%；非公有经济控股对外投资额为 588.7 亿美元，同比下降 22.2%，占比为 50.3%，较 2018 年下降 12 个百分点。

（五）对外承包工程业务稳步增长

在行业发展面临诸多挑战和不确定性的大背景下，对外承包工程企业积极转变思维方式，不断探索创新合作形式，积极培育新的竞争优势，对外承包工程业务逆势取得了一定发展。2019 年中国对外承包工程业务扭转了 2018 年的下滑趋势，年内完成营业额 1 729 亿美元，同比增长 2.3%，新签合同额为 2 602.5 亿美元，同比增长 7.6%[①]。2020 年，中国对外承包工程业务完成营业额为 1 559.4

① 商务部和中国对外承包工程商会. 中国对外承包工程发展报告 2019—2020［EB/OL］. http://images.mofcom.gov.cn/fec/202012/20201201171840137.pdf.

亿美元，同比下降 9.8%，新签合同额为 2 555.4 亿美元，同比下降 1.8%。2020 年，中国对外承包工程 80%的新签项目集中在基础设施领域，承揽的境外基础设施类工程项目达 5 500 多个，其中一般建筑、水利建设类项目新签合同额增长较快，分别同比增长 37.9%和 17.9%。①

2019 年中国对外承包工程行业企业在“一带一路”沿线 62 个国家共新签对外承包工程项目合同 6 944 份，新签合同额为 1 548.9 亿美元，占同期总额的 59.5%，同比增长 23.1%；完成营业额 979.8 亿美元，占同期完成工程总额的 56.7%，同比增长 9.7%，均高于行业总体增速。2020 年，中国企业在“一带一路”沿线 61 个国家新签对外承包工程项目合同 5 611 份，新签合同额为 1 414.6 亿美元，同比下降 8.7%，占同期中国对外承包工程新签合同额的 55.4%；完成营业额 911.2 亿美元，同比下降 7%，占同期总额的 58.4%。

2019 年，中国对外承包工程主要业务内容为电力工程建设、交通运输建设、一般建筑和石油化工项目，四者总计业务规模占总体业务规模的 79%。2019 年对外承包工程新签合同额在 1 亿美元以上的项目有 506 个，较 2018 年增加 39 个，新签合同额在 100 亿美元以上的超大项目有 7 个，大型和综合性项目影响增加，特别是在石油化工、地铁、铁路、电站建设等项目中表现更为突出。

（六）对外劳务合作总体稳定发展

2019 年，中国对外劳务合作行业派遣人数和期末在外人数均较 2018 年有所下降。2019 年中国对外劳务合作派出共 48.75 万人，较 2018 年减少 0.45 万人，其中新外派人数最多的劳务输出地区为中国澳门；2019 年末中国在外劳务人员总共 99.21 万人，同比减少 0.45 万人②。2020 年，受疫情影响，中国对外劳务合作派出各类劳务人员 30.1 万人，较 2019 年减少 18.6 万人，其中承包工程项下派出 13.9 万人，劳务合作项下派出 16.2 万人。2020 年末在外各类劳务人员为 62.3 万人。总体来看，中国对外劳务合作主要地区依旧集中在亚洲和非洲，2019 年，中国向亚洲地区派出各类劳务人员 35.24 万人，同比减少 0.44 万人，占当年派出总人数的 72.3%；期末在亚洲地区各类劳务人员为 71.11 万人，占期末在外总人数的 71.7%。向非洲地区派出各类劳务人员 7.32 万人，同比减少 0.75 万人，占比为 15.0%；期末在非洲地区各类劳务人员为 18.27 万人，占比为 18.4%。

---

① 中华人民共和国商务部. 2020 年我国对外承包工程业务简明统计［EB/OL］. http://www.mofcom.gov.cn/article/tongjiziliao/dgzz/202101/20210103033290.shtml.

② 商务部和中国对外承包工程商会. 中国对外劳务合作发展报告 2019—2020［EB/OL］. http://images.mofcom.gov.cn/fec/202011/20201109103333170.pdf.

日本仍是中国在外劳务人数最多的国家。截至 2019 年末中国在外劳务人员主要分布在建筑业、制造业和交通运输业三个行业，共计劳务人员 71.89 万人，占全体在外劳务人员比重为 72.5%，占比与 2018 年的 73%基本持平。

四、中国对外投资展望

从国内看，2020 年是中国“十三五”的收官之年，也是承接“十四五”以国内大循环为主体、国内国际双循环相互促进的新发展格局的开局之年。从国际看，数字经济和新科技革命的不断发展、疫情和经济民粹主义的持续蔓延加剧了世界经济的不确定、不稳定性，国际生产步入新的十年转型期。面对不断变化的国际国内环境，中国对外投资合作挑战与机遇并存。

（一）对外投资合作整体将平稳有序发展

面对突如其来的新冠肺炎疫情，在以习近平同志为核心的党中央的坚强领导下，中国快速遏制疫情的蔓延，在 2020 年三季度末实现经济增长由负转正，给深陷衰退的世界经济注入复苏的正能量，在提振世界对中国企业信心的同时，也增强了中国企业“走出去”的底气。面对全球化逆流，中国积极推动经济全球化，坚决维护多边贸易机制，支持引导有实力、信誉好的中国企业开展跨境投资合作。

（二）企业对外投资合作将更注重质量效益

2020 年中国政府工作报告中提出引导对外投资健康发展的要求。在欧美发达经济体不断加大对外资的审查和监管、疫情加剧逆全球化情绪，以及地缘政治争端加剧等多重复杂的国际大环境中，预计中国企业对外投资合作将更为审慎与理性。中国正在按照党的十九大报告要求，创新投资方式，增强为对外投资合作企业服务的能力，“走出去”企业在对外投资中不再只谋求单一控股和规模扩张，而是更加注重合规运作，防范风险，注重实现与东道国的互利共赢。

（三）中国对外直接投资结构将持续优化

在新发展理念指导下，中国持续推动经济的高质量发展，随着产业结构的优化和在全球价值链中地位的提升，“走出去”市场主体的创新能力、内生动力得以增强，预计将有力支撑中国对外投资合作结构的持续优化。作为中国经济高质量发展重要引擎的服务业近年来蓬勃发展，将成为中国对外直接投资流向的主要产业。

（四）对“一带一路”沿线国家的投资合作将进一步务实深化

按照第二届“一带一路”国际合作高峰论坛达成的各项共识，2020 年中国正在继续高质量推进“一带一路”建设，寻求与沿线国家互利共赢、共同发展，发挥“一带一路”国际合作在应对全球性危机、实现可持续发展、维护开放型世界经济体系中的关键作用，预计中国对“一带一路”沿线的投资合作将进一步务实深化。习近平主席在 2020 年“一带一路”高级别视频会议上也提出通过高质量共建“一带一路”，携手推动构建人类命运共同体，把“一带一路”打造成团结应对挑战的合作之路、维护人民健康安全的健康之路、促进经济社会恢复的复苏之路、释放发展潜力的增长之路。

（五）“十四五”将开启对外投资合作新篇章

2021 年 3 月 11 日，十三届全国人大四次会议表决通过了《关于国民经济和社会发展第十四个五年规划和 2035 年远景目标纲要》的决议。在立足新发展阶段、贯彻新发展理念、构建新发展格局中，中国对外投资合作将迎来更多新的发展机遇。中国继续坚定不移地扩大对外开放，实行高水平双向开放，开拓合作共赢新局面，将有力提振和坚定中国“走出去”企业与东道国的投资合作信心。中国坚持创新驱动发展，促进各类创新要素向企业集聚，将助推对外投资合作主体综合竞争力的进一步增强。中国健全促进和保障境外投资的法律、政策和服务体系，坚定维护中国企业海外合法权益，实现高水平走出去，将为中国企业“走出去”提供更完备的安全保障。在新的发展阶段，推动共建“一带一路”高质量发展、积极参与全球经济治理体系改革将进一步提升中国的国际话语权和全球治理能力，为中国对外投资合作形成良好的国际大环境。

第二篇

世界贸易组织的发展

第三章

2019—2020 年世界贸易组织的新发展

第一节　2019—2020 年世界贸易组织工作概述

2019—2020 年，WTO 在一次次大考中度过了自己 25 岁的生日。首先，由于逆全球化思潮涌动加之新冠肺炎全球大流行的推波助澜，全球经济陷入 20 世纪 30 年代以来最大的衰退，2020 年初，WTO 经济学家预测全球贸易将下降 13%～32%，多边贸易体制承受了巨大的压力。其次，WTO 上诉机构在 2019 年大多时间仅有 3 位法官在任，WTO 成员一直未能就继任法官的任命或法官空缺期内上诉机构的临时运行机制达成共识，随着 2019 年 12 月 10 日、2020 年 11 月 30 日 3 位法官相继届满离任，上诉机构正式停摆，截至 2021 年 2 月 28 日，有 18 起争端案件的上诉程序处于暂停状态。最后，2020 年 5 月，时任 WTO 总干事罗伯特 • 阿泽维多宣布于 2020 年 8 月 31 日离任，提前一年结束任期，成为 1995 年 WTO 成立以来的首位提前卸任的总干事。2020 年 6 月新任总干事遴选程序正式开始，但由于成员未就遴选期内代理总干事人选达成一致，WTO 秘书处陷入“无人领导”的状态，直至 2021 年 2 月 WTO 第 7 任总干事伊维拉（Ngozi Okonjo-Iweala）正式就职。

尽管如此，2019—2020 年 WTO 仍致力于推动贸易规则谈判，特别是在渔业补贴、电子商务、投资促进措施、服务贸易国内规制、中小企业等议题方面颇有成效。2020 年 WTO 积极倡导各成员政府与国际组织合作、合力抗疫，呼吁维持现有医疗设施产品和食品的贸易规则承诺，保持供应链开放，并加大对成员涉疫贸易措施的监测与信息共享，提升透明度，为全体成员分享观点和协调政策提供谈判平台。2019 年 WTO 举办了多场提升贸易能力的培训和活动。由于疫情，WTO 对 2020 年的公共活动进行调整，取消了 2020 年公共论坛，原定于 2020 年 6 月在哈萨克斯坦首都努尔苏丹举办的第 12 届部长级会议因疫情原因推迟，改为 2021 年 11 月 29 日在 WTO 总部瑞士日内瓦举行。

一、抗击新冠肺炎疫情

2020 年 3 月，根据瑞士政府建议，时任 WTO 总干事、贸易谈判委员会主席罗伯特·阿泽维多推迟了 WTO 所有会议。4 月底，工作重启后，会议方式改为线上、线下或两种形式相结合。罗伯特·阿泽维多在工作报告中多次强调贸易领域的国际合作对所有国家疫后重建意义重大，保持贸易市场开放是疫后经济恢复的重要保障。WTO 成员对涉疫物资，特别是医疗设备和食品的出口管制措施表示担忧，强调要强化涉疫物资贸易、规制措施的透明度和信息共享。WTO 秘书处对涉疫物品的贸易措施进行监督，并建立工作组密切观察疫情对国际贸易以及 WTO 更广泛议题的影响。

WTO 还与许多政府间组织、国际商业组织等联合应对疫情，包括牵头组织 6 家多边发展银行联合发表声明，支持贸易金融市场发展；为应对新冠肺炎疫情，在与贸易有关的知识产权协定项下执行义务豁免等。

二、贸易谈判

2019 年，WTO 成员贸易谈判磋商重点集中在就消除不合法、不合规和不报告的渔业补贴、禁止发展中成员因特殊与差别待遇实施过度捕捞的渔业补贴达成合意。贸易谈判委员会主席、时任 WTO 总干事罗伯特·阿泽维多强调，就渔业补贴达成协议不仅对于世界海洋资源和可持续发展目标意义重大，而且对证明 WTO 仍可以发挥多边规则制定功能意义重大。2019 年 5 月，WTO 应最不发达成员请求专门设立渔业互信基金，用于支持这些成员的官员参加谈判。2020 年 6 月成员们完成了供谈判的协议初始文本，并计划于第 12 届部长级会议召开前结束谈判。

此外，农业、服务、特殊与差别待遇、争端解决机制改革等议题也有相关谈判活动。特殊与差别待遇谈判中，90 个成员共同提交了改革建议，贸易谈判委员会主席鼓励贸易与发展委员会继续组织成员探讨取得更大进展的各种方法。贸易谈判委员会督促成员尽快确认第 12 届部长级会议可能达成的成果，选出优先项，对讨论未成熟的议题持续关注和制定部长级会议后的工作方案。

2019—2020 年，成员继续就前期发布的电子商务、投资便利化促进发展、服务业国内规制、中小微企业等联合声明、倡议开展探讨和磋商，对这些议题感兴趣的成员逐渐增加，WTO继续保持整个探讨和磋商过程的开放性和透明度。

三、执行与监督

（一）WTO总理事会的工作

2019—2020年，WTO成员向总理事会提出系列议题，包括WTO改革事项，实质性讨论集中在WTO的谈判功能、发展中成员特殊与差别待遇、争端解决机制、透明度和WTO委员会发挥监督功能和特殊贸易关注的功能等。2019年12月，60个成员提交“关于支持基于规则的多边贸易体系的声明”，强调WTO的核心作用，成员还在总理事会上表达了对相互特定措施的关切。

为应对上诉机构的运行危机，2019年1月，总理事会即启动商讨解决这一问题的非正式程序，并任命新西兰驻WTO大使大卫·沃克（David Walker）为该程序的协调人。2019年共进行了6次对所有成员开放的非正式会议和5次正式会议，各成员提出12份解决提案，协调人向总理事会报告了相关讨论情况和成员可能达成的合意，但最终并未形成决议。总干事在2019年12月宣布将提高磋商的频率和级别，在代表团会议上商讨所有需要解决的问题和成员对取得成果所需要素的一致意见。

2019—2020年，总理事会还对第9、10、11届部长级会议的决议和成果执行进展做了常规审查，通过了农业委员会关于加强关税配额管理的建议。

2019—2020年，总理事会继续推动成员讨论《电子商务工作计划》（Work Programme on Electronic Commerce），特别是对电子数据传输不征收关税的问题。印度和南非表示，不征收的关税损失将主要由发展中成员承担。总理事会在2019年7月总结回顾了各委员会关于这一工作计划的报告，并在10月举办了非正式会议和会后磋商。2019年12月10日，总理事会通过了《关于电子商务工作计划的决议》（Decision on the E-commerce Work Programme），WTO成员将在2020年继续开展有建设性的讨论，在第12届部长级会议召开时取得实质性成果。

2019—2020年，总理事会通过了关于延长TRIPs非违约之诉和情势之诉谅解备忘录到第12届部长级会议的决定，并决定将成员接受TRIPs修正规则的期限延长至2021年12月31日。

2019—2020年，总理事会还审议了义务豁免事项，审查了GATT1994第3条授权美国《琼斯法案》的豁免条件，审议了附属机构的年度活动，通过了年度预算，并考虑与国际贸易中心设立联合专家组。

（二）贸易政策监督

1. 2019—2020 年贸易政策审议情况

2019 年，WTO 共完成了 16 个正式成员的贸易政策审议，其中老挝和萨摩亚为首次接受贸易政策审议。截至 2019 年，贸易政策审议机构共完成了 501 次贸易政策审议，覆盖 164 个 WTO 正式成员中的 157 个，其中接受审议次数最多的是美国（14 次），之后是欧盟和日本（各为 13 次）、加拿大（11 次）。从 2019 年开始，贸易政策审议进入新的循环周期，以贸易额排名为序，前 4 位成员由原来每 2 年审议一次改为每 3 年审议一次，第 5 至 20 位成员由原每 4 年审议一次改为每 5 年审议一次，其余成员由原每 6 年审议一次改为每 7 年审议一次。

2020 年，WTO 原计划对 19 个成员开展 15 次贸易政策审议，其中喀麦隆、刚果、加蓬、中非共和国、乍得 5 个成员以中部非洲经济与货币共同体身份联合接受审议，但受疫情影响，仅完成欧盟、澳大利亚、日本、津巴布韦、泰国、印度尼西亚和中国澳门 7 个成员的贸易政策审议。

2. 2019—2020 年贸易政策监督

2019 年的贸易监督报告显示，2018 年 10 月至 2019 年 10 月，受关税上涨、配额限制、进口关税等进口限制措施影响的进口商品额达到 7 469 亿美元，同期增长 27%；WTO 成员共实施 685 项贸易措施，其中 102 项为限制性措施，120 项为贸易便利化措施；WTO 成员共采取 463 项贸易救济措施，占总贸易措施数量的 68%。

2020 年的贸易监督报告显示，受新冠肺炎疫情影响，WTO 主要经济体为应对全球贸易的急剧下滑纷纷出台“促贸”措施，进口促进措施覆盖的进口商品总额达到 7 313 亿美元，而进口限制措施覆盖的进口商品规模约为 4 409 亿美元。成员政府全力投入疫情应对，减缓了双边贸易紧张的局势，其中与疫情直接相关的 335 项贸易措施中，58%是促进贸易的，42%是限制贸易的。此外，新发起的贸易救济措施继续增加，这些措施仍是成员间解决贸易摩擦的主要工具。

3. 贸易政策审议制度 30 周年

2019 年是 WTO 贸易政策审议机制建立 30 周年。2019 年 11 月 27 日，WTO 在总部日内瓦举办了题为“贸易政策审议机制@30”的研讨活动，纪念贸易政策审议机制在帮助成员更好地了解彼此的贸易政策措施和提供更加可预测的国际贸易环境方面发挥的重要作用。研讨分为 5 个主题：贸易政策审议机制的历史，贸易政策审议机制的演变和现状，对技术援助和能力建设的作用，贸易监督中提升透明度，以及未来发展。WTO 成员、学者、贸易政策审议机制司现任及往届主席、谈判参与者参加了研讨会。

作为乌拉圭回合谈判早期收获的成果之一，贸易政策审议机制于 1989 年建立，第一批参加审议的成员是澳大利亚、摩洛哥和美国。1995 年 1 月 WTO 正式成立后，贸易政策审议机制被正式固定下来，在 30 年的运行中共执行 501 次，覆盖 157 个 WTO 成员，其中包括 33 个最不发达成员，共召开 389 场贸易政策审议会议，发布 24 份贸易监测报告和 22 份 G20 贸易监测报告。贸易政策审议机制已经成为 WTO 成员用以提升多边贸易体系可靠性、可预测性和透明度的重要渠道，帮助成员解决和沟通彼此贸易政策和实践的疑问、化解潜在贸易摩擦的重要工具。此外，对于多数发展中成员而言，参加贸易政策审议是政府提升国内政策协调性和合规性的重要时机，可以帮助国内从业者了解国内政策。

WTO 对全球贸易发展的日常监督始于全球金融危机后的 2009 年初，覆盖所有 WTO 成员和观察员与贸易有关的措施，并逐渐成为贸易政策审议机制推进贸易政策透明度的重要工具，由贸易政策审议机构监管。贸易监督报告对 WTO 成员的权利和义务不具有法律效力，成员不需要寻求澄清相关措施是否为保护主义或据此质疑其他成员采取措施的权利，因此贸易监督报告给予 WTO 成员很大的弹性和沟通的空间，其重要作用在于为秘书处与成员磋商提供信息，秘书处可以就从各公开渠道收集的信息与相应成员进行确认，这一独特的运行方式提高了贸易监督信息的准确性，保障了贸易政策数据的及时性和全面性。

（三）区域贸易安排

2019 年，WTO 区域贸易协定委员会共收到关于区域贸易协定的 15 份通报，涉及 13 个有效的区域贸易安排。截至 2019 年 12 月 31 日，关于区域贸易协定的通报达到 696 份，有关货物、服务以及加入现有区域贸易协定的事项都是单独统计通报数量的，如果将这些要素综合在一起，以单一区域贸易协定统计的通报达到 498 份，其中 302 个协议仍在有效期。尽管如此，仍有不少区域贸易协定未被覆盖，2019 年 10 月，WTO 通报各成员尚未收到相关通报的区域贸易安排多达 81 个，并督促相关成员履行通报义务。到 2019 年底，有 9 个区域贸易安排补交了通报，但仍有很大缺口。

2020 年，WTO 区域贸易协定委员会共收到关于区域贸易协定的 36 份通报，包括欧盟—越南自由贸易协定、美国—墨西哥—加拿大协定、萨摩亚加入欧盟—太平洋国家协议、所罗门群岛加入欧盟—太平洋国家协议，以及受“脱欧”影响，英国与 32 个国家签订的区域贸易协定和安排。截至 2020 年 12 月 31 日，仍在有效期内、正在执行的区域贸易协定数量达到 335 个，从数量看，排名前五位的地区为欧洲（132 个）、东亚（97 个）、南美（70 个）、北美（49 个）、独联体国家（48 个）；排名前五位的国家和地区为欧盟（44 个）、欧洲自由贸易联盟（EFTA）（31 个）、智利（30 个）、英国（30 个）、新加坡（26 个）。

（四）贸易、债务与融资工作

贸易融资缺口是困扰发展中成员出口的一个突出和长期性问题，根据 WTO 的估计，2019 年这一缺口规模达到 1.5 万亿美元。随着全球银行对风险和成本管控的收紧，这一缺口有加剧趋势。WTO 于 2001 年建立贸易、债务与融资工作组，寻求与其他国际组织一起解决发展中成员因外部债务限制贸易机会这一问题的可持续方案。2019—2020 年，WTO 继续与国际金融公司，及其他多边开发银行、金融稳定委员会等机构共同就推动发展中成员贸易融资银行与国际规则接轨、培训贸易融资专家团队、提升反洗钱能力等内容开展合作研讨和发布研究报告。

（五）政府采购协议

澳大利亚 2018 年正式结束加入《政府采购协议》（GPA）谈判后，于 2019 年 4 月 5 日正式通知 WTO 总干事其完成国内程序，2019 年 5 月 5 日成为《政府采购协议》第 48 个缔约方。据 WTO 估计，澳大利亚年度政府采购市场规模为 780 亿美元。

2019 年 2 月 27 日，GPA 委员会通过了关于英国单独加入 GPA 的决定，根据该决定，如果英国和欧盟最终达成的协议中规定欧盟法律适用于英国的过渡期，那么该过渡期内英国仍是 GPA 的缔约方，并仍被视作欧盟成员。2020 年 2 月 1 日，欧盟与英国达成了脱欧协议，过渡期为 2020 年 2 月 1 日至 2020 年 12 月 31 日。

2019 年 10 月，中国向 GPA 委员会提交了第 6 次修改后的出价清单。北马其顿、吉尔吉斯斯坦、俄罗斯和塔吉克斯坦的加入谈判仍在继续。11 月 29 日，GPA 委员会收到哈萨克斯坦的加入申请。2019 年，厄瓜多尔、巴拉圭和菲律宾成为 GPA 观察员，GPA 观察员数量达到 34 个。

2020 年 2 月，哈萨克斯坦提交了初次出价清单，正式开启加入谈判；5 月，巴西提交了加入 GPA 的申请，10 月，巴西提交了相关文件，正式启动加入谈判；7 月，科特迪瓦成为 GPA 观察员；GPA 缔约方同意英国在脱欧过渡期内仍为 GPA 缔约方，但须在 2021 年提交接受议定书才能自动获得过渡期后的 GPA 缔约方身份。

2012 年 GPA 文本做出修订后已于 2014 年 4 月 6 日正式生效。2020 年 12 月 2 日，瑞士提交了接受议定书，是最后一个完成国内批准程序的 GPA 缔约方，英国也在同日提交了接受议定书，两国根据 GPA 修订后的国内采购立法于 2021 年 1 月 1 日正式生效。

四、争端解决

（一）2019—2020 年争端解决活动

2019 年，WTO 成员共提起 19 项磋商申请，是 2018 年的一半。尽管发起新争端的数量下降，但争端解决活动的整体数量仍处于较高水平，处于上诉机构、专家组或仲裁阶段的争端月均数量达到 54 件。2019 年，磋商阶段未能解决并进入专家组阶段的新增案件为 8 起。2020 年，WTO 成员共提起 5 项磋商申请，争端数量大幅下降，其中磋商阶段未能解决并进入专家组阶段的有 2 项。

（二）上诉机构正式停摆

2019 年上诉机构完成了 6 起案件的判决，新增 8 起案件进入上诉阶段。完成的案件中比较引人关注的是 2017 年欧盟第二次诉美国大飞机补贴国内程序案（案号为 DS353）及 2018 年洪都拉斯和多米尼加诉澳大利亚平装烟草措施案（案号为 DS435、DS441）。

根据争端解决机制，上诉机构由 7 名法官构成，每 1 件上诉案件需要至少 3 名法官参与。2018 年 1 月起，上诉机构仅剩余 3 位法官，是上诉机构能够合法正常运作的底线数量。由于 WTO 成员一直未对延长法官任期达成共识，2019 年 12 月 10 日，上诉机构仅余 3 名法官的中辛格 • 巴提亚（Ujal Singh Bhatia，任期为 2011—2019，印度籍）和托马斯 • 格雷厄姆（Thomas R.Graham，任期为 2011—2019，美国籍）到期离任，仅剩赵宏（任期为 2016—2020，中国籍）一人。2020 年，上诉机构暂停了几乎全部的工作，仅对 3 起已经完成听证程序的上诉案件提交了报告并予以发布。2020 年 11 月，最后一位法官离任，上诉机构正式停止工作。

关于上诉机构法官的遴选方案在 2017 年 12 月就曾有 52 个 WTO 成员共同提交过提案，同意该提案的成员数量在 2019 年 1 月增至 71 个，2019 年 12 月增至 118 个，2020 年 2 月增至 122 个，然而直至 2020 年底因未满足“协商一致”原则而无法实施。争端解决机制的法律意义并不在国际条约的文字里，而是它能解决现实贸易中各类问题的能力，“磋商 – 专家组 – 上诉机构”这一完整的程序链条有效保护了 WTO 协定的有效性，维护了成员的权利义务。上诉机构的停摆大大削弱了争端解决机制的这一能力，无疑是对多边贸易制度体系的一次重大挑战。

五、发展扶持与贸易能力建设

（一）贸易与发展

2019—2020 年，贸易与发展委员会继续推动关于最不发达成员电子商务与零关税、零配额市场准入机会的讨论，还讨论了 WTO 秘书处完成的 WTO 协定协议中有关发展中国家特殊与差别待遇条款的执行情况报告，组织了关于特殊与差别待遇监督机制的两轮研讨会议。根据 WTO 的统计，2016—2018 年，发展中成员在世界货物贸易和服务贸易中的比重均有上升。

（二）贸易援助

2019 年 7 月，WTO 举办了全球贸易援助审查活动，发布了其与 OECD 共同编写的《贸易援助概览》报告。根据该报告，2017 年全球贸易援助支出达到 431 亿美元，除欧洲外，全球各地区的贸易援助支出都有增加，指向最不发达国家的贸易援助支出达到 122 亿美元，较 2016 年增加 24 亿美元，增加部分的主要形式为贷款，而非拨款。

在贸易援助工作框架下，2019 年，贸易与发展委员会举办了 3 场计划执行审查会议，并邀请了 WTO 成员、联合国机构、多边发展银行等参加审议；组织了 4 场工作坊活动，主题分别是可持续发展与绿色经济、连通与数字技术发展、贸易援助监督与评估的主要发现、中小微企业与金融服务的可得性。2020 年 2 月，WTO 成员完成了 2020—2021 年度贸易援助工作方案，受疫情影响，7 月，成员决定将此工作方案延长至 2022 年，并专题讨论如何通过贸易援助帮助发展中成员应对疫情影响。2020 年 12 月，中国政府向旨在帮助最不发达国家加入 WTO 的“中国项目”提供 50 万美元的支持。

（三）技术合作与培训

2019 年，WTO 秘书处举办了近 300 场技术援助活动，帮助政府官员更好地理解 WTO 规则和多边贸易体系，参加者达到 18 600 人次，其中线上活动 87 场。47%的活动面向 WTO 全体成员和观察员，面向非洲国家、亚太地区、中东欧和中亚地区、拉美地区、中东国家、加勒比地区的活动比例分别为 16%、13%、9%、8%、4%、3%。所有活动中有 30%为根据成员需求开展的定制培训。参加者中，女性占比为 48%。68%的培训使用的语言为英语，12%为西班牙语、11%为法语，8%为其他语种。2020 年，尽管有疫情影响，但 WTO 通过线上线下相结合的方式基本完成了所有技术合作和培训工作计划，11 月 WTO 推出了新的在线工具——技术援助管理系统（Technical Assistance Management System，TAMS），以帮助成员、捐赠者等了解 WTO 技术援助和培训计划的执行和进展。

2019—2020 年，参加 WTO 实习计划的官员主要来自非洲和亚太地区的最不发达国家和低收入国家。此外，WTO 青年专家计划录取了 13 名青年人才，这些人进入 WTO 秘书处参与各项日常事务。

技术培训活动的资金主要来自全球信托基金（Global Trust Fund），该基金接受 WTO 成员自愿捐款，2019 年捐款总额为 620 万瑞士法郎，较 2018 年的 740 万瑞士法郎有所下降，2020 年 1～9 月捐款总额为 509.7 万瑞士法郎。其他资金来源包括 WTO 常规预算和其他基金，这两部分资金在 2019 年分别为 450 万瑞士法郎和 250 万瑞士法郎，2020 年资金金额与 2019 年金额基本持平。

第二节　2019—2020 年世界贸易组织发展概况

一、2019—2020 年 WTO 的运行与经费情况

2019 年 WTO 共有雇员 623 人，来自 82 个 WTO 成员，其中 62%为技术官员，38%为服务支持人员；女性雇员 338 人，男性雇员 285 人。2020 年 WTO 总支出预算为 1.972 亿瑞士法郎，具体包括人员经费（含人员工资、保险、福利等）1.314 2 亿瑞士法郎、临时雇员经费（含短期职员、咨询、翻译、专家组和上诉机构人员经费）1 727.5 万瑞士法郎、一般服务费（含通信、外包服务、能源、文件和出版等）1 537 万瑞士法郎、差旅费 760.7 万瑞士法郎、活动经费 21.3 万瑞士法郎、资本性支出（含固定资产购置和设备租赁等）209.5 万瑞士法郎、金融支出（含银行利息税和建筑贷款还款）178 万瑞士法郎、专项支出（含上诉机构运行费、部长级会议经费等）2 144 万瑞士法郎。

WTO 的经费来源主要是各成员缴纳的费用，缴纳份额按国际贸易占比分配，2020 年缴纳份额排名前三位的分别是美国（2 285.6 万瑞士法郎，占比为 11.691%）、中国（2 014.2 万瑞士法郎，占比为 10.303%）、德国（1 397.6 万瑞士法郎，占比为 7.149%），欧盟作为 WTO 的成员不单独缴纳费用，欧盟成员整体缴纳份额占比为 33.94%。

二、WTO 的新成员

2019—2020 年，WTO 没有完成新成员的加入谈判，正式成员数量仍为 164 个，一些国家启动或恢复加入谈判。南苏丹于 2017 年 12 月的第 11 届部长级会议上提交加入申请，2018 年 12 月提交其对外贸易体制文件，2019 年 3 月南苏丹加入谈判工作召开第一次会议，正式进入谈判阶段。经过近 8 年的暂停，2020 年 1 月埃塞俄比亚重启加入 WTO 谈判，埃谈判代表表示计划于 2021 年底完成加入谈判。2019 年 4 月，巴哈马完成了一份与 WTO 成员的双边市场准入协议，是其 2018 年重启加入谈判后的一项重大成果。2019 年 7 月，白俄罗斯加入谈判，在政府采购、信息技术协议、进口许可制度、海关估价和知识产权等方面取得重大进展，完成了 16 份与 WTO 成员的双边市场准入谈判。2019 年 10 月，总干事收到库拉索以单独关税区身份加入 WTO 的申请。2020 年 3 月，WTO 成立了库拉索加入 WTO 谈判工作组后，谈判工作组数量达到 23 个。2020 年 7 月，乌兹别克斯坦重启加入谈判，距上一次正式会议已有 15 年。2020 年 10 月，东帝汶加入 WTO 谈判工作组，在其 2016 年 11 月提交加入申请后召开了首次会议。伊拉克原计划在 2020 年重启加入谈判，但未能实现。此外，阿塞拜疆、波斯尼亚和黑塞哥维那、科摩罗、乌兹别克斯坦等国的加入谈判仍在进行中。2020 年 5 月，土库曼斯坦提交申请，7 月成为 WTO 观察员，并将在 5 年内申请加入 WTO。土库曼斯坦成为前苏联国家中最后一个申请与 WTO 建立正式关系的国家。

2019 年，WTO 秘书处首次针对加入谈判举办 WTO 规则培训和能力建设活动，活动为期两周，目的是帮助加入方政府更好地开展谈判，以及做好加入谈判与国内改革互相协同促进工作。

2020 年，WTO 秘书处针对非洲地区和阿拉伯国家加入谈判举办对话活动。12 月，第九届“中国项目”圆桌会以线上方式举办，主题为“WTO 25 年加入工作回顾”，主要回顾了 1995 年以来加入工作的经验，并讨论了如何让 WTO 成员范围继续扩大，特别是协助经济比较脆弱的国家和地区加入 WTO。自 WTO 成立以来，共有 36 个国家和地区通过加入谈判正式成为 WTO 成员，现有 164 个正式成员的贸易量占全球贸易量的 98%。

三、WTO 的改革

2019—2020 年，很多成员提出 WTO 改革是这个国际组织的首要任务。关于改革任务的讨论主要分为 3 个领域：第一，如何加强 WTO 常设机构和委员会的工作，改进通报和透明度工作；第二，如何改进争端解决制度，特别是上诉机构的任命问题；第三，如何推进谈判工作，产生有实际影响力的新协议。

时任 WTO 总干事罗伯特•阿泽维多强调 WTO 机构的改革取决于成员集体的意愿，可以在任何时间和任何位置发生，但同时，应当看到成员对 WTO 争端解决体系的担忧日益增长，上诉机构成员的任命迫在眉睫。2019 年底上诉机构停摆后，总干事指出这并不代表多边贸易体系的终结，现有 WTO 规则仍然适用，成员仍要继续沿用磋商、专家组等方式去解决贸易摩擦，避免寻求单边报复措施而引发投资、增长和就业下降。对于新规则的制定，成员应向修复全球经济的可确定性、帮助成员政府在快速变化的国际环境中保持独立性等方向努力；对于既有协议的执行，成员应充分利用现有各个委员会的工作职能充分解决相互之间在贸易政策上的疑问。

四、WTO 的对外活动

2019—2020 年，WTO 通过主办“公共论坛”、开放日、发布研究成果等活动与商业组织、成员政府、国际组织、媒体和公众开展了丰富的线上线下合作与交流。

（一）举办首场消费者“贸易对话”专题活动

2019 年 5 月，应国际消费者联会（Consumers International）申请，WTO 举办了首场消费者“贸易对话”专题活动，来自全球 10 余家消费组织和私有部门的代表参会，讨论了贸易领域的消费问题，包括电子商务的挑战与机遇，以及 WTO 如何能够帮助消费者解决这些问题。与会者的共识首先是全力支持 WTO 及多边贸易体系的运转，并表示在政策制定和谈判的过程中应当考虑消费者权益，特别是渔业和农产品的谈判。国际消费者联会的数据显示，到 2021 年，线上消费者规模将超过 20 亿，正在进行中的电子商务规则谈判要充分而透明，积极考虑消费者组织的建议，除降低价格、增加选择以外，还要加强消费者保护。

（二）举办公共论坛

2019 年 10 月 8—11 日，WTO 在瑞士日内瓦总部举办了题为“贸易前行：适应不断变化的世界”的年度公共论坛，来自 126 个成员的 2 500 名与会者参加了 140 场专题活动，这也是 WTO 历届公共论坛活动中会议时间最长、参加人数最多的一次。值得一提的是，全部 140 场主题研讨中，有 31 场是关于“千禧一代”（Millennials）和“Z 一代”（Generation Z）的，主题围绕如何在全球贸易中体现青年企业家的价值和解决他们面临的挑战。

受疫情影响，WTO 取消了原计划于 2020 年 9 月 29 日至 10 月 2 日召开的

2020 年公共论坛活动。

（三）开展经济研究和学术活动

2019 年 4 月，世界银行和国际货币基金组织的春季会议联合发布了《全球价值链发展报告》第二版。报告由 WTO、日本贸易振兴机构亚洲经济研究所、OECD、对外经济贸易大学全球价值链研究院、世界银行、中国发展研究基金会共同完成。研究发现，全球贸易的 2/3 都通过全球价值链完成，技术进步对各国参加全球价值链既有机遇也有挑战：政府政策要指向本地制造业的技术提升、培养和建立技术提供者和本地生产者良好关系等方向。

2019 年 WTO《世界贸易报告》主题是服务贸易的未来，研究结果显示，2005 至 2017 年，服务贸易增长速度显著快于货物贸易增长速度，到 2040 年，服务贸易占全球贸易的比重将增长 50%，服务贸易的成本几乎是货物贸易成本的两倍，数字技术大大降低了服务贸易成本。报告还讨论了服务贸易的包容性增长问题。2020 年的《世界贸易报告》以“数字时代促进创新的政府政策”为题，强调了追求数字化发展和技术进步的过程中，国际合作将国内政策负面溢出效应最小化的重要功能。在这一点上，多边贸易体制虽然是 25 年前建立的，但仍有很强的前瞻性。

2019 年 12 月，WTO 经济研究与统计司发布了《让全球化更加包容：政策调整的经验》报告，重点研究了劳动力市场对技术的适应问题。2020 年，WTO 与亚洲开发银行研究所作完成了《亚洲贸易调整》（Trade Adjustment in Asia），与世界卫生组织、世界知识产权组织合作完成了《促进获得医疗技术和创新》（Promoting Access to Medical Technologies and Innovation）等报告。

第三节　2019—2020 年世界贸易组织的贸易谈判

一、农业

2019 年上半年，WTO 成员们在专题工作组中就谈判的各个领域进行了密集的讨论，议题包括国内支持措施（农业补贴）、基于安全目的的公共粮食储备、棉花、市场准入、特殊保障机制、出口竞争和出口限制。2019 年 9 月、11 月和 2020 年 12 月，WTO 成员在农业委员会特别会议上进行了深入讨论，以确保第 12 届部长级会议在实质性内容、透明度和会后工作方案等方面取得有意义的成果。

（一）国内支持措施

国内支持仍是大部分成员关注的优先事项和讨论焦点，其关键目标是解决扭曲贸易的国内支持问题，并确保在第12届部长级会议上取得相关成果。当前部分成员建议从整体上解决扭曲贸易的补贴问题，围绕综合支持量（Aggregate Measurement Support，AMS）等进行谈判；另一部分成员则要求审查国内支持的各个组成部分。成员们普遍认可发展中国家在履行其义务时享有特殊与差别待遇的重要性，部分成员提议应根据个别成员的具体需要制定相应的条款。

2020年12月，农业委员会特别会议上，协调人麦克唐纳（Greg Macdonald，加拿大人）等提交的报告称，国内支持是农业谈判的关键支柱，并表示成员在如何解决扭曲贸易的补贴问题上仍存在分歧。协调人表示，工作组将继续就关键概念和建议进行技术讨论，并安排了多场与成员的双边会议。

（二）基于安全目的的公共粮食储备

2019年，各成员继续在专门会议上就粮食安全问题展开讨论。讨论的焦点之一是以管理价格采购的粮食储备，这一问题仍是发展中国家支持者的优先事项。支持者正积极寻求永久性的粮食存储解决方案，以保证该国粮食安全。而质疑者认为，如果不对储备粮食进行有效控制，将可能导致生产过剩和价格下跌，进而影响全球粮食贸易和他国粮食安全。三十三国集团呼吁在第12届部长级会议上就这一问题达成永久性解决方案，该组织目前正在寻求一种不强加繁重的透明度义务和其他可能导致方案无法执行的义务的解决方案。

（三）棉花

2019年7月，非洲棉花四国马里、乍得、贝宁和布基纳法索提交了2017年以来的首个提案，呼吁分阶段削减扭曲农业贸易的补贴。通过在自愿的基础上进行的数据收集，WTO将建立一个共享数据的公共平台，以支持棉花谈判。在11月的会议上，委员会概述了棉花谈判的进展，并强调了2019年10月7日世界棉花日的成功启动。非洲棉花四国、巴西、中国、欧盟、印度和美国的部长和高级代表发表了一项联合声明，承诺将加强对棉花贸易产生不利影响的因素的商讨，并继续加强对棉花贸易措施的监测。成员在2019年6月和11月举办了棉花日活动，包括举办与贸易相关的发展会议和总干事棉花问题磋商框架机制会议。框架机制会议对棉花发展援助方案进行跟踪，并就棉花的贸易和发展之间的联系进行了交流。

WTO成员于2018年11月批准了一项关于棉花副产品的联合倡议，在2019年6月组织了一次专家讲习班，在2019年10月“世界棉花日”之际举行了一次合作伙伴会议。2019—2020年，强化综合框架（Enhanced Integrated Framework，EIF）对旨在增进非洲八个最不发达国家棉花副产品相关专业知识的可行性研究进行了赞助，旨在通过促进对当地尚未发掘的棉花商业价值的投资，增加当地农民和小企业的收入。

2020 年 7 月，总干事棉花问题磋商框架机制会议上，棉花四国强调了棉花发展援助项目的重要性，包括“棉花路线图项目”，该项目旨在通过提高当地加工能力和在区域层面发展棉花到纺织品的价值链来促进棉花产业发展。棉花四国和其他发展中国家指出了农民在购买智能手机和接入互联网方面存在的障碍，提请注意最不发达国家棉花生产商面临的数字鸿沟日益扩大的风险。副总干事艾伦·沃尔夫（Alan Wolff）强调了会议的任务，即确保棉花发展援助方案的透明度，并提高棉花项目的有效性。

（四）市场准入

成员就市场准入的一系列问题进行了讨论，涉及关税的可预测性、关税简化、消除市场准入壁垒的方法、非关税壁垒等问题。部分成员认为，如果没有在国内支持方面取得进展，将很难达成市场准入方面的进展；另一部分成员坚持认为，工业品和服务贸易的市场准入问题也应取得同步进展。成员们还就更广泛的问题进行了讨论，例如对发展中国家的特殊与差别待遇、新加入成员的承诺以及贸易优惠制等问题。

2020 年 12 月，农业委员会特别会议上，协调人阿博莱达（Daniel Arboleda，哥伦比亚人）和科齐伊（Mariya－Khrystyna Koziy，乌克兰人）报告了双边磋商和近期关于改变适用关税等问题的讨论情况。报告中提出了若干政策选择，以供成员在适用关税发生变化时提升贸易商的透明度和可预测性，部分成员认为这一问题将在 WTO 第 12 届部长级会议上取得成果。科齐伊对成员缺乏参与削减关税等核心问题的意愿表示了关切，她表示，尽管成员间在目标水平、时机、覆盖范围等问题上持不同意见，但部分成员认为第 12 届部长级会议后的工作方案将是一个潜在成果。协调人表示，今后的谈判中将努力缩小议题范围，集中讨论更加可行的内容。

（五）特殊保障机制

成员继续在专门会议上对特殊保障机制进行了讨论。特殊保障机制允许发展中成员暂时提高关税以应对进口激增或价格下跌。2020 年 12 月，协调人奥维耶多（Renata Cristaldo Oviedo，巴拉圭人）称，成员普遍认为特殊保障机制需要更多的时间进行讨论，他提到应通过两阶段进程，即与支持者和非支持者分开讨论，直至取得足够的进展，使双方拥有共同的立场。协调人称当前最困难的问题是特殊保障机制与市场准入的联系，将不会在技术讨论阶段继续讨论。

WTO 秘书处对特殊保障机制谈判的任务规定、讨论内容和相关建议进行了一次专题汇报，希望在 2020 年年底前与成员就支持者和非支持者的具体问题进行分析和讨论，为新一年的谈判做好准备，部分发展中成员主张在第 12 届部长级会议上优先考虑特殊保障机制的谈判成果。

（六）出口禁令和出口限制

成员仍在继续开展关于联合国世界粮食计划署出于非商业性的人道主义目的购买的粮食和农产品免于出口禁令或限制的讨论，支持者就通知要求、预警体系以及澄清相关术语的必要性等问题展开了讨论。

2020 年 12 月，总理事会散发新加坡提交的一份提案，强调了联合国粮食署开展的非商业人道主义粮食援助的重要意义，并指出部分成员采取的粮食出口限制对联合国粮食署的人道主义工作造成消极影响，呼吁成员严格遵守 GATT 第 11 条、《农业协议》第 12 条等规定，确保联合国粮食署顺利开展相关援助。71 个 WTO 成员一致支持这一提案，并要求在总理事会会议上通过免除世界粮食计划署出于非商业、人道主义采购援助粮食受到的出口限制和强化相关透明度的议案。协调人表示，将通过双边和小组会议确定这一问题的讨论范围。

二、非农产品市场准入

2019—2020 年，市场准入谈判小组未收到任何文件或提案，其间未举行任何会议。

三、服务

2019 年，服务贸易理事会特别会议主要就旅游业和环境服务的市场准入问题进行了重点讨论。智利、墨西哥、新西兰和巴拿马提交的一份提案强调了旅游业对经济发展和贸易的重要性，并建议扩大《服务贸易总协定》（GATS）在旅游业相关领域的承诺。上述国家表示，相较于其他服务部门，旅游部门对贸易的依赖性更强，同时也是农村和边远地区经济活力提升的关键。澳大利亚、加拿大、墨西哥、新西兰和瑞士认为，改善环境承诺和扩大环境服务贸易，包括污水处理、垃圾处理、减少噪音和环境保护服务等，将降低环境政策的成本，并帮助各国政府应对气候变化，实现联合国可持续发展目标。

2020 年 10 月，服务贸易理事会特别会议非正式会议上，WTO 成员就环境服务的市场准入问题进行了讨论，讨论基于澳大利亚、加拿大、墨西哥、新西兰和瑞士提交的强调贸易在环境可持续中的作用的文件，文件强调了服务贸易与环境保护间的积极联系，并认为环境服务自由化将有助于新冠肺炎疫情后的经济复苏。

国内规制工作组（Working Party on Domestic Regulation，WPDR）负责就国内规制进行多边谈判，其任务是制定任何有必要的纪律，以确保许可证、资格要求和程序对服务贸易无障碍。2019 年 3 月，WPDR 讨论了印度提出的一项修订提案，该提案涉及个人向国外提供服务的相关纪律，包括临时入境的程序和要求等。部分成员对该提案表示支持，但也有部分成员提出了质疑。2019 年 12 月的工作组会议上，部分成员对服务业国内规制联合倡议工作开展情况表示了关切，认为这一倡议规定的义务水平低于 GATS 已生效的义务水平。联合倡议的参与者申明，倡议的所有纪律都是对 GATS 承诺的改进，可以纳入参与者的 GATS 承诺减让表而无须诉诸修正程序。2020 年 12 月的一次会议上，成员同意在谈判文本中澄清，倡议的纪律是建立在 GATS 的基础上的，未削弱该协定的任何义务。

四、与贸易有关的知识产权

2019 年 5 月，与贸易有关的知识产权协定（TRIPs）理事会特别会议主席科斯蒂洛大使（Dacio Castillo，洪都拉斯人）与最活跃的 WTO 成员就地理标志注册问题进行了谈判与磋商，强调成员应注意双边和区域贸易协定中关于地理标志的动态活动。12 月，TRIPs 理事会举行了一次面向所有成员开放的非正式会议，许多成员重申了其对红酒和烈酒地理标志多边通报与注册制度的重视，并将 WTO 视为进行相关问题讨论的重要场所，同时承诺将平行推进 TRIPs 所有相关问题，包括地理标志注册、地理标志拓展以及 TRIPs 协定与生物多样性协定之间的关系等。其他成员则认为当前不宜实质性参与地理标志谈判。

长期以来，成员就地理标志注册是否具有法律效力，这种效力适用于全体成员，还是仅适用于参加注册的成员等问题存在分歧。同时对于地理标志注册仅限于葡萄酒和烈酒，还是适用于其他产品，如食品和农产品，也各执一词。成员对地理标志注册谈判与其他 TRIPs 协定相关执行问题之间是否应建立联系的问题也是意见不一致。

2020 年 7 月，TRIPs 理事会会议上，成员强调了多边知识产权制度在激励医疗技术和研究创新以及增强全球应对新冠肺炎疫情能力方面的价值，成员还就向最不发达国家转让技术和电子商务的建议进行了讨论。会议选举彼得大使（Xolelwa Mlumbi-Peter，南非人）担任新主席。成员一致认为，TRIPs 理事会在多边层面交流信息、促进合作和协调战略，以有效应对危机方面具有重要作用。12 月，WTO 成员继续就印度和南非提交的关于新冠肺炎疫情下暂时豁免某些 TRIPs 义务的提案进行讨论，但未就这一问题达成共识。主席鼓励各代表团继续参与谈判，寻求共同立场，以实现向所有人提供高质量、安全、有效和负担得起的疫苗和药品这一共同目标。

五、贸易与发展

2019 年 4 月，恩加拉姆贝大使（François Xavier Ngarambe，卢旺达人）当选贸易与发展委员会特别会议主席，并陆续展开与所有区域代表的双边磋商。10 月，哈桑大使（Ahmed Hassan，吉布提人）接任贸易与发展委员会特别会议主席，继续与各代表团进行了双边讨论。

成员在特殊与差别待遇问题上的立场未发生变化。2017 年，90 国集团曾提交了 10 项有关特殊与差别待遇的提案，旨在促进工业化、经济多元化和经济结构转型。2019 年 11 月，90 国集团提交了新的提案，称此前的 10 项提案仍待进一步讨论，并将是该集团国家重点关切的领域，新提案对 10 项提案提出的理由进行了阐述。12 月，贸易与发展委员会特别会议主席在一次非正式会议上报告称，成员对 90 国集团的提案反应不一，部分代表团愿意参与，另一部分代表团认为同类型提案无益于工作的进展。主席指出，为在第 12 届部长级会议上就特殊与差别待遇取得成果，成员需要超越当前立场、发挥创造性，主席计划将在非正式场合推进相关讨论。

2020 年 7 月，贸易和发展委员会特别会议上，成员就贸易援助问题进行专题讨论，成员同意将当前两年期的贸易援助工作方案延长至 2022 年。12 月，成员讨论了新冠肺炎疫情下贸易援助活动面临的诸多挑战，特别是世界范围内的旅行限制和封锁措施。部分成员报告了其贸易援助计划和活动，重申对贸易援助倡议的支持，并指出采取协调一致对策的重要性。

六、贸易与环境

贸易与环境委员会特别会议主席桑巴大使（Leopold Samb，中非共和国人）就贸易与环境问题谈判现状与各代表团进行了双边磋商。成员重申了在 WTO 内讨论贸易和环境问题的重要性，但没有提出新的谈判提案。WTO 服务贸易谈判正就环境服务问题展开磋商，磋商期间，最不发达成员代表对贸易和环境问题表示了兴趣。最不发达成员集团邀请桑巴大使和 WTO 秘书处为集团驻日内瓦代表组织培训班，2019 年共组织 2 次培训，旨在与会者能够更深入了解循环经济、气候变化、渔业、环境产品、多边环境协定以及委员会特别会议的相关工作等。

2020 年 7 月，贸易与环境委员会会议上，在布莱克曼大使（Chad Blackman，巴巴多斯人）的主持下，成员审议了关于贸易政策如何帮助解决塑料污染和建立全球循环经济等提案。斐济提出了在第 12 届部长级会议上发起 WTO 塑料倡议的计划。成员们还听取了关于恢复贸易和环境倡议工作的最新进展。哥斯达黎加提出了关于贸易与环境可持续性联合声明的计划，并表示，尽管该宣言将于第 12 届部长级会议上提出，但仍应成立一个非正式工作组，对贸易与环境委员会的工作进行补充，非正式工作组可以组织关于气候变化、循环经济、塑料污染、生物多样性保护等议题的讨论。同时，哥斯达黎加希望根据新冠肺炎疫情现状对草案进行修改，并希望更多成员支持该宣言。

11 月，WTO 举办贸易与环境周，联合国环境规划署和 WTO 秘书处共同主持贸易与环境高级别会议，会议重点就如何利用贸易政策实现绿色和可持续经济复苏、提升全球供应链绿色和弹性等问题进行了讨论。成员建立了关于塑料污染的非正式对话，并就提升透明度和信息共享、加强最不发达国家能力建设、在 WTO 各领域推动环境可持续的可交付成果等进行了结构化讨论。

七、WTO 规则谈判

2019 年，规则谈判小组的主要谈判对象是渔业补贴，旨在执行部长级指示，在 2019 年年底前就禁止有害渔业补贴达成协议。渔业补贴规则谈判委员会主席为扎帕塔大使（Roberto Zapata，墨西哥人），2019 年 11 月威尔斯大使（Santiago Wills，哥伦比亚人）接任主席工作。

第 11 届部长级会议要求成员商定全面有效地禁止某些形式且导致产能过剩和过度捕捞问题的渔业补贴，取消促成非法、不报告和无管制捕捞问题的渔业补贴。对发展中国家的特殊与差别待遇也将是谈判的组成部分。部长们再次承诺履行渔业补贴方面的现有通知义务。

2019 年，规则谈判委员会的工作方案包含为期 10 周的谈判组会议，面向所有成员开放的非正式会议主要围绕四个议题展开，包括对非法、不报告和无管制捕捞活动的补贴，对过度捕捞的补贴，助长产能过剩和过度捕捞的补贴，以及贯穿各领域的问题，如对发展中国家和最不发达国家的特殊与差别待遇、争端解决、体制问题以及通知和透明度问题等。2018 年底任命的四位协调人分别负责上述议题的讨论工作，讨论的基础是 2018 年第六次修订的工作文件，该文件汇集了成员的提案及其备选方案。

2019 年 4 月，代表团团长指示协调人努力制定“干净、统一”的文本，作为秋季谈判的基础。但由于讨论未达成一致的观点，协调人无法出具所需文本，仅对谈判现状进行了概述，阐述了各方可能的共同出发点，并就某些领域的法律条款文本和结构提出了建议。

在 10 月举办的 WTO 公共论坛上，高级别小组会议敦促渔业谈判小组迅速采取行动，争取就取消有害的渔业补贴采取行动。著名的自然资源保护者大卫 • 阿滕伯勒爵士（Sir David Attenborough）也对这一提议表示支持，他通过视频信息指出，WTO 协定协议对海洋的可持续发展至关重要。时任总干事罗伯特 • 阿泽维多在公共论坛上发言称，当前 WTO 和政府之外越来越多的人同样意识到，渔业补贴的危害不能再持续下去，他们希望 WTO 能就渔业补贴达成一项有意义的成果，这也是全世界都在关注和关心的议题。威尔斯大使接任渔业补贴谈判委员会主席后，立即开展了与许多成员的磋商，并召开了两次代表团团长级谈判小组会议，会议决定授权协调人拟定谈判文本。12 月，6 位协调人分发了各自负责的工作文件草案，以期在不损害成员最初提议和立场的情况下推动谈判进程。这些文件列示了各自领域的谈判现状，以及可能的规则草案。

由于未能在 2019 年 12 月的最后期限内完成渔业补贴谈判，成员确定了第 12 届部长级会议前的新期限，并商定了 2020 年前 5 个月的会议时间表，旨在使成员在部长级会议前以持续谈判的方式参与会议。2020 年，由于新冠肺炎疫情的影响，谈判暂停了面对面会见的形式，成员通过书面方式和线上会议交流沟通，于 2020 年 6 月达成协议的初稿文本，11 月完成初稿文本的第 1 次修改。谈判主席威尔斯大使在 12 月 14 日贸易谈判委员会非正式会议上表示，虽然没有按照计划在 2020 年完成谈判，但是并不“气馁”，最终目标仍是在第 12 届部长级会议之前制定一份单一的简化文本，其中包含最少的选项，以提交部长级会议审议和决策。

八、争端解决谅解

2019 年，争端解决谅解特别会议结束了于 2016 年提出的谈判中审议的 12 个主要议题的讨论工作，讨论的目的是确定成员间达成协议的可能性，包括就渐进性成果达成协议，或就若干问题达成全面协议。

2019 年上半年，争端解决谅解特别会议共举行了 7 次，对 4 个议题进行了讨论，包括灵活性和成员控制（即是否在上诉程序中引入临时审查或允许各方共同要求删除专家组或上诉机构报告的部分内容等）、有效裁决和建议、专家组的组成和发展中国家利益。其他 8 个议题已经在前几年中进行过讨论，包括双方商定的解决办法、授权报复（即当双方对争端解决判决执行力度有异议时是否需要授权程序进行报复）、案件发回（即上诉机构将案件退回专家组进行进一步审查）、严格保密信息、第三方权力、透明度等。

2019 年 6 月，争端谅解特别会议主席塞克大使（Coly Seck，塞内加尔人）分发了一份报告，对谈判的最新进展进行了介绍，并明确了工作组面临的挑战和可能的选择。报告呼吁成员表现出决心和参与度，以重振争端解决谈判和推动谈判圆满成功。成员对报告的准确性表示赞扬，并将之作为今后讨论的良好基础。

7 月，塞克大使离任特别会议主席，由多哥的约翰逊大使（Yackoley Kokou Johnson）接任主席一职。新主席与成员就工作组今后的工作进行磋商，包括 WTO 其他机构正在就争端解决系统的运作进行的更广泛的讨论等。

2020 年 12 月，争端解决机构会议上，WTO 成员建议在新冠肺炎疫情期间，争端解决程序采取灵活安排的方式，包括举行虚拟和混合小组听证会，以确保迅速解决争端。以墨西哥为代表的 121 个成员介绍了专家组关于启动甄选程序以填补上诉机构空缺的建议，墨西哥代表表示，提交提案的成员数目众多，反映了对上诉机构的共同关注，这一状况影响了 WTO 整体的争端解决和成员的共同利益。

九、第 11 届部长级会议达成的联合声明

（一）电子商务

电子商务联合声明参与方开始就电子商务与贸易有关的领域展开谈判，2019 年共举行了 8 次会议，其中 6 次为实质性谈判，谈判会议继续对 WTO 全体成员开放。会议由澳大利亚、日本和新加坡共同召集，由利森大使（Frances Lisson，澳大利亚人）主持，会议向全体成员提供了相关提案、汇编文本和报告。

本次谈判源自 71 位贸易部长在 2017 年第十一届部长级会议上发表的联合声明，声明称将致力于开展与贸易有关的电子商务议题谈判。他们强调，谈判将在不干预参与者未来谈判立场的原则下，面向所有 WTO 成员开放。

2019 年 1 月，达沃斯世界经济论坛期间，占全球贸易 90%的 76 个成员展开谈判，希望在现有的 WTO 协定和框架的基础上，争取尽可能多的 WTO 成员参加，以取得高标准成果。鼓励所有成员参与谈判，以便使电子商务为企业、消费者和全球经济带来更大的利益。自 2019 年 1 月以来，又有 6 名成员加入谈判，

谈判总参与方达到 82 个。

在 2019 年 3 月的第一次会议上，联合召集人鼓励成员就与贸易有关的问题提交相关提案。根据收到的提案和材料，谈判在六个焦点小组会议下有序进行，议题包括促进数字贸易和电子商务、开放性与数字贸易和电子商务、信任与数字贸易和电子商务、跨领域问题、电信及市场准入等。2019 年 5 月、6 月、7 月、9 月、10 月和 11 月，分别举行了 6 次谈判，涉及问题包括电子认证和电子签名、无纸化交易、跨境电子方式信息传输、网络接入、消费者保护、个人隐私保护、市场准入、网络安全、能力建设与合作等。谈判同样考虑到了 WTO 成员，包括发展中成员和最不发达成员，以及中小微企业所面临的独特机遇和挑战。12 月，工作组成员举行了一次会议，就第 12 届部长级会议前的准备工作展开讨论。2019 年间，工作组组织多场公开活动，为利益相关者提供了丰富的讨论内容和机会。

2020 年 1 月，在达沃斯举行的联合声明成员会议上，时任总干事罗伯特•阿泽维多敦促成员在第 12 届部长级会议上取得实质性成果，他表示，电子商务谈判的实质性成果，如完整的协议或谈判文本等，将向世界表明，电子商务谈判对于阐明数字贸易的规则至关重要。

2020 年 12 月发布的一份关于电子商务谈判的公开声明中，联合协调人米纳大使（George Mina，澳大利亚人）、和幸大使（Yamazaki Kazuyuki，日本人）和洪圣丹大使（Tan Hung Seng，新加坡人）表示，与会成员分享的综合谈判文本反映了迄今取得的令人鼓舞的进展，为 2021 年进一步谈判奠定基础。他们表示，谈判将继续按计划进行，并争取在第 12 届部长级会议之前取得实质性进展。

（二）投资便利化促进发展

2017 年 12 月，在 WTO 第 11 届部长级会议上，70 个 WTO 成员发起关于投资便利化促进发展的讨论，2019 年，关于该议题的第 11 次会议取得了实质性进展。讨论的重点内容是进一步拓展 2018 年确定的多边框架的可能要素。该框架的目的是提高投资措施的透明度和可预测性，精简和加快行政程序及相关要求，同时加强国际合作、信息共享、最佳实践交流以及利益相关方之间的关系，防范争端等。促进发展中国家和最不发达国家更多地参与全球投资是本次讨论的核心。该项倡议不涉及市场准入、投资保护和投资国争端解决。

2019 年 1 月至 7 月，小组围绕成员提交的案例和建议展开讨论，案例来自成员间的双边和区域贸易协定、国际投资协定、国内立法和 WTO 文本等。在上述材料的基础上，协调人卡瓦洛大使（Eduardo Gálvez Carvallo，智利人）应成员请求，围绕共同关切的领域撰写了一份工作文件，该文件为 2019 年下半年的工作奠定了基础。谈判会议按照讨论主题进行安排，参与会议的人数较多，与会人员基于文本材料展开了深入的讨论。

2019 年 11 月，在上海举行的 WTO 非正式部长级会议后，98 个成员签署了一份部长联合声明，承诺将进一步制定促进外国直接投资的多边规则框架，并争取在 WTO 第 12 届部长级会议上就投资便利化促进发展问题取得具体成果。

2020 年 1 月，部长们在达沃斯世界经济论坛上再次会晤，重申致力于争取在第 12 届部长级会议前就投资便利化问题取得实质性成果，并将在今后几个月内保持这一势头，开展进一步的外联活动。部长们还确认了 2019 年 12 月做出的决定，即自 2020 年 3 月起进入谈判模式，以取得具体成果。

2020 年 12 月，投资便利化促进发展谈判工作组举行新一轮会议，决定将于 2021 年 1 月恢复谈判，以期在第 12 届部长级会议前取得具体成果。协调人弗朗克大使（Matthias Frank，智利人）表示，虽然受到新冠肺炎疫情影响，但本年度谈判仍富有成效。会议继续在非正式合并文本的基础上进行谈判，议题涉及多个方面，包括最惠国待遇、设立单一门户网站、建立国内供应商数据库等。协调人概述了闭会期间会议的主要成果，会议对未来协定的内容进行了讨论，包括负责任的商业行为和反腐败措施等。讨论还涉及各代表团共同关切的诸多问题，如多重申请、上诉或审查、国内监管一致性和跨国界合作等。

（三）中小微企业

由 88 个 WTO 成员发起的中小微企业非正式工作组，伴随蒙古国、沙特阿拉伯和亚美尼亚的加入，至 2017 年 12 月已发展至 91 个成员，小组成员的总出口量约占全球出口量的 80%。工作组由乌拉圭继续担任主席，面向全体成员开放，其主要目的是消除中小微企业参与国际贸易的障碍。2019 年 2 月、6 月、10 月和 11 月，工作组共举行了 4 次会议，并在 12 月举行一次会议讨论关于在第 12 届部长级会议中小微企业会议上发言的提案。工作组的目标是发布一项包括建议、决议、行动倡议和工作方案在内的宣言。

工作组成员提交的提案包括开发一个新的在线平台，链入有助于中小微企业发展的实用工具（如在线课程、相关网站等）和决策辅助工具（如有用的研究、良好实践做法等）。另一项提案是，WTO 成员应通过提交调查表填补数据空缺，为全球贸易服务平台的成功和迅速运作做出积极贡献。在第 11 届部长级会议上，国际贸易中心、UNCTAD 和 WTO 联合推出了这一服务平台，旨在将与贸易相关的信息整合到单一的在线门户中。工作组呼吁各成员在其贸易政策审议中依据专家组制定的清单提交中小微企业的相关信息，并建立一个信息数据库。成员们提交的其他提案涉及贸易便利化、贸易融资以及在制定贸易相关的新条例、通过条例草案和条例公布时与中小微企业进行磋商等。

WTO 各委员会和工作组主席应邀向中小微企业工作组介绍了各自机构有关中小微企业的谈判情况，各国际组织的代表就其与中小微企业有关的项目和活动进行了介绍，参会组织包括国际商会、国际金融公司、国际电信联盟、国际贸易中心、OECD、万国邮政联盟和联合国贸易便利化和电子商务中心等。

2019 年 6 月 27 日，为庆祝联合国中小微企业日，工作组举办了由英国小企业联合会组织的贸易便利化研讨会，成员们还参与了国际贸易中心“2019 中小企业竞争力展望”发布活动，活动主题为“为小企业提供大笔资金，为可持续发展目标融资”。工作组在 2019 年主办了另外两场研讨会，主题是网络安全和利用技术促进中小微企业贸易发展。工作组还为罗马尼亚举办的中小微企业和数字经济研讨会提供了支持，在 WTO 2019 年公共论坛上，工作组联合国际贸易中心主办了全球贸易平台介绍会，并参加了 WTO 贸易便利化委员会在 10 月举办的研讨会。

2020 年 11 月，中小微企业非正式工作组完成中小微企业参与国际贸易的一揽子方案，方案包括一套由六项建议和公告组成的技术方案，以促进中小微企业参与国际贸易。方案提倡使用全球法人识别编码进行公司身份的国际识别，并要求 WTO 成员主动参与。12 月，中小微企业联合倡议的协调人戈麦斯大使（José Luis Cancela Gómez，乌拉圭人）表示，谈判已取得实质性进展，并有望在第 12 届部长级会议上取得具体成果。

（四）服务贸易国内规制

2019 年，服务贸易国内规制联合倡议的 60 名参与者继续就制定必要的规制纪律展开讨论，以确保许可证、资格要求和技术标准等服务供应商授权措施的透明、可预测和便利化。2017 年 12 月，57 名贸易部长在布宜诺斯艾利斯发起服务贸易国内规制部长联合声明倡议。这一倡议是在 WTO 国内规制工作组之外组织的，工作组的任务是制定必要的纪律，以确保成员国内规制不对服务贸易产生不必要的障碍。

2019 年 5 月，倡议参与国部长承诺继续对未决问题展开讨论，以期将谈判成果纳入第 12 届部长级会议。附加的规制纪律将对所有倡议参与方具有约束力，参与方将实施这些措施以使所有 WTO 成员受益。

2019 年，提出的新纪律得到了成员的普遍认可，包括提高相关信息的透明度和获得该类信息的可能性、对授权程序进行公正和独立的管理、审查和处理申请的合理时限等。这些纪律同样鼓励电子化申请程序，并确保这一程序不会造成障碍。成员们交换了承诺减让表草案，表明会将上述纪律纳入其 GATS 承诺减让表。

服务贸易国内规制谈判主席于 2020 年 12 月发布了一份“非常先进”的谈判文本，记录了 2020 年国内规制纪律方面取得的进展。他强调，鉴于成员承诺在第 12 届部长级会议上取得重大成果，2021 年将是谈判的关键。

第四章

货物贸易协议

第一节　农 业 协 议

2019 年，WTO 农业委员会回顾了《农业协议》的执行情况，同时主要讨论了巴厘岛部长级会议以及内罗毕部长级会议的内容。2020 年，WTO 农业委员会主要讨论了由于新冠肺炎疫情危机而实施的各种农业措施。2019—2020 年，WTO 农业委员会共召开了 7 次正式会议，WTO 各成员共提交了 790 份通报。2019—2020 年，有关《农业协议》的贸易争端有 3 起。

一、农业谈判会议进程

（一）2019 年会议议题

2019 年农业委员会共召开 3 次正式会议，时间分别是 2 月 26 日至 27 日、6 月 25 日至 26 日、10 月 30 日至 31 日。

2019 年 2 月 26 日至 27 日举行的农业委员会会议上，WTO 成员同意在 6 月前完成一份载有关于 2013 年巴厘岛关税配额管理部长级决定实施情况建议的报告。委员会讨论了内罗毕部长级会议决定的执行情况，并要求巴西、印度尼西亚和土耳其通报最新情况。委员会还进一步审议了成员的农业政策，包括欧盟在英国脱欧后的关税配额计划、中国的农业支持措施以及印度对豆类的国内支持措施等。

在 6 月 25 日至 26 日举行的会议上，卢森堡的 Christiane Daleiden Distefano 被任命为农业委员会的新主席。会议上 WTO 成员就彼此的农业政策进行了提问，并对内罗毕部长级会议决定的执行情况进行了年度审查。会议的议题主要有以下几个方面：菲律宾关于速溶咖啡和咖啡提取物的相关通报；欧盟在英国脱欧后关税配额计划与爱尔兰牛肉补偿计划；印度的农业政策。

在 10 月 30 日至 31 日的会议上，委员会审查了自 2019 年 6 月会议以来收到的 150 份通报。委员会提供了关于执行《关于改革计划对最不发达国家和粮食净进口发展中国家可能产生消极影响的措施的决定》的背景说明，列出了该决定的实质性规定，并提供了有关其执行情况的信息。加拿大对粮食援助数据的短缺表示关切，并赞赏了粮农组织在这方面所做的努力。最后，农业委员会也鼓励相关国际组织之间继续合作，以提高粮食援助的透明度。

（二）2020 年会议议题

2020 年农业委员会共召开 4 次正式会议，时间分别是 6 月 18 日、7 月 28 日、9 月 21 日、11 月 30 日。

2020 年 6 月 18 日的会议上，WTO 成员审查了为应对新冠肺炎疫情危机而通过的若干农业支持计划和出口限制措施。与会者强烈呼吁提高农业部门采取的与贸易有关的新冠肺炎疫情措施的透明度。WTO 各成员集团，如凯恩斯集团、渥太华集团和加拿大牵头的共同协助集团，介绍了它们确保粮食安全的有关倡议和措施。成员们就新冠肺炎疫情期间实施的农业相关措施提出了近 60 个问题，除要求澄清出口限制措施外，还就主要经济体的农业支持计划提出了问题，大量问题针对美国在 2020 年 4 月 17 日启动的 190 亿美元的“新型冠状病毒粮食援助计划”。

在 7 月 28 日的会议上，WTO 成员就彼此的农业措施提出的问题数量创造了纪录，为期一天的会议集中讨论了 146 个有关成员农业政策的问题，其中一些成员呼吁提高与新冠肺炎疫情有关的农业措施的透明度。会议上美国回应了成员对其为应对新冠肺炎疫情而通过的一系列农业激励方案的担忧。印度援引巴厘岛部长级决定中的和平条款，认为其对大米的国内支持并未违反 WTO 规则。

9 月 21 日至 23 日的会议进行了农业政策的审查。成员们还讨论了新冠肺炎疫情对农业的影响，目的是提高农业措施透明度和成员对新冠肺炎疫情的政策反应灵活度。欧盟回应了成员对于美欧关税削减协议的担忧，欧盟解释这一举措是缓和双边贸易紧张局势和支持解决目前争端的第一步，该协议没有涉及任何农产品。会议决定将萨摩亚列入 WTO 粮食净进口发展中国家名单。

在 11 月 30 日至 12 月 1 日的会议上，WTO 成员回顾了《农业协议》25 年的执行情况，并讨论了如何进一步加强委员会对《农业协议》执行的监督。成员们还审查了最近的农业政策，重点关注农业政策的透明度，其中包括针对新冠肺炎疫情采取的措施。此外，委员会继续审查了新冠肺炎疫情对农业的影响。欧盟、挪威和瑞士提供了关于其新冠肺炎疫情措施的最新情况通报。

二、主要成员的《农业协议》通报

（一）2019 年通报

2019 年 WTO 各成员共提交审议了 439 份通报，其中欧盟、美国、中国和日本的通报审议如表 4.1 所示。

表 4.1　　主要成员提交审议的《农业协议》通报

国家	通报文件	主要报告内容
欧盟	G/AG/N/EU/49－G/AG/N/EU/57	2018—2019 年的特殊保障、2018—2019 年的关税配额、2017—2018 年的出口补贴、2016—2017 年的国内支持
美国	G/AG/N/USA/124－G/AG/N/USA/129	2016—2017 年的关税配额、2016—2017 年的出口补贴
中国	G/AG/N/CHN/50－G/AG/B/CHN/52	2018 年的出口补贴、2018 年的关税配额
日本	G/AG/N/JPN/234－G/AG/N/JPN/246	2018—2019 年的特殊保障、2018—2019 年的关税配额、2018—2019 年的出口补贴、2015—2017 年的国内支持

资料来源：WTO. https：//docs.wto.org/dol2fe/Pages/FE_Browse/FE_B_009.aspx.

1. 欧盟

2019 年欧盟提交审议了 9 份通报（G/AG/N/EU/49－G/AG/N/EU/57），主要通报了市场准入、出口补贴、关税配额、国内支持、特殊保障的数据。2018—2019 年欧盟对 6 种农产品实施基于价格的特殊保障，对 15 种农产品实施基于数量的特殊保障。对 60 种农产品实施配额管理，其中牛肉、鸡肉、甘蔗、饼干等的关税配额完成率接近 100%，葡萄、腊肉和奶酪等农产品的关税配额完成率相对较低。

2. 美国

2019 年美国提交审议了 6 份通报（G/AG/N/USA/124－G/AG/N/USA/129），主要更新了美国有关粮食援助、关税配额和出口补贴的数据。2016—2017 年美国向最不发达成员和粮食净进口发展中成员提供的粮食援助数量为 145.828 万吨。美国国务院对农业的援助总额为 10.92 亿美元，包括农作物生产、畜牧业生产、资源管理、基础设施、政策和规划、培训和推广以及农业企业信贷等方面的支出。WTO 发展中成员、最不发达成员和粮食净进口发展中成员使用美国政府官方支持的出口信贷担保计划总额为 15.79 亿美元。

3. 中国

2019 年中国提交审议了 3 份通报（G/AG/N/CHN/50 – G/AG/N/CHN/52），报告了 2018 年中国关税配额和出口补贴。2018 年中国未向农产品提供出口补贴，对小麦、玉米、大米、棉花、糖类、羊毛六类产品继续实施关税配额管理，其中羊毛、糖类、棉花的关税配额完成率均达到 100%。

4. 日本

2019 年日本提交审议了 13 份通报（G/AG/N/JPN/234 – G/AG/N/JPN/246），主要更新了日本有关关税配额、出口补贴、特殊保障和国内支持的数据。日本在 2018 年 4 月 1 日至 2019 年 3 月 31 日对 4 种农产品实施基于数量的特殊保障，对 4 种农产品实施基于价格的特殊保障。2018—2019 年日本共对 20 种农产品实施了关税配额管理，未向农产品提供出口补贴。

（二）2020 年通报

2020 年 WTO 各成员共提交审议了 351 份通报，其中欧盟、美国、中国和日本的通报审议如表 4.2 所示。

表 4.2　　主要成员提交审议的《农业协议》通报

国家	通报文件	主要报告内容
欧盟	G/AG/N/EU/58 – G/AG/N/EU/62	2019 年的特殊保障、2017—2018 年的出口补贴、2016—2017 年的国内支持
美国	G/AG/N/USA/130 – G/AG/N/USA/143	2017 年的国内支持、2016—2019 年的特别保障、2017—2019 年的出口补贴
中国	G/AG/N/CHN/53 – G/AG/N/CHN/55	2019 年的出口补贴、2019 年的关税配额
日本	G/AG/N/JPN/247 – G/AG/N/JPN/255	2019—2020 年的特殊保障、2019—2020 年的关税配额、2019—2020 年的出口补贴、2017 年的国内支持

资料来源：WTO. https：//docs.wto.org/dol2fe/Pages/FE_Browse/FE_B_009.aspx.

1. 欧盟

2020 年欧盟提交审议了 5 份通报（G/AG/N/EU/58 – G/AG/N/EU/62），主要通报了出口补贴、国内支持、特殊保障和粮食援助的数据。2019 年欧盟对 3 种农产品实施基于价格的特殊保障，对 15 种农产品实施基于数量的特殊保障，向

54 个国家和地区的粮食缺乏人口提供了援助，其中 28 个是最不发达国家或粮食净进口发展中国家。欧盟对最不发达国家和粮食净进口发展中国家的粮食援助资金拨款总额为 2.85 亿欧元。

2. 美国

2020 年美国提交审议了 14 份通报（G/AG/N/USA/130－G/AG/N/USA/143），主要更新了美国有关出口补贴、特殊保障和国内支持的数据。2017—2019 年，美国出口补贴中有关粮食援助的主要为小麦、水稻、粗粮、植物油和油饼。美国在 2016—2019 年分别对 55 种、41 种、37 种、36 种农产品实施基于价格的特殊保障。

3. 中国

2020 年中国提交审议了 3 份通报（G/AG/N/CHN/53－G/AG/N/CHN/55），报告了 2019 年中国关税配额和出口补贴的数据。依照《农业协议》第 18.2 条款的规定，中国在 2019 年未对出口农产品发放出口补贴。对小麦、玉米、大米、棉花、糖类、羊毛六类产品继续实施关税配额管理，其中、糖类、棉花的关税配额完成率均达到 100%，小麦、玉米的关税配额完成率相对较低。

4. 日本

2020 年日本提交审议了 9 份通报（G/AG/N/JPN/247－G/AG/N/JPN/255），主要更新了日本有关关税配额、出口补贴、特殊保障和国内支持的数据。日本在 2019 年 4 月 1 日至 2020 年 3 月 31 日对 8 种农产品实施基于数量的特殊保障，对 9 种农产品实施基于价格的特殊保障。共对 20 种农产品实施了关税配额管理，未向农产品提供出口补贴。

三、主要成员就《农业协议》执行情况的问答

在 2019—2020 年的 7 次正式会议中，WTO 各成员就其关心的农产品贸易问题进行问答。WTO 秘书处整理了 2019 年 2 月 26 日与 2 月 27 日的会议问答记录并公布（G/AG/W/196），包括欧盟、美国、巴西、印度和中国在内的 30 多个成员参与了问答。①

（一）欧盟

在 2019 年 2 月 26 日与 2 月 27 日的会议上，新西兰对欧盟提出了两个问题，

① 在其他正式会议中，秘书处仅整理了问题记录，成员未进行回应。详见 G/AG/W/194、G/AG/W/199、G/AG/W/202、G/AG/W/205－208。

一是欧盟将其干预性购买上限调整为零的改革政策是出于何种考虑？二是作为一个受益于更稳定市场的主要出口国，欧盟愿意对未来的支持政策给出什么信号？欧盟回应称，欧盟根据欧盟委员会的建议将 2019 年以固定价格进行的脱脂乳粉公共干预的上限设定为零，是为避免在没有市场依据的情况下进行公共干预。澳大利亚希望获得有关欧盟委员会共同农业政策（CAP）改革提案现状的更多信息。欧盟认为 CAP 改革提案目前正在由立法委员进行讨论，并且最终结果可能与委员会的最初提案会有所不同。

（二）美国

在 2019 年 2 月 26 日与 2 月 27 日的会议上，澳大利亚对美国在 2018 年通过的《农业法案》表示关切，对该法案是否符合 WTO 规则及该法案如何遵从 WTO 对国内农业支持的限制表示质疑。澳大利亚感谢美国就其在第 89 届农业部长会议上提出的对受贸易报复影响的农民的援助计划有关实施问题所做的最新答复。澳大利亚也正在寻求美国提供有关 2018 年 12 月宣布的第二轮和最后一轮贸易削减款项的最新情况。美国农业部通过农业贸易促进计划（ATP）向 57 个组织提供 2 亿美元以帮助美国农民和牧场主进入新的出口市场，欧盟希望美国提供这些计划的标准和资格的更多细节。印度就美国波士顿食品与健身合作社（BCFF）管理的波士顿赏金雄鹿基金如何在国内支持通报以及将在哪种类别下通报进行了询问。

（三）中国

在 2019 年 2 月 26 日与 2 月 27 日的会议上，澳大利亚针对中国最近提交的 2011—2016 年国内支持通报进行了提问，主要有以下问题：澳大利亚希望中国澄清为什么籼稻和粳稻的合格产量和管理价格转换为了精米的价格；这些通知中规定的 70%转化率的依据是什么。澳大利亚希望进一步了解 2014—2016 年期间大豆和棉花的“其他非免税直接付款”中包括哪些计划或措施。欧盟询问了农作物保险政策的相关问题。俄罗斯重点关注了中国对玉米、大豆和棉花的补贴问题，询问了中国为何延迟国内支持的通报并希望知道下一次中国国内支持通报的时间。美国对中国 2011—2016 年的国内支持通报提出了大量问题，对中国东北三省的饲料财政补贴管理办法、《中华人民共和国食品卫生法》等进行了重点关注。对于以上问题中国都进行了详尽的回答。

四、涉及《农业协议》的贸易争端

2019—2020 年有关《农业协议》的贸易争端有 3 例。

（一）DS579：印度——关于糖和甘蔗的措施

2019 年 2 月 27 日，巴西就印度对糖和甘蔗提供的国内支持措施和出口补贴提起磋商请求。近年来，印度大幅提高了对糖和甘蔗的国内支持水平，比如定期市场干预，规定白糖销售最低价格，为糖厂分配一个特定的最低指示性出口配额等。这些措施对世界市场价格造成了巨大的定价压力。巴西声称，印度的国内支持措施违反了《农业协议》第 3.2、6.3 和 7.2（b）条的规定，出口补贴措施违反了《农业协议》第 3.3、8、9.1 和 10.1 条的规定。2019 年 3 月 13 日，澳大利亚要求参加磋商。2019 年 3 月 14 日，泰国要求参加磋商。2019 年 7 月 11 日，巴西要求成立专家组。在 2019 年 7 月 22 日的会议上，DSB 推迟了专家组的成立。在 2019 年 8 月 15 日的会议上，DSB 指定了专家组。澳大利亚、加拿大、中国、哥伦比亚、哥斯达黎加、萨尔瓦多、欧盟、危地马拉、洪都拉斯、印度尼西亚、日本、巴拿马、俄罗斯、泰国和美国保留第三方权利。2019 年 10 月 16 日，巴西要求总干事指定专家组成员。2019 年 10 月 28 日，专家组成立。2020 年 4 月 27 日，DS579、DS580 和 DS581 专家组通知 DSB，由于案件的复杂性，专家组预计于 2021 年第二季度前散发报告。

（二）DS580：印度——关于糖和甘蔗的措施

2019 年 2 月 27 日，澳大利亚就印度对糖和甘蔗提供的国内支持措施和出口补贴提起磋商请求。澳大利亚声称，印度通过一系列措施为甘蔗和糖的生产商提供国内支持，超过了印度所能提供的最低限度，违反《农业协议》第 3.2、6.3 和 7.2（b）条中规定的义务。2019 年 3 月 11 日，危地马拉请求参加磋商。2019 年 3 月 12 日，巴西、哥斯达黎加和欧盟要求参加磋商。2019 年 3 月 14 日，泰国要求参加磋商。2019 年 7 月 11 日，澳大利亚要求成立专家组。在 2019 年 7 月 22 日的会议上，DSB 推迟了专家组的成立。在 2019 年 8 月 15 日的会议上，DSB 指定了专家组。巴西、加拿大、中国、哥伦比亚、哥斯达黎加、萨尔瓦多、欧盟、危地马拉、洪都拉斯、印度尼西亚、日本、巴拿马、俄罗斯、泰国和美国保留第三方权利。2019 年 10 月 16 日，澳大利亚要求总干事指定专家组成员。2019 年 10 月 28 日，专家组成立。2020 年 4 月 27 日，DS579、DS580 和 DS581 专家组通知 DSB，由于案件的复杂性，专家组预计于 2021 年第二季度前散发报告。

（三）DS581：印度——关于糖和甘蔗的措施

2019 年 3 月 15 日，危地马拉就印度对糖和甘蔗提供的国内支持措施和出口补贴提起磋商请求。与巴西和澳大利亚相似，危地马拉认为印度对糖和甘蔗的国内支持违反了《农业协议》第 3.2、6.3 和 7.2（b）条的规定。出口补贴措施违反了《农业协议》第 3.3、8、9.1、10.1 条和《补贴与反补贴措施协议》第 3 条的规定。2019 年 3 月 27 日，泰国要求参加磋商。3 月 28 日，澳大利亚要求参加磋商。2019 年 3 月 29 日，巴西、哥斯达黎加和俄罗斯要求参加磋商。2019 年 4 月 1 日，欧盟要求参加磋商。

第二节　实施卫生与植物卫生措施协议

一、实施卫生与植物卫生措施委员会工作概述

实施卫生与植物卫生措施委员会在 2019—2020 年举行了 5 次会议，时间分别是 2019 年 3 月 21 日至 22 日、7 月 18 日至 19 日、11 月 7 日至 8 日、2020 年 6 月 24 日至 26 日、11 月 2 日至 6 日。

2019 年 3 月 21 日至 22 日，实施卫生与植物卫生措施委员会会议以黏虫虫害作为案例研究讨论了《实施卫生与植物卫生措施协议》（SPS 协议）在获得卫生和植物检疫工具和技术以及促进国际贸易方面的作用。这次会议为 WTO 成员了解这一有害生物提供了一次有益的机会。联合国粮食及农业组织（FAO）表示，自 2016 年初在西非首次发现黏虫以来，已确认黏虫在 39 个非洲国家存在。黏虫是一种流动性强、生长迅速的害虫，以 80 种不同的农作物为食，但主要偏好玉米。黏虫虫害对粮食安全、收入和生计构成了重大威胁。此次会议讨论了黏虫在全球蔓延的影响、小农户面临的挑战以及对付有害生物的工具和技术等方面的问题。会议重点包括：利用科学证据进行风险评估，不歧视、统一、透明政策和技术援助的重要性；建立一个综合虫害管理框架以便加强合作和改进基础设施；如何加强黏虫治理。会议还讨论了 4 个新的贸易关注：哥伦比亚对欧盟限制使用一种特定农药（百菌清）表示关注、哥伦比亚对欧盟的最高残留量（MRLs）过渡期表示关注、巴西对印度尼西亚拖延巴西牛肉的进口授权程序表示担忧、欧盟对韩国因高致病性禽流感而对家禽实行进口限制表示关注。

在 2019 年 7 月 18 日至 19 日会议上，成员选举了哥伦比亚的 Daniel Arboleda 为委员会的新主席，并讨论了 8 个有关食品安全、动植物健康的新贸易关注和 16 个先前提出的贸易关注。哥伦比亚、哥斯达黎加、多米尼加和厄瓜多尔对欧盟修订抑霉唑（一种广泛用于柑橘类水果和香蕉种植的杀菌剂）的最高残留量表示关切，他们批评欧盟此次修正无视被 SPS 承认的国际组织提出的科学证据。

欧盟认为相关研究并不排除抑霉唑残留会对消费者构成健康风险，并告知新的最高残留量预计将从 2020 年 4 月起适用，可为食品经营者生产满足新标准要求的产品做准备提供时间。美国对中国限制进口美国牛肉表示关切，他们认为美国是世界动物卫生组织承认的一个牛海绵状脑病或“疯牛病”风险可忽略不计的地区，但是目前中国对牛肉贸易的限制与世界动物卫生组织针对风险可忽略国家的建议不一致。中国在答复中表示，在进行风险评估后，于 2017 年 6 月恢复从美国进口 30 个月龄以下的去骨牛肉，但是为了确保养牛业的安全和公众健康，中国不会从有疯牛病记录的成员进口超过 30 个月龄的牛肉。巴西对越南普遍限制瓜类、活牛、牛肉、肉骨粉等几种产品的进口表示关切，并请求提供比科学研究需求更多的信息，以便进行风险分析。巴西认为，越南采取的无视 SPS 的程序会造成不必要和不合理的贸易壁垒。越南回复，由于近年来农产品进口迅速增加，它不得不调整其立法以增加对人类、动物或植物生命和健康的保护，所有调整都已正式通知 WTO，新措施是非歧视性的并遵循国际标准制定。

WTO 成员在 2019 年 11 月 7 日至 8 日举行的会议上讨论了 5 个新的贸易关注和 12 个先前提出的贸易关注，还向成员们通报了 SPS 透明度规定的执行情况。成员们强调了制定食品安全标准和动植物健康标准的一系列措施，农产品出口商认为这些措施过于严格，使正常贸易受到了阻碍，特别是损害了发展中国家农民的利益。

在 2020 年 6 月 24 日至 26 日举行的会议上，WTO 成员讨论了 2021 年 WTO 第 12 届部长级会议可能通过的《卫生与植物卫生宣言》。该宣言将缓解国际农产品生产和贸易日益增长的压力，各成员达成了原则性协议以改进 SPS 标准、法规和贸易中存在的问题。成员通过了 SPS 实施和执行情况第五次审查报告（G/SPS/W/313/Rev.3），如果到 2020 年 7 月 31 日没有成员提出反对意见，该案文将获得通过。此外，WTO 秘书处向成员提供了最近几个月提交的与新冠肺炎疫情有关文件的最新情况。

在 2020 年 11 月 2 日至 6 日及 13 日的会议上，WTO 成员纪念 SPS 生效 25 周年，并讨论了今后促进安全食品贸易的挑战。委员会批准了阿拉伯农业发展组织作为特设观察员的请求，这是 2016 年以来第一个新的观察员组织。本次会议中成员们提出了 39 个贸易关注，其中 19 个是新的贸易关注。讨论的重点议题包括与新冠肺炎疫情相关的影响贸易的措施、动植物产品进口的限制和批准程序、有害生物风险评估、农药政策和最大残留量。在控制疫情方面，加拿大和美国对中国影响食品和农产品贸易的措施表示担忧。中国解释说，这些措施是临时性的、科学的，符合 WTO 规则和国际组织的有关规定，旨在保护人民的生命安全。巴西对菲律宾禁止进口家禽表示关切，因为在对巴西鸡肉进行的表面取样中检测到了 SARS－CoV－2（新冠肺炎的病原体）。菲律宾回应，虽然国际准则表明通过食物传播新冠肺炎的概率非常低，但不应忽视因接触受污染的物体而感染的可能。

二、SPS 实施与监督情况

2019 年 WTO 成员共提出 17 项新贸易关注（见图 4.1）。新贸易关注包括：欧盟对百菌清（农药活性物质）使用的限制，印度尼西亚对牛肉授权程序的延迟，韩国因高致病性禽流感对家禽的进口限制，欧盟对抑霉唑的修正案，欧盟对食品成分中缩水甘油基脂肪酸酯、3－氯丙二醇及脂肪酸酯最大含量的监管程序，欧盟对高效氯氟氰菊酯最大残留量的修正，中国对美国牛肉的进口限制，土耳其对口蹄疫相关疫区活牛的进口限制，越南对进口的普遍限制（甜瓜、活牛、牛肉和肉骨粉），乌克兰对生猪产品的进口限制，日本对鳄梨的进口限制，泰国对猪肉和其他动物产品的进口批准程序，菲律宾对肉类的进口限制，欧盟进口猪蹄和牛角的卫生要求，俄罗斯对棕榈油产品中 3－氯丙二醇和甘油酯的最高限值，欧盟高风险植物法规等。

2020 年 WTO 成员共提出 36 项新贸易关注（见图 4.1）。新贸易关注包括：泰国由于甜橙赤霉病对新鲜柑橘类水果进口实行植物检疫限制，印度对谷物和其他产品的熏蒸要求，尼泊尔对能源饮料的进口禁令，欧盟对植物保护产品最大残留量的修改：农药毒死蜱和甲基毒死蜱，欧盟对植物保护产品最大残留量的修改：代森锰锌（一种杀菌剂）、由于镉含量较高对巧克力和可可制品的普遍进口限制，越南《国家动物饲料技术条例》，印度在《食品安全和标准法》中对动物饲料的新要求，危地马拉对牛和猪肉的进口限制，哥斯达黎加对猪肉制品的进口限制，秘鲁对猪肉的进口限制，哥斯达黎加对乳制品和奶制品的进口限制，印度动物产品审批程序，中国《进口食品境外生产企业注册管理办法》，沙特阿拉伯暂时中止巴西家禽出口，中国对与新冠肺炎疫情有关的影响食品和农产品贸易的措施，菲律宾由于新冠肺炎疫情对进口家禽的限制，墨西哥对猪肉的进口限制，马来西亚延迟肉类和奶制品进口审批程序，洪都拉斯对巴氏杀菌乳制品的进口限制，巴拿马对动植物产品的进口限制，印度对豆类的进口要求，厄瓜多尔对葡萄和洋葱的进口限制，印度对非转基因产品原产地和非转基因证书的要求，欧盟对从中国进口高精产品的限制，欧盟对巧克力和可可产品出口的限制，欧盟关于复合产品的新规则建议等。

自 1995 年以来提出的 505 项贸易关注中，WTO 成员完全解决了 203 项关注，部分解决了 69 项关注[①]，共占比 44%。

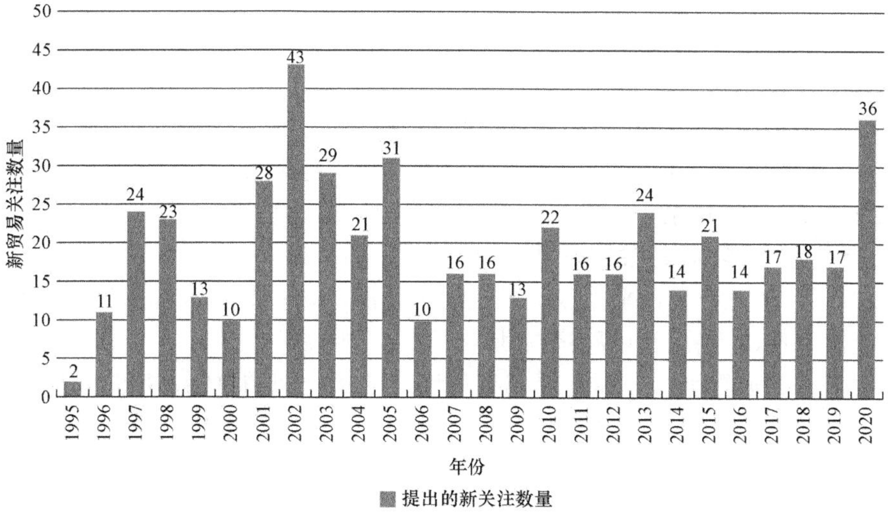

图 4.1　1995—2020 年 WTO 成员提出的具体贸易关注数量

资料来源：WTO.Sanitary and Phytosanitary measures Gateway［EB/OL］. http://spsims.wto.org/en/PredefinedReports/STCReport.

三、SPS 相关的争端案件

2019—2020 年，涉及 SPS 的争端共有 1 起。

DS589：中国——关于从加拿大进口油菜籽的措施

2019 年 9 月 9 日，加拿大就中国对其进口的油菜籽采取的相关措施提起磋商请求。中国分别于 2019 年 3 月 1 日和 3 月 26 日暂停从两家加拿大公司进口油菜籽。其他加拿大公司仍有资格向中国出口油菜籽，但这些进口产品须接受更严格的检查。加拿大认为，这些措施违反了 SPS 第 2.2、2.3、3.1、3.3、5.1、5.2、5.4、5.5、5.6、5.7、7、8 条，附件 B 第 1、2、5 和 6 款以及附件 C 第 1（a）、1（B）、1（c）、1（e）和 1（g）款；《贸易便利化协定》第 1.1、5.1、7.4.2 和 7.4.4 条；GATT1994 第Ⅰ：1，Ⅲ：4，Ⅹ：3（a），Ⅺ：1 等的规定。2019 年 9

① 部分解决即并非所有相关成员接受了这一解决方案或者方案只解决了关注中的部分产品。

月 19 日，俄罗斯和中国台湾要求加入磋商。

第三节　技术性贸易壁垒协议

一、技术性贸易壁垒委员会工作概述

技术性贸易壁垒委员会在 2019—2020 年共举行 6 次会议，时间分别是 2019 年 3 月 6 日至 7 日、6 月 20 日至 21 日、11 月 13 日至 15 日、2020 年 2 月 26 日至 27 日、5 月 13 日至 14 日、10 月 28 日至 30 日。

（一）2019 年 3 月会议议题

2019 年 3 月的会议上，成员讨论的问题涉及烟草制品、包装食品标签、农药、节能设备、降解塑料等多个领域。

第一，在烟草制品方面，以色列最近通过了限制烟草制品广告和销售的法律，该法律要求将烟草产品包装在没有吸引力的棕色包装中，并且在包装上不得看到商标的痕迹。多米尼加表示，其支持有效的烟草控制措施，包括旨在减少民众吸烟的措施，但对此类措施可能对其烟草制品出口竞争机会造成的负面影响表示关注。以色列回应表示其最近通过了有一年实施期限的法规，以便贸易伙伴有时间进行必要的调整。

第二，在包装食品标签方面，哥斯达黎加、美国、欧盟和危地马拉对乌拉圭拟议的即食包装食品标签法律提出了担忧，该法律要求包装前必须添加营养标签以表明在准备过程中是否添加了钠、糖、脂肪或饱和脂肪。他们赞同乌拉圭追求的合理健康目标，但认为该措施不是必要的，同时他们还认为该法律与相关的国际标准不符。

第三，在农药方面，巴西、哥伦比亚、哥斯达黎加、厄瓜多尔、危地马拉、洪都拉斯、巴拿马、巴拉圭、美国和加拿大都对欧盟提议不续用百菌清的市场许可表示关切。他们认为，不续用百菌清的市场许可需建立在一定风险分析的基础上，而且欧盟这一提议没有考虑到食品法典委员会所要求的最大残留量水平。他们还指出，百菌清目前已被许多国家授权使用。欧盟表示，其是在欧洲食品安全局进行了广泛的同行评审过程之后做出此决定的，该决定不会导致贸易的中断，其将提供使用百菌清产品的宽限期。另外，欧盟补充，在提议对现有最大残留量进行任何更改之前将考虑授予过渡措施的可能性。

第四，在节能设备方面，中国对韩国关于能源效率管理设备的新规定表示

关注。中国指出，规定的一个月过渡期少于建议的 6 个月过渡期，需要允许国内企业有更长的过渡期，同时中国还建议韩国根据产品的性能确定技术要求。韩国回应表示，其将考虑中国的意见，并在适当时候回复该问题。

第五，在降解塑料方面，欧盟对沙特阿拉伯的新法规表示关注，该新法规要求某些类型的一次性塑料必须是可降解的，并带有表明其合规性的特定标记。欧盟表示其赞赏沙特阿拉伯在环境保护方面所做出的努力，但其希望沙特阿拉伯在进一步对可降解塑料的实际环境效益进行研究分析并充分与各成员交流后再实施这一措施。沙特阿拉伯回应表示，其将推迟该措施的实施，而且国内已启动一项有关塑料对环境不利影响的研究。

第六，在电子显示屏的生态设计方面，中国、美国和日本对欧盟最近修订的一项措施表示关注，该措施涉及电子显示器的能效要求和某些显示器组件的禁令。修订后的法规改变了之前通报措施的范围和要求，并且成员担心欧盟没有为修订版提供发表评论的机会。这三个国家敦促欧盟重新通报该措施，留出一段评论时间，并澄清有关违禁物品的规定。欧盟表示，新要求通过提高产品的耐用性、可修复性以及通过回收利用来提高能源效率及促进循环经济，修订后的版本目前正由相关的机构进行审查。

第七，在化妆品法规方面，日本、韩国、欧盟和美国对中国最近宣布的有关化妆品的批准、生产、标签以及广告方面的措施表示关注。成员们指出了国内产品与国外产品存在市场授权的时间差异，敦促中国在化妆品的生产规范上遵循国际标准。他们进一步要求中国阐明新法规的计划和时间表。中国表示，修订后的措施旨在促进中国化妆品工业发展，而且目前还处于草案形式。中国注意到成员提出的关切，并表示将在后续阶段做出回应。

（二）2019 年 6 月会议议题

2019 年 6 月的会议上，成员主要就透明度问题进行了讨论，同时成员提出了一些新的贸易关注，涉及无人机、化妆品、包装回收、食品和饮料、环境五个方面。

第一，在无人机方面，中国表示欧盟提出的有关无人机的新法规不符合相关的国际标准，并包含了不切实际的测试要求和航程限制，认为这可能会阻碍创新和降低总体性能。中国要求有机会就新版法规发表评论。欧盟表示，该法规草案考虑了中国提出的意见和建议。欧盟同时还声明，出于安全和隐私方面的原因引入了射程限制，无人驾驶飞机的运行将有一个 3 年的过渡期。

第二，在化妆品法规方面，美国、欧盟对印度的一项草案表示关注，该草案要求进口化妆品应按照印度标准局制定的当地标准在印度进行测试，并提交产品认证和测试协议。他们担心印度不接受在印度当地以外进行的测试，并且印度也没有提及化妆品行业的国际标准。美国要求印度通报其规则草案，并为有关各方提供适当的评论时间。印度表示，其已在 2019 年 6 月通报了拟议的规则，并给有兴趣的成员 60 天的时间提交评论。

第三，在包装回收方面，美国、加拿大敦促韩国通报有关包装回收标签的法规，并为利益相关者留出适当的意见征询期。美国担心分类规则和特定的包装要求可能会破坏国际贸易。美国表示，该措施未参考美国材料试验学会的相关国际标准，可能会影响多种产品。韩国表示，该措施正在准备之中，并将在足够的时间内通报 WTO，以便利益相关者发表评论。

第四，在食品和饮料方面，美国、瑞士、欧盟和俄罗斯对沙特阿拉伯食品和药品协会的一项拟议措施表示关注，该措施对进口食品和饮料的糖分规定了上限。美国指出，有许多产品需要使用糖作为防腐剂和稳定剂，并且没有可行的替代方法。成员们表示，尽管他们赞同新法规解决肥胖和糖尿病的目标，但他们认为缺乏科学证据来证明所规定的限量是合理的。成员们鼓励沙特阿拉伯以透明的方式与私营部门利益相关者进行磋商。美国还表示，如果实施该措施，将破坏果酱、冰激凌、碳酸饮料和糖果等多种产品的出口。沙特阿拉伯表示，该措施将暂停执行，其会在后续对该法规进行审查，并将继续与感兴趣的成员进行双边磋商。

第五，在环境方面，印度尼西亚对欧盟要求引入欧盟市场的中间纸产品要列明环境足迹的措施表示关注。印度尼西亚表示，如通过该措施将会对热带国家的纸浆和纸制品造成贸易歧视。欧盟表示，计算环境足迹的规则是自愿的，不属于 WTO 规则的范围。新规则仅旨在应对由于环境信息扩散而引起的消费者的有关疑惑和不信任。此外，针对透明度问题，WTO 贸易和环境司在会议期间组织了一次专题讲习，该专题讲习旨在为参与者提供澄清技术要点、使用在线工具（ePing、在线通报提交系统——WTO NSS 等）以及相互学习并制定后续政策计划的机会。4 名参与者和 2 名专家在会上介绍了其国家的使用经验。

（三）2019 年 11 月会议议题

2019 年 11 月的会议上，WTO 成员就如何开发一种方法来测试、测量和证明产品的安全性和质量进行了讨论。会议探讨了支撑“质量基础设施”建设的四个支柱：认证、计量、标准以及合格评定程序。成员们重点讨论了这些支柱对竞争力的重要性、对技术援助的需求等。此外，会议还就个别成员在空调、家用干衣机、机动车、电干衣机、外部电源的生态设计和奶酪保质期方面的有关规定进行了讨论。

第一，在空调方面，韩国和美国对印度采取的要求空调器及其相关零件的制成品必须由印度标准局认可的实验室进行测试的规定表示关注。韩国表示，由于缺乏被认可的测试实验室，因此制造商在此规定的执行上存在问题。韩国和美国要求印度增加被认可的测试实验室，并可以给予六个月的宽限期。韩国还敦促印度批准其他方法，例如接受国际认可的测试报告。美国还要求印度标准局认可经过空调、供暖和制冷协会认证计划验证的空调设备，以加快印度消费者的购买速度。印度表示，实验室的认可是一个持续不断的过程。印度标准局已经认可了两个外部实验室。

第二，在家用干衣机方面，韩国对厄瓜多尔家用干衣机的最低允许能源效率要求表示关注。其认为这些要求既不符合国际标准，也不符合其他拉丁美洲国家/地区适用的法规。厄瓜多尔表示其注意到了韩国的关注，并将在适当的时候进行评估和回应。

第三，在机动车方面，美国和加拿大赞扬加纳通过采用机动车安全和排放标准来改善道路安全的措施。但是与此同时，美国和加拿大也担心这些措施意味着加纳将停止接受为遵守美国和加拿大法规而制造的车辆。他们认为仅以联合国欧洲经济委员会标准为基础的标准会造成不必要的贸易壁垒，他们鼓励加纳接受符合其他国际标准的车辆。

第四，在电干衣机方面，韩国对沙特阿拉伯关于电干衣机的功耗容忍标准表示担忧，指出该标准过于狭窄并且与国际标准不同。因此，其认为沙特阿拉伯需使其法规标准与国际标准保持一致，以避免任何不必要的贸易限制。沙特阿拉伯表示将与韩国进行双边讨论。

第五，在外部电源的生态设计方面，中国表示欧盟修改后的措施要求在产品的铭牌上放置“输出功率”信息是不合理的。这与国际电工委员会标准不符，后者仅要求铭牌包含有关“输出电压”和“输出电流”的信息。中国还表示，要求制造商遵守这一要求的过渡期不足，并要求欧盟将过渡期延长一年。欧盟表示，新法规将从 2020 年 4 月 1 日开始实施，其中将包括符合国际标准的最新能效要求。新规定还将完善制造商向消费者提供的信息。欧盟表示，该法规将不会影响已经投放市场的产品，过渡期旨在满足欧盟到 2030 年将其能源效率提高 32.5%的承诺。

第六，在奶酪的保质期方面，美国和欧盟对卡塔尔公共卫生部发布的措施表示关注，该措施限制了牛奶的复原并确定了奶酪的保质期参数。美国和欧盟表示，该保质期要求的期限太短，从而实际上降低了其从不邻近国家进口奶酪的可能性。该法规限制了由配方奶粉制成的液态奶的销售，它要求奶酪有原产国标签，并且要求某些白奶酪只能以低脂形式出现，并且必须向牛奶中添加维生素。美国和欧盟敦促卡塔尔将该措施通报技术性贸易壁垒委员会，并中止实施。卡塔尔表示，该法规的目的是确保产品质量并保护消费者，相关措施同样适用于国内和进口商品，并在考虑 WTO 义务的情况下采取。

（四）2020 年 2 月会议议题

2020 年 2 月的会议上，WTO 成员就如何改善无人驾驶汽车和医疗设备的监管合作进行讨论，强调这两个部门的监管机构之间进行合作的重要性。成员们指出，在这些法规尚未完善的部门中进行监管合作将为出口商提供贸易便利。他们强调遵循相关国际标准以及建立指导以促进成员之间监管兼容性的重要性。与此同时，遵循良好监管惯例的原则有助于避免不必要的贸易壁垒，同时使成员能够有效实现其公共政策目标，例如安全和环境保护。另外，成员还分享了他们接受其他成员合格评定方式的经验及案例。

（五）2020 年 5 月会议议题

2020 年 5 月的会议上，WTO 成员使用书面程序提出了创纪录数量的贸易关注。由于新冠肺炎疫情，委员会允许 WTO 成员通过新的在线平台 eAgenda 就新的贸易关注进行讨论。新的贸易关注涉及乳制品业、龙舌兰酒生产、能源效率、玩具、智能手机等多个领域。例如，禁止使用一种广泛用于香蕉和大豆生产的特定杀菌剂、禁止在动物奶制品中使用动物凝乳酶的禁令等受到了广泛关注和质疑。另外，会议还讨论了关于能源效率、各种标签方案的实施以及酒精生产的要求。许多成员提到由于新冠肺炎疫情大流行，需要更灵活的时间来实施或适应新的贸易措施。

（六）2020 年 10 月会议议题

2020 年 10 月的会议上，成员讨论的问题涉及废物管理、能源效率、水消耗、化学产品等多个领域。

第一，在能源效率领域，韩国要求津巴布韦阐明家用冰箱和空调能效的适用标准以及合格评定程序。津巴布韦表示，其标准源自美国测试与材料学会所使用的标准，并且由于新冠肺炎疫情的限制，实施可能会延迟。此外，韩国还要求智利修改其评估洗衣机的环境绩效的方法。

第二，在用水方面，中国要求美国阐明加利福尼亚州洒水装置的能效标准。

美国表示将与加利福尼亚当局讨论这一问题。

第三，在化学品上，中国、印度、美国和加拿大对进口商和供应商在短时间内（到2021年1月）遵守欧盟关于产品中化学物质的报告要求表示关注。欧盟表示，这是促进循环经济、支持废物管理和回收政策的一部分。

第四，在循环经济方面，由于缺乏针对电子和电气设备的支持性指导和测试方法以及新冠肺炎疫情而导致的困难，中国要求法国推迟实施对电子和电气设备的新要求。法国表示，对不遵守规定的检查和处罚将仅从2022年1月1日开始适用，从而为制造商提供更多的适应时间。

二、《技术性贸易壁垒协议》实施与监督情况

2019年WTO成员共提出35项新贸易关注，还有150项旧贸易关注（见图4.2）。其中，新贸易关注包括中国化妆品监督和行政管理草案、欧盟产品环境类别规则、韩国压载水管理法、韩国包装回收分类规定、韩国关于酒精饮料的警告声明和图形健康警告、卡塔尔卫生部关于奶酪保质期的通报、沙特阿拉伯电气用品干燥机能量性能要求和标记、厄瓜多尔家用干衣机能效要求、韩国能源效率管理设备条例、土耳其化妆品条例修正案草案、牙买加禁止单一使用塑料制品的法令、加纳机动车辆模型及其变体同系物的管理程序、欧盟关于外部供电的生态设计要求的修订草案、欧盟医疗器械条例和体外诊断医疗器械条例等。旧贸易关注包括巴西2017年关于饮料、葡萄酒和葡萄衍生物标签的第51号技术决议草案、越南网络安全措施、越南关于汽车制造、装配进口和汽车保修和维修服务条件条例的法令、中国加工食品的认证要求、中国网络空间管理局网络产品和服务网络安全审查的实施措施草案、爱尔兰2015年《公共卫生（酒精）法案》、欧盟有机生产和标签、中国保险监督管理委员会信息和通信技术的法规等。

2020年WTO成员共提出57项新贸易关注，还有157项旧贸易关注（见图4.2）。其中，新贸易关注包括中国化妆品注册规定、中国化妆品标签管理办法、中国商业密码学行政法规、津巴布韦2020年电力实施细则、智利洗衣机能效标签设计技术规范、法国有关电气和电子设备可维修性指标的新立法要求、欧盟废物框架指令、巴拿马洋葱和土豆的收成和发芽要求、英国脱欧过渡期结束时的葡萄酒标签和文件要求、美国经修订的中国香港生产商品的原产地标记要求、欧盟电池指令修订、新西兰2019年消费者信息标准法规、印度食品安全和标准条例草案等。旧贸易关注包括中国医疗器械监督管理条例、欧盟有机生产和标

签、中国网络空间管理局网络产品和服务网络安全审查的实施措施草案、越南网络安全措施、韩国包装回收分类条例、韩国压载水管理法、厄瓜多尔家用干衣机能效要求、土耳其化妆品条例修正案草案、爱尔兰 2015 年《公共卫生（酒精）法案》、巴西 2017 年关于饮料、葡萄酒和葡萄衍生物标签的第 51 号技术决议草案等。

根据 2021 年发布的年度审查报告，2020 年的贸易关注数量是自 2015 年以来最高的，比 2019 年多 22 个。与近几年的情况一样，2020 年的绝大多数贸易关注讨论都是以前提出的。

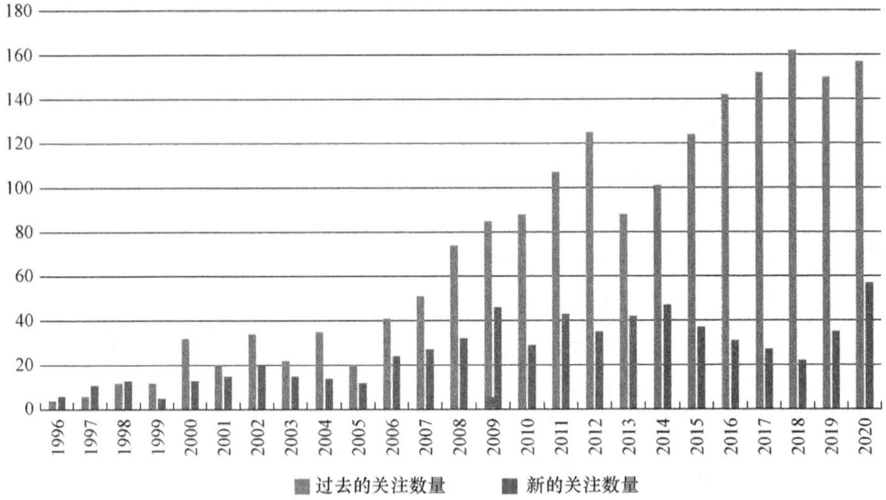

图 4.2　1995—2020 年 WTO 成员提出的具体贸易关注数量

资料来源：WTO. Technical barriers to trade Gateway［EB/OL］. http://WTOims.WTO.org/en/PredefinedReports/STCReport.

三、《技术性贸易壁垒协议》相关的争端案件

2019—2020 年，涉及《技术性贸易壁垒协议》的争端共有 2 起。

（一）DS593：欧盟——某些棕榈油和油棕榈类作物生物燃料的措施

欧盟采取了一些影响棕榈油和油棕作物基生物燃料的措施，印度尼西亚认为这些措施对其棕榈油和油棕榈类作物生物燃料进入欧盟市场产生了严重影响。2019 年 12 月 9 日，印度尼西亚要求与欧盟就这一措施进行磋商，认为其违反了《技术性贸易壁垒协议》第 2 条、第 5 条和第 12 条的规定。此后，哥斯达

黎加、危地马拉、哥伦比亚、马来西亚、阿根廷和泰国纷纷要求参加磋商。随后，欧盟通知 DSB 表示其已经接受了他们的要求。

（二）DS597：美国——原产地标记要求

根据《1930 年关税法》第 304 节及《美国法典》第 19 篇第 1304 节中对原产地标记的要求，美国海关和边境保护局规定在香港生产的货物必须标记其原产地为“中国”。2020 年 10 月 30 日，中国香港要求就这一规定与美国进行磋商，认为其违反了《技术性贸易壁垒协议》第 2 条的规定。2020 年 11 月 9 日，美国同意磋商。2020 年 11 月 13 日，俄罗斯要求参加磋商。2020 年 11 月 19 日，美国通知 DSB，其拒绝俄罗斯加入磋商的要求。

第四节　海关估价协议

一、海关估价委员会工作概述

海关估价委员会在 2019 年和 2020 年共举行 3 次会议，时间分别是：2019 年 5 月 23 日、2019 年 10 月 25 日和 2020 年 10 月 19 日。

2019 年 5 月 23 日，海关估价委员会举办了 2019 年度第一次会议。世界海关组织代表 Richard Soki 报告了 2019 年 5 月 13 日至 17 日举行的世界海关组织海关估价技术委员会第 48 届会议的情况。同时，海关估价委员会继续审查了各成员的立法情况。主席敦促尚未通报立法机构的成员尽一切努力尽快完成立法工作，表示其和秘书处可以为成员提供立法过程中任何必要的帮助。

此外，会议中，各成员还对乌拉圭关于更新运营商媒体的提议进行了讨论。1984 年海关估价委员会根据 GATT 制订了一项关于软件海关估价的决定，根据这项决定，成员在确定载有数据或指令（软件）的进口载体媒介的完税价格时，只需考虑载体媒介本身的成本或价值。因此，在这种情况下，完税价格不包括数据或指令（软件）的成本或价值。海关估价委员会主席在 1984 年 9 月 24 日的会议上强调，对于进口的载有数据或用于数据处理设备（软件）的载体介质，例如磁带或磁盘，看似进口的是载体介质本身，但事实上，进口商真正感兴趣的是其载有的数据。对于载体介质问题，乌拉圭认为，越来越多的软件是使用新型的载体介质进口的，例如 USB 闪存驱动器或其他类似设备，这些介质不一定符合软件海关估价的决定中规定的“载体介质”的定义。应该将软件海关估价的决定中“就本决定而言，‘载体介质’一词不应包括集成电路、半导体和类似装置或装有此类电路的物品或设备；‘数据或指令’一词不应包括声音、电影或视频记录。”修改为“就本决定而言，‘载体介质’一词不应包括集成电路、半导体和类似装置或装有这种电路或装置的物品，但仅作为临时手段向海关展示、用于将数据或指令（软件）传输到数据处理设备以便使用和存储的除外。‘数据或指令’一词不应包括声音、电影或视频记录。”欧盟建议从议程中删除该项目。南非表示不支持乌拉圭的提案，认为这是一项市场准入谈判提案。美国支持乌拉圭扩大载体介质定义的提案。

2019 年 10 月 25 日，海关估价委员会举办了 2019 年度第二次会议。世界海关组织代表 Jiabin Luo 报告了世界海关组织海关估价技术委员会自第 48 届会议以来的工作。同时，欧盟建议 2020 年春季举行的海关估价委员会下一次会议以及随后的会议在海关估价技术委员会会议之后直接举行，以便能够进行更激烈和更具互动性的讨论。对此，美国表示支持。对于国家立法通报，主席提醒成员，委员会能否通过对成员立法的审查取决于成员能否及时回应审查过程中委员会提出的任何问题。委员会表示，截至 2019 年 10 月 25 日，已有 103 个成员通报了其有关海关估价的国家立法。该次会议中，各成员还讨论了乌拉圭关于更新运营商媒体的提案。瑞士就乌拉圭的提案提出意见，并载于文件 G/VAL/W/241/Rev.1。乌拉圭在文件 G/VAL/W/264 中对成员提出的问题做出书面答复。欧盟、南非等表示不支持乌拉圭的提案，美国则表示支持。另外，在技术援助方面，委员会关于能力建设技术实施和管理的能力建设与技术援助工作计划已纳入 WTO 总体技术援助计划。WTO 目前正在执行载于文件 WT/COMTD/W/227/Rev.1 的 2018—2019 两年期技术援助计划。Dolores Halloran 报告了委员会 2019 年 2 月会议之后一段时期的技术援助活动。

2020 年 10 月 19 日，海关估价委员会举办了 2020 年度第一次会议。委员会审查了有关《海关估价协议》实施和管理的信息。委员会注意到汤加（G/VAL/N/1/TON/1）和瓦努阿图（G/VAL/N/1/VUT/1）提交的关于国家海关立法的通报，并开始了审查；注意到欧盟（G/VAL/N/1/EU/1）和所罗门群岛（G/VAL/N/1/SLB/Add.1）提交的海关立法修正案；多米尼加发出的问题清单（G/VAL/N/2/DOM/1）。另外，委员会完成了对巴林王国、中国和缅甸通报的国家海关立法的审查。同时，也将继续对伯利兹、布隆迪、多米尼加、冈比亚、几内亚、洪都拉斯、印度、哈萨克斯坦、吉尔吉斯斯坦、马拉维、尼泊尔、尼日尔、尼日利亚、俄罗斯、卢旺达、所罗门群岛、斯里兰卡和多哥等成员通报的国家海关法规进行持续审查。在具体贸易问题方面，委员会注意到了泰国提出的关于“巴基斯坦确定纸张海关价值”的声明。

二、《海关估价协议》实施与监督情况

2019 年，海关估价委员会对巴林、伯利兹、中国、几内亚、洪都拉斯、哈萨克斯坦、马拉维、尼泊尔、尼日利亚、俄罗斯、卢旺达、所罗门群岛、斯里兰卡、冈比亚、布隆迪、缅甸、尼日尔、多哥等成员的国内海关法规进行了审查。

此外，委员会执行了 2018—2019 两年期技术援助计划。秘书处组织哥伦比亚、亚太地区国家、巴哈马、黑山、埃及、亚美尼亚、白俄罗斯、哈萨克斯坦、吉尔吉斯斯坦、俄罗斯、塔吉克斯坦、土库曼斯坦、乌兹别克斯坦、布隆迪、科摩罗、马达加斯加、毛里求斯、卢旺达等成员进行了关于技术援助和能力建设的培训活动。

2020 年，海关估价委员会结束了对巴林、中国和缅甸的立法审查，并将继续对伯利兹、布隆迪、多米尼加、欧盟、冈比亚、几内亚、洪都拉斯、印度、哈萨克斯坦、吉尔吉斯斯坦、马拉维、尼泊尔、尼日尔、尼日利亚、俄罗斯、卢旺达、所罗门群岛、斯里兰卡、多哥、汤加和瓦努阿图等成员进行立法审查。

此外，委员会提出了 2020—2021 两年期技术援助计划。秘书处组织文莱、柬埔寨、印度尼西亚、马来西亚、缅甸、老挝、泰国、吉尔吉斯斯坦、北马其顿、塞舌尔、多米尼加、海地、柬埔寨、博茨瓦纳、莫桑比克、马拉维、赞比亚、津巴布韦等成员进行了关于技术援助和能力建设的培训活动。

三、《海关估价协议》相关的争端案件

2019—2020 年，涉及《海关估价协议》的争端案件共有 1 起。

DS591：哥伦比亚——来自比利时、德国和荷兰的冷冻薯条的反倾销税

2018 年 11 月，哥伦比亚对来自比利时、荷兰和德国的冷冻薯条征收了最高 8%的反倾销税，因为哥伦比亚认为这些进口商品的价格被人为压低。2019 年 11 月 15 日欧盟向 WTO 发起磋商请求，反对哥伦比亚对来自比利时、德国和荷兰的冷冻薯条实施的反倾销措施。其认为哥伦比亚征收的反倾销税，在实质内容与实施程序上都与 WTO 规则不符。2020 年 2 月 17 日，欧盟要求成立一个专家组。2020 年 2 月 28 日和 2020 年 3 月 5 日的会议上，WTO 争端解决机构推迟了专家组的成立。

在 2020 年 6 月 29 日的会议上，WTO 争端解决机构指定了专家组。巴西、

中国、洪都拉斯、印度、日本、俄罗斯、土耳其和美国保留其第三方权利。经各方同意，专家组于 2020 年 8 月 24 日成立。

第五节 装运前检验协议

一、海关估价委员会工作概述

《装运前检验协议》由 WTO 的海关估价委员会负责制定。2019—2020 年共举行 3 次会议，时间分别是 2019 年 5 月 23 日、2019 年 10 月 25 日和 2020 年 10 月 19 日。

2019 年 5 月 23 日，海关估价委员会召开了 2019 年度的第一次会议。在有关《装运前检验协议》上，各成员主要就以下几个方面的问题进行了讨论：第一，海关估价委员会主席提请成员注意 G/PSI/N/1 系列文件所包含的根据《装运前检验协议》第 5 条汇编的通报。文件 G/PSI/N/1/Rev.2/Add.3 包括装运前检验通报的最新信息。这些通报以及收到的任何新通报将合并为 G/PSI/N/1/Rev.4 文件，并将列入委员会下次会议审查的议程。第二，关于装运前检验项目的信息，海关估价委员会主席提请注意文件 G/VAL/W/63/Rev.24，文件包括从国际检验机构联合会（IFIA）收到的适用装运前检验的最新更新的信息。第三，关于美国、埃及对装运前检验的讨论问题上，埃及感谢美国对埃及装运前检查条例的持续关注，并愿意就此问题进行建设性的双边讨论。埃及研究了美国在 G/VAL/W/299 号文件中提出的关注问题，目前正在向海关估价委员会通报第 961/2012 号和第 991/2015 号部长令中所包含的埃及装运前检验条例，这些条例已分别于 2013 年 2 月和 2016 年 2 月通报技术性贸易壁垒委员会。

2019 年 10 月 25 日，海关估价委员会召开了 2019 年度的第二次会议。各成员在会议上主要就以下几个问题进行了讨论：第一，关于各成员通报的现状。海关估价委员会主席提请成员注意 G/PSI/N/1 系列文件所包含的根据《装运前检验协议》第 5 条汇编的通报。文件 G/PSI/N/1/Rev.2/Add.3 包括装运前检验通报的最新信息。第二，关于装运前检验项目的信息。海关估价委员会主席提请注意文件 G/VAL/W/63/Rev.25，文件包括从国际检验机构联合会（IFIA）收到的适用于装运前检验的最新更新的信息。第三，关于美国、埃及对装货前检验的讨论问题上，埃及已经在文件 G/PSI/N/1/Rev.3/Add.3 中通报了第 961/2012 号和第 991/2015 号法令，美国在 G/VAL/W/342 中提出了问题，埃及表示将在近期进行答复。

欧盟建议2020年春季举行的海关估价委员会下一次会议以及随后的会议在海关估价技术委员会会议之后直接举行，以便WTO委员会能够受益于海关估价技术委员会2019年11月4日至8日第49届会议的详细报告，这将使WTO委员会能够进行更多、更具互动性的讨论。美国代表支持欧盟的建议，将WTO海关估价委员会的会议安排在海关估价技术委员会第五十届会议期间。

2020年10月19日，海关估价委员会召开了2020年度的第一次会议。各成员在会议上主要就以下几个问题进行了讨论：第一，关于各成员通报的现状。海关估价委员会主席提请成员注意G/PSI/N/1系列文件所包含的根据《装运前检验协议》第5条汇编的通报。文件G/PSI/N/1/Rev.2/Add.4包括装运前检验通报的最新信息。第二，关于美国和埃及的问题和回复。美国在G/VAL/W/342号文件中就埃及的防扩散安全倡议措施提出了问题，埃及已在G/VAL/W/348号文件中提供了答复。美国代表感谢埃及对美方提出的问题的答复及双方在这一问题上的合作。第三，关于美国和中国的问题和回复。美国在G/VAL/W/353号文件中对中国2019年通报其有关防扩散安全倡议的措施提出了问题，中国对这些问题做出了回应，美国感谢中国对其防扩散安全措施的通报。欧盟与美国就透明度和公布所有与该议题相关的法律法规发表了评论。中国表示，其已经在答复中提供了相关参考资料，而且愿意分享任何进一步的信息，以便在这个问题上保持透明度。第四，关于美国和圣卢西亚的问题和回复。美国在G/VAL/W/354号文件中对圣卢西亚2019年通报其有关防扩散安全倡议的措施提出了问题。美国代表感谢圣卢西亚通报其车辆检查措施，并期待收到圣卢西亚对美国在文件G/VAL/W/354中提出的问题的书面答复。第五，对于世界海关组织的工作报告。世界海关组织代表Luximan Babajee先生报告了海关估价技术委员会自2019年11月4日至8日举行的第49届会议以来的工作。

二、《装运前检验协议》实施与监督情况

2019—2020年期间，海关估价委员会新收到来自中国、埃及、塞舌尔、汤加、埃及、圣卢西亚、安哥拉、巴西等成员的有关实施《装运前检验协议》的法律法规的通报。2020年8月10日，秘书处发布文件（G/VAL/E/363）就《装运前检验协议》的第五次审查背景进行了说明，主要内容包括协议的结构、独立实体的设定、成员的相关通报和信息以及前4次审查的回顾。同时指出，目前其已经将《装运前检验协议》的第五次审查列入议程，成员可在规定时间内

以发言或者书面的形式提交意见书。尤其是根据《装运前检验协议》第 4 条规定，成员在这一协议下设置一个独立实体。该独立实体可以用来解决所有涉嫌违反协议规则的案件的争端等。第 4 条的规定涉及争议的启动、审查小组的组成、审查范围以及其他事项（包括与表决有关的事项、审查时间、费用和小组决定的约束力等）。独立实体是经由 WTO、国际检验机构联合会和国际商会之间共同协商，由 1995 年 12 月 13 日总理事会决定（WT/L/125/Rev.1）设立的，于 1996 年 3 月开始运作。按照 WT/L/125/Rev.1 附件二的规定，独立实体将每年至少向货物贸易理事会报告一次，但如果有必要可以再报告。但自该实体运作以来，由于出口商担心提出争端会加剧负面影响或者因为独立实体的使用成本等原因，独立实体收到的审查请求极少。在 2019—2020 年期间，独立实体没有收到独立审查的请求。

第六节　原产地规则协议

一、原产地规则委员会工作概述

根据《原产地规则协议》的规定，原产地规则委员会每年需至少召开一次正式会议，对前一年《原产地规则协议》各部分的实施和运行情况进行审查，并就原产地规则的协调工作与各成员代表展开磋商。原产地规则委员会在 2019 年和 2020 年共举行 4 次会议，时间分别是：2019 年 5 月 15 日至 16 日、10 月 17 日至 18 日、2020 年 3 月 5 日、11 月 13 日。这些会议的记录分别载于文件 G/RO/M/72、G/RO/M/73、G/RO/M/74 和 G/RO/M/75 中。

（一）2019 年 5 月会议议题

2019 年 5 月 15 日至 16 日，原产地规则委员会召开该年度第一次正式会议。会议首先由世界海关组织秘书处发言。世界海关组织秘书处报告了税收一揽子计划的部分情况，该计划由一系列举措组成，旨在确保海关当局有效和高效地收取税收。其次，会议讨论了欧盟针对注册出口商的认证制度和系统。欧盟曾于 2018 年 10 月向委员会介绍了该系统，挪威和瑞士正在实施注册。欧盟表示，自 2017 年 1 月起，注册出口商系统已逐步引向欧盟普遍优惠制的受益国。在该制度下，注册经济运营商只需填写并提交自己的优惠来源声明，并在当地主管部门的数据库中注册，便可以参与该系统。受益国的详细清单和注册出口商系统的实施状态可在 EU-TAXUD 网站上找到。目前，已有 27 个受益国使用了注册出口商系统，15 个受益国正在过渡到该系统。截至 2020 年 1 月，除普惠制受益国之外，欧盟的 25 个海外国家和地区也将被纳入注册出口商系统。未来，与欧盟签订自由贸易协定的国家也有望使用该系统。

再次，会议还讨论了最不发达成员的优惠原产地规则问题。坦桑尼亚表示，关于最不发达国家优惠原产地规则的内罗毕决定首次建立了一套多边的准则，以帮助最不发达国家的出口更容易有资格获得优惠的市场准入。然而尽管其享有享受优惠市场准入条件的资格，但是很大一部分出口却仍需接受最惠国关税。在这种背景下，最不发达国家集团坚持认为，给予优惠的成员应采取进一步措施简化其优惠原产地规则，并进行进一步的研究和分析，以查明未充分利用优惠原产地规则的具体原因。最不发达国家集团认为成员的共同目标应是更充分地利用优惠政策，并实现可持续发展目标。最不发达国家集团也将继续就某些原产地要求的严格性向委员会提供有关分析和证据，并将其与部长级决定进行对比以便提出最佳做法。关于最不发达国家集团提交的基于税则归类标准变更优惠原产地规则的意见，主席回顾说，委员会在上次会议上根据关税归类的变化，开始审查优惠原产地规则，将现有做法与内罗毕部长级会议决定第 1.2、1.4 和 1.5 的规定进行了对比。坦桑尼亚认为，内罗毕部长级会议决定要求各成员在适用变更或关税归类规则时考虑三个方面。第一，原产地规则应该简单，最好是以关税税目标准的变化为基础。第二，不应包含例外或限制条件，除非这种限制条件是合理的。第三，各成员应对使用同一品目或副品目的材料实行限额限制。秘书处分析了农产品优惠的利用情况以及一系列进口统计数据，认为最惠国税率不是优惠利用率的主要决定因素，而其他方面的特定偏好正在影响利用率。简化所有与原产地有关的要求对于充分利用优惠尤其重要，其中不仅包括原产地标准，还包括运输和证明要求。主席建议委员会继续进行分析，以查明原产地规则与最不发达国家对优惠的利用不足之间的具体联系。孟加拉国表示，在存在某些给予优惠的成员所有产品优惠利用率始终较低以及总体上具有较高利用率但在特定部门中存在利用率不足的问题的背景下，最不发达国家集团建议首先关注瑞士的优惠方案。孟加拉国指出，尽管采用了相同的原产地标准，但瑞士的优惠利用率一直低于欧盟的优惠利用率。坦桑尼亚表示，提高出口商对相关要求的了解和认识将改善贸易优惠的整体利用率。

最后，会议还讨论了关于加强非优惠性原产地规则透明度的问题（文件已载于 G/RO/W/182/REV.1）。在本次会议的前一天，委员会举行了非正式会议以审议该文件。该提案的目标得到广泛支持，同时也有某些成员仍对该提案的某些方面存在疑问。瑞士等成员表示其在原产地规则委员会非正式会议上介绍了修正后的提案，他们认为该修正后提案如果获得通过，将为所有出口商，特别是所有成员的中小企业，以及发展中成员和最不发达成员的中小企业的经营提供便利。多哥代表非洲集团表示，非洲集团的一些成员可能无法在文件中规定的一年期限内达到其通报标准。因此，非洲集团希望在当前提案中引入一条规定，以声明成员未遵守拟议的通报标准不会有任何惩罚性措施。

（二）2019 年 10 月会议议题

2019 年 10 月 17 日至 18 日，原产地规则委员会召开该年度第二次正式会议，本次会议共六项议题。

第一，主席正式向成员介绍了由国际贸易中心、世界海关组织和 WTO 秘书处共同开发的“原产地规则加速器”。它是一个免费的、集中大量信息的在线原产地规则门户，其中包含有关原产地规则和原产地规则实施程序的详细的、标准化的信息。国际贸易中心执行主任表示，国际贸易中心的商业调查显示，原产地规则是小型企业面临的最常见的非关税贸易壁垒之一。“原产地规则加速器”作为世界上最大的原产地规则数据库，它将通过为贸易商提供更高透明度和可预测性的原产地相关信息来帮助企业（尤其是微型、小型和中型企业）充分利用贸易协议。国际贸易中心副执行主任 Dorothy Tembo 认为目前实行的原产地规则和原产地要求的多样性给公司带来了不确定性，并增加了经商成本，而“原产地规则加速器”门户对企业和贸易经营者和决策者都是降低成本和减少不确定性的有用工具。WTO 秘书处表示，“原产地规则加速器”在国家关税细目层次上显示了原产地规则，它可以帮助用户通过键入关键字来找到正确的关税代码。斯里兰卡表示，希望“原产地规则加速器”提供有关贸易救济的信息。美国询问了参与该项目的机构如何使有关信息及时更新。瑞士询问如何将原产地规则加速器与全球贸易服务台联系起来。WTO 秘书处表示有关贸易救济和非优惠原产地要求的信息必须纳入“原产地规则加速器”门户，以使经营者对市场准入条件有更全面、准确的了解。

第二，关于巴厘岛部长级决定的执行情况。乍得表示，委员会开展的工作表明，尽管最不发达成员有资格享受贸易优惠，但仍在缴纳最惠国关税。复杂的原产地规则和原产地要求构成了贸易壁垒。因此，最不发达国家集团将继续主张进行实质性改革，以简化原产地要求。此外，乍得还呼吁所有给予优惠的成员根据部长级决定考虑其原产地规则，并确定进行改革和简化的领域。

第三，会议中主席邀请欧盟向成员介绍注册出口商自认证系统的实施情况。

欧盟委员会表示欧盟认为复杂的认证要求是导致欧盟普惠制未得到充分利用的因素之一。因此，2010 年的改革简化了这些要求，并引入了自我认证。过渡期过后，所有普惠制受益者将从 2017 年、2018 年或 2019 年开始使用该注册出口商自我认证系统。在过渡期间，受惠国主管当局仍将签发“普惠制原产地证”，而已登记的出口商可以自行证明其货物的原产地。目前已经有 40 000 家出口商注册，其中 26 000 家来自印度，7 000 家来自巴基斯坦。然而，一些受益国尽管已度过过渡期却尚未实施注册出口商系统，这些国家的出口商不能再出示“普惠制原产地证”，同时也不能使用注册出口商系统，故目前无法在欧盟、挪威、瑞士和土耳其申请免税待遇。另外，根据注册出口商系统制度，出口商附在商业单据上的原产地声明就足以证明货物的原产地。实际上，原产地声明是出口商在商业单据（例如发票、交货单或装箱单）上附加的一句简明的话，用以说明货物是完全取得的（“W”），或者是所用的任何外国材料都经过充分处理（“P”）。为了使用自我认证，企业必须首先在普惠制受惠国地方当局的数据库中进行注册，注册后会被分配一个单独的注册出口商编号，且该编号必须在原产地声明中引用。它允许用户在欧盟、挪威、瑞士和土耳其的市场上申请优惠。同时，价值在 6 000 欧元以下的出口不需要登记，也不需要注册出口商编号。

第四，对于直接运输规则，柬埔寨代表最不发达国家集团发言，认为过于严格的直接运输规则可能是最不发达国家未充分利用贸易优惠的原因之一。直接运输规则在各成员之间的适用性存在很大差异。多数给予优惠的成员要求最不发达国家提供一些文件证据以表明这些货物尚未进入过境国市场，此类证据可以包括提单、未再加工证明或其他证明文件。但是，取得这类文件对最不发达国家出口商具有挑战性。在这种背景下，最不发达国家集团一直主张采用基于风险管理的做法，即只有在海关当局担心在过境过程中可能发生操纵时，才要求提供未再加工证明或其他证据。柬埔寨认为，欧盟、挪威、瑞士和土耳其所采用的“不改变原则”可能是该领域的最佳做法，其呼吁其他给予优先权的成员将要求朝这个方向改进。所谓“不改变原则”，即欧盟要求在欧盟获得优惠的货物必须与在受惠国获得或制造的货物相同。在过境的情况下，欧盟要求货物继续接受海关监管，海关当局根据风险评估方法评估货物是否需要额外的信息和证据，只有在海关有疑问的情况下才会要求提供书面证据。

第五，委员会审议了一项关于“提高非优惠原产地规则透明度”的提案（文件载于 G/RO/W/182/Rev.1 和 G/RO/W/182/Rev.1/Add.1）。根据该提案，成员将承诺更新其关于非优惠原产地规则和原产地要求的通报。此类通报将按照统一模板编写，使每个成员提供的信息标准化。秘书处将通过一个电子平台提供所接收的所有资料以方便查阅。秘书处将对所收到的资料进行重点审查。目前正在就该提案进行磋商。

第六，关于优惠原产地规则，委员会继续审查 2013 年和 2015 年关于最不发达国家优惠原产地规则的部长级决定（文件载于 WT/L/917 和 WT/L/917/Add.1）的执行情况。委员会注意到给予优惠的成员为执行该决定所做努力的报告。成员们审查了与优惠原产地规则有关的实质性事项，包括：根据关税归类标准的变化制定的规则、瑞士和中国对最不发达成员优惠的直接托运要求和利用率，并为总理事会编写了一份详细的报告（文件载于 G/RO/89）。此外还向最不发达国家小组委员会提交了一份口头报告。

（三）2020 年 3 月会议议题

2020 年 3 月 5 日，原产地规则委员会召开该年度第一次正式会议，本次会议共四项议题。

首先，由世界海关组织秘书处的 Mette Azzam 就世界海关组织和原产地规则技术委员会在 2019 年开展的活动做了报告。她向成员报告，原产地规则技术委员会于 2020 年 2 月 3 日在世界海关组织总部举行了其第 38 届会议，原产地规则委员会在会议上通过了关于技术方面及相关内容的第 21 次定期报告、第 21 次年度审查以及 2019 年原产地规则协议的执行情况。世界海关组织秘书处向原产地规则委员会通报了世界海关组织税收一揽子计划的进展情况。

其次，对于注册出口商系统的实施，欧盟委员会表示一些受益国已经完成向注册出口商系统的过渡并正在使用该系统，如阿富汗、安哥拉、贝宁、刚果、马里、尼泊尔、坦桑尼亚、冈比亚、多哥等。还有一些最不发达成员仍处于过渡时期，例如孟加拉国、柬埔寨、莱索托和塞内加尔。但也有某些最不发达成员尽管过渡期已经结束，但仍未应用注册出口商系统。马里指出，其在遵守领土要求方面面临挑战，因为某些货物在通过邻国科特迪瓦或塞内加尔过境时必须经过某些额外的程序。其还指出，最不发达成员代表团需要进行培训和能力建设支持，以加深对这一领域的原产地规则和不同成员要求的了解。对此，欧盟表示针对上述情况，受益人所需要做的只是向欧盟通报注册公司所在地的地方当局的详细情况，以及将对任何行政合作请求做出答复的地方当局的名称即可。此外欧盟还建立了监督机制，以确保所有受益国得到必要的培训和支持。欧盟没有将最不发达成员排除在外，相反，所有最不发达成员仍然有资格享受优惠，但是由于技术原因，某些最不发达成员暂时被拒绝提供优惠待遇。对于内陆国家，欧盟规则不要求直接托运货物，相反，规则授权商品可以在第三国中转、存储、分割或贴标签，但不可在第三国进一步加工商品。

再次，秘书处强调了其最新的关于最不发达成员优惠原产地规则利用率和直接运输规则说明的主要修订内容（G/RO/W/187/Rev.1）。该说明探讨了优惠利用与直接托运要求的不同变化之间的关系，认为两者之间有直接关系，更严格的直接运输规则导致了低利用率。成员们还听取了秘书处介绍的为应对新冠肺炎疫情而采取的一些临时放宽原产地规则要求的措施。秘书处介绍了阿根廷、欧盟、欧亚经济联盟和日本采取的措施，例如接受电子原产地证书而不是纸质文件，接受副本而不是原件，或者允许追溯签发证书等。加拿大和印度也指出，两国政府也采取了类似的措施来促进贸易。

最后，秘书处还向各成员代表团通报了关于检索与原产地规则有关信息的最新情况，包括 WTO 网站原产地规则网页所做的改进以及最近为使各代表团更容易查阅 WTO 文件而采用的工具（“电子订阅”和“电子登记”）。

（四）2020 年 11 月会议议题

2020 年 11 月 13 日，原产地规则委员会召开该年度第二次正式会议。

原产地规则委员会对《原产地规则协议》的执行和实施情况进行了第 26 次审查（G/RO/W/199/Rev.1），并对最不发达成员优惠原产地规则的执行情况进行了年度审查。委员会还审查了最不发达国家集团关于部长级决定的来文（G/RO/W/198；G/RO/W/202）的最新情况，以及与优惠原产地规则有关的实质性事项，包括：基于从价百分比（增值）标准的规则和最不发达成员在矿物和金属部门优惠的利用率。按照部长级决定的要求，原产地规划委员会已为总理事会编写了一份详细报告，说明这些讨论和最新发展，并将向最不发达成员小组委员会提交一份口头报告。

二、《原产地规则协议》实施与监督情况

2019 年，原产地规则委员会举行了两次正式会议：5 月 15 日至 16 日和 10 月 17 日至 18 日。这些会议的纪要分别载于文件 G/RO/M/72 和 G/RO/M/73。此外，委员会就若干事项，特别是关于增加非优惠原产地规则透明度的提案（G/RO/W/182/Rev.1）举行了非正式会议以及几次小组磋商和双边磋商。已有 50 个 WTO 成员通报秘书处，他们适用非优惠原产地规则；59 个 WTO 成员已通报秘书处，他们不适用任何非优惠原产地规则；其余 27 个 WTO 成员尚未提交任

何通报。

原产地规则委员会通过了适用于最不发达成员的非对等优惠原产地规则通报的具体模板（G/RO/84）。所有获得 WTO 优惠的成员都同意使用该模板提交有关其优惠原产地规则的详细信息。迄今为止，已有 20 个被授予优先权的成员提交了此类通报。

2020 年，原产地规则委员会举行了两次正式会议：3 月 5 日和 11 月 13 日。这些会议的记录分别载于文件 G/RO/M/74 和 G/RO/M/75。2020 年 3 月 4 日，秘书处组织了纪念《原产地规则协议》签订 25 周年的活动。

截至 2020 年，WTO 的 51 个成员已通报秘书处，他们采用非优惠的原产地规则；60 个 WTO 成员已通报秘书处，他们不适用任何非优惠原产地规则；其余 25 个 WTO 成员尚未提交通报。

第七节　进口许可程序协议

一、进口许可程序委员会工作概述

进口许可程序委员会在 2019 年和 2020 年共举行了 3 次会议，时间分别是 2019 年 4 月 4 日、2019 年 10 月 4 日、2020 年 10 月 9 日。

（一）2019 年 4 月会议议题

在 2019 年 4 月 4 日的委员会会议上，成员主要就进口许可的透明度问题进行了讨论。具体而言，成员关注新的进口许可证公布网站和数据库相关问题。秘书处通知各成员，新的网站和数据库正在进行最后确定。在 WTO 的 164 个成员中，已有 138 个成员准备和上传了相关资料，另有 12 个成员的工作正在进行中，其余 14 名成员尚未提交任何资料。同时规定，9 月 30 日为成员提交所需资料的最后期限，以便能够确保网站及时正式开通。在具体的通报规范上，成员还讨论了改进通报模板的问题，日本、中国香港、瑞士、乌克兰、缅甸、中国台湾、印度尼西亚和哥斯达黎加等成员表示已经使用了新的模板形式对其新的进口许可证法和程序进行通报。其中一些成员发言强调，新模板将大大提高通报效率，并帮助成员履行其义务。

除此之外，在会议上成员还提出了一些新的贸易关注，主要涉及以下几个方面。

第一，欧盟和美国对突尼斯于 2018 年 11 月发布的决定对一部分产品实施进口授权措施的规定表示关切，这些产品包括农业和农业食品、纺织品、服装、化妆品、皮革制品、鞋类、玩具和电器产品等。他们认为突尼斯所发布的这项措施没有客观的标准评估。对此，突尼斯答复其贸易部目前正在评估这一决定，并表示愿意与欧盟和美国进行双边接触以解决这一问题。

第二，美国要求多米尼加共和国澄清其农产品进口许可证程序。美国认为多米尼加共和国可能限制了农产品贸易，包括干豆、家禽、奶制品、孵化蛋和土豆等。多米尼加共和国回复，其相关程序规定适用1958年的某项国内法律，该法律要求所有进口植物必须持有农业部颁发的植物检疫合格证书，并且该证书只涉及植物进口的卫生控制，不涉及进口许可问题。

第三，美国还对加纳的家禽进口程序和许可证表示关切。美国表示，加纳似乎正在实行一种非自动进口许可证制度，根据这一制度，家禽产品的进口限制在每月25 000吨以内，这阻碍了合法贸易。加纳表示其愿意与美国进行双边讨论。

（二）2019年10月会议议题

在2019年10月4日的委员会会议上，成员们主要就缅甸对农产品的进口许可要求提出了关注，也重申了对之前提出的贸易问题的关注。具体而言，美国提出，其已经收集到一些证据表明缅甸正在通过不透明的许可证制度限制农产品的进口，其中包括关于非官方和未公布的配额以及对各种农产品进口的其他限制等。缅甸表示将会在后续进行回复。成员还对曾经提出过的某些成员特定进口许可制度表示持续关切，主要包括：印度尼西亚对手机、手持计算机和平板电脑的进口许可证制度、印度对硼酸的许可制度、中国固体废物进口规定、泰国小麦饲料进口规定、印度对某些豆类的定量限制等。

除此之外，会议主席还就提高透明度问题进行了发言，并向成员寻求进一步的意见。中国台湾、日本、欧盟、加拿大和美国等成员均对委员会所做的前期工作表示赞赏，并表示愿意继续就如何提高通报透明度这一问题进行讨论。哥伦比亚鼓励各成员在提交通报时采用新的通报模板，这一模板更加简明，能够使其他成员更直接了解通报的内容。

（三）2020年10月会议议题

在2020年10月9日的委员会会议上，秘书处宣布启动新的进口许可证公布网站和数据库。WTO副总干事易小准在会上为新平台的启动致开幕词，其指出，《进口许可程序协议》是GATT/WTO中历史最悠久的协议之一，最早可追溯到东京回合贸易谈判时期。作为几乎所有政府最常用的贸易政策工具之一，进口许可证的使用已经从最初的实施数量限制等扩展到维护产品质量、环境、消费者福利、公共卫生和国家安全等方面。因此，需要进一步提高透明度，通过信息的获得来提高效率，从而降低出口商和进口商的贸易成本。新的网站和数据库的建立将会大大提高这一重要领域的透明度，并将惠及所有成员，特别是能力和资源有限的发展中成员。

本质上，新数据库是一个综合信息平台，载有所有成员与进口许可证有关的立法、程序和产品信息。该平台将使成员和企业界能够更高效地查找许可信息。在 WTO 信息技术解决方案司（ITSD）的技术支持下，市场准入司的人员设计了新平台的结构，审查和分析了自 1995 年以来成员提交的所有进口许可证通报，并上传了 134 个成员的相关资料。对此，各成员表示该数据库的建设将促进透明度的提高，能够为各成员提供有力的帮助。

二、《进口许可程序协议》实施与监督情况

（一）2019 年协议实施与监督情况

2019 年，进口许可程序委员会主要进行了成员通报审查、举办讨论会、改进通报模板和提供技术援助等方面的工作。

首先，委员会对成员的有关进口许可立法、程序等进行了审查。第一，委员会根据《进口许可程序协议》第 1.4 条和第 8.2 条等的规定，审查了缅甸和塔吉克斯坦两个成员所提交的有关立法修改的通报；第二，委员会根据《进口许可程序协议》第 5.1 条到第 5.4 条的规定，对安哥拉、哥斯达黎加、中国香港、摩洛哥、缅甸、俄罗斯、新加坡、瑞士和乌克兰 9 个成员提交的有关进口许可程序修改的通报进行了审查；第三，委员会根据《进口许可程序协议》第 7.3 条的规定，审查了阿根廷、澳大利亚、加拿大、哥伦比亚、哥斯达黎加、萨尔瓦多、欧盟、格鲁吉亚、印度、哈萨克斯坦、中国澳门、毛里求斯、墨西哥、黑山、尼加拉瓜、巴拿马、新加坡、南非和乌拉圭 19 个成员提交的关于建立新的进口许可程序的通报。

其次，委员会定期举办讨论会以供成员及时交换意见。欧盟先后向中国、泰国提出问题和评论；美国也向多米尼加共和国、加纳和缅甸提出了问题。被提问的成员也就问题进行了书面答复。

再次，提高透明度一直是委员会所关注的一个问题。在这一年度，委员会持续推进通报模板的改进。具体而言，在 2019 年 3 月 8 日，委员会举办了一次非正式会议，就新的通报模板进行了介绍。该模板是依据成员的意见和之前的

最优做法起草的。其后，在 4 月 4 日举行的正式会议上，哥伦比亚、日本、缅甸和中国台湾等成员分享了使用新模板的经验。委员会同意在 G/LIC/W/28 文件中对模板进行详细说明，这一模板由各成员自愿使用。

最后，为缓解部分发展中成员，特别是最不发达成员在履行协议规定的通报义务方面的能力限制，委员会于 2019 年 9 月 30 日至 10 月 4 日在日内瓦举办了进口许可证和通报讲习班。30 个成员参加了该讲习班，并且对讲习班的内容进行了积极的反馈。此外，应个别成员的要求，委员会在巴林、老挝、缅甸、菲律宾和中国台湾还举办了关于进口许可证通报的技术援助讲习班。成员表示，这些技术援助活动不仅增进了对《进口许可程序协议》的总体了解，而且有效地提高了有关行政机构的政府官员编写进口许可通报的能力。

（二）2020 年协议实施与监督情况

2020 年，进口委员会主要进行了成员通报审查、举办讨论会、发布新的通报网站和数据库以及提供技术援助等方面的工作。

首先，委员会对成员的有关进口许可立法、程序等进行了审查。根据《进口许可程序协议》第 1.4 条和第 8.2 条等的规定，委员会对阿根廷、哥斯达黎加、中国香港、印度尼西亚、韩国、中国澳门、摩洛哥、缅甸、菲律宾、沙特阿拉伯、塞舌尔、新加坡、瑞士、列支敦士登、中国台湾、泰国、乌克兰和越南 18 个成员提交的通报进行了审查。另外，根据第 7.3 条的规定，委员会审查了阿尔巴尼亚、巴林、喀麦隆、加拿大、中国、哥伦比亚、哥斯达黎加、古巴、萨尔瓦多、欧盟、中国香港、印度、印度尼西亚、日本、哈萨克斯坦、韩国、中国澳门、马来西亚、毛里求斯、黑山、新西兰、巴拿马、菲律宾、俄罗斯、塞舌尔、新加坡、南非、瑞士、列支敦士登、中国台湾、土耳其、乌克兰、美国和乌拉圭 34 个成员提交的关于建立新的进口许可程序的通报。

其次，委员会通过举办讨论会的形式供成员及时交换意见。美国向多米尼加、埃及、阿根廷和肯尼亚先后进行提问和评论；日本向印度尼西亚发起了提问。被提问成员也就问题做出了书面答复。

再次，委员会于 2020 年 10 月 9 日举办的正式会议上推出了新的进口许可网站和数据库。会议介绍了数据库的基本情况以及委员会等为构建数据库所做出的努力，得到了成员的一致认可。

最后，在技术援助方面，委员会通过举办讲习班和开展高级贸易政策课程的方式推进技术援助。2019 年 10 月以及 2020 年 2 月均在中国澳门举办了进口许可证和通报讲习班。此外，还在日内瓦举办的高级贸易政策课程、在非洲法语国家举办的贸易政策课程等期间就进口许可证问题提供技术援助培训。由于新冠肺炎疫情，2020 年 3 月之后没有举行线下的技术援助活动。2020 年 9 月，委员会通过线上高级贸易政策课程的方式，向加勒比国家进行了进口许可证和通报的相关介绍。

第五章

贸易救济措施

第一节　反　倾　销

一、《反倾销协议》实施情况

（一）反倾销案件情况

根据 WTO 成员向 WTO 通报的反倾销情况，2019 年各成员共发起 214 起反倾销调查，最终实施 146 起反倾销措施。2020 年各成员共发起 349 起反倾销调查，最终实施 113 起反倾销措施。如表 5.1 所示，2020 年全球反倾销调查数量达到高峰，成为自 2001 年以来全球发起反倾销调查数量最多的一年；自 2014 年起，全球反倾销措施的实施数量不断攀升，2018 年成为自 2008 年以来全球实施反倾销措施最多的一年，2019 年全球反倾销措施实施数量相比于 2018 年有大幅下滑。2019 年全球反倾销调查的主要发起成员有印度（59 起）、美国（33 起）、阿根廷（17 起）、中国（14 起）和欧盟（11 起）。2020 年反倾销调查的主要发起成员有印度（92 起）、美国（89 起）、加拿大（24 起）和澳大利亚（18 起）。从反倾销实施情况来看，2019 年全球反倾销措施的主要实施成员为美国（33 起），其后为阿根廷、印度（各为 13 起）、澳大利亚和中国（各为 12 起）。2020 年全球反倾销措施的主要实施成员为美国（21 起）、印度（12 起）和阿根廷（11 起）。

表 5.1　　1995—2020 年 WTO 成员发起反倾销调查和采取反倾销措施的数量

年度	发起反倾销调查的数量	实施反倾销措施的数量
1995	160	121

续表

年度	发起反倾销调查数量	实施反倾销措施数量
1996	226	95
1997	247	127
1998	264	185
1999	357	190
2000	296	236
2001	372	169
2002	311	218
2003	234	224
2004	221	154
2005	199	138
2006	203	142
2007	165	105
2008	218	143
2009	217	143
2010	173	134
2011	165	99
2012	208	121
2013	287	161
2014	236	159
2015	229	182
2016	298	171
2017	249	192
2018	202	203
2019	214	146
2020	349	113
合计	6 300	4 071

资料来源：WTO.Statistics on Anti-dumping. http://www.wto.org/english/tratop_e/adp_e/adp_e.htm.

（二）反倾销通报与审议情况

WTO 反倾销委员会于 2019 年 11 月 20 日和 2020 年 10 月 28 日分别发布了 2019 年（2018 年 10 月 24 日至 2019 年 11 月 20 日）和 2020 年（2019 年 11 月 20 日至 2020 年 10 月 28 日）年度报告，涵盖了 WTO 成员在这两次审议期间有关反倾销的通报情况，以及委员会在 2019 年召开的春季和秋季会议、2020 年召开的秋季会议对成员通报的审议情况等。

根据《反倾销协议》第 18.5 条和反倾销委员会 1995 年 2 月的决定，所有具有全部或部分适用于本协议所涵盖的反倾销调查或复审的新增或现有立法和/或条例的成员，均须将这些立法和/或条例的完整文本向委员会进行通报，还应向委员会通报成员法律和/或法规的变更情况。自 2018 年 10 月 24 日至 2019 年 11 月 20 日，83 个 WTO 成员通报了反倾销法律法规的情况，36 个 WTO 成员通报了其尚无反倾销法律法规，17 个 WTO 成员未进行任何反倾销法律法规的通报。在 2019 年审议期间，委员会审议了巴西、加拿大、厄瓜多尔、日本、肯尼亚、莱索托、马达加斯加、毛里求斯、阿联酋和越南提交的新的立法通报。

根据《反倾销协议》第 16.4 条的规定，WTO 成员应每半年就其在前 6 个月内采取的反倾销行动进行通报。自 2018 年 10 月 24 日至 2019 年 11 月 20 日，有 43 个 WTO 成员通报了在 2018 年下半年采取的反倾销行动，19 个 WTO 成员通报了在此期间未采取反倾销行动；有 44 个 WTO 成员通报了在 2019 年上半年采取的反倾销行动，15 个 WTO 成员通报了在此期间未采取反倾销行动。此外，有 50 个 WTO 成员依照《反倾销协议》第 16.4 和 16.5 条的规定提交了一次性通报。在 2019 年春季与秋季会议上，委员会审议了 WTO 成员对初步和最终反倾销行动的通报。

根据 2020 年的年度报告，自 2019 年 11 月 20 日至 2020 年 10 月 28 日，86 个 WTO 成员通报了反倾销法律法规的情况[①]，34 个 WTO 成员通报了其尚无反倾销法律法规，17 个成员未进行任何反倾销法律法规的通报。在 2020 年审议期间，委员会审议了阿根廷、玻利维亚、哥斯达黎加、加纳、老挝、英国[②]、美国和越南提交的新的立法通报。

自 2019 年 11 月 20 日至 2020 年 10 月 28 日，有 44 个 WTO 成员通报了在

---

① 欧盟作为一个 WTO 成员。

② 英国自 2020 年 2 月 1 日退出欧盟。欧盟以及英国表示，在 2020 年 12 月 31 日前的过渡期内，除少数例外情况，欧盟的法律依旧在英国适用。英国自 2020 年 2 月以来向反倾销委员会独立提交了立法通报。这些通报完全由英国负责并计入已提交立法通报的 WTO 成员数目。

2019 年下半年采取的反倾销行动，16 个 WTO 成员通报了在此期间未采取反倾销行动；有 44 个 WTO 成员通报了在 2020 年上半年采取的反倾销行动，16 个 WTO 成员通报了在此期间未采取反倾销行动。此外，有 51 个 WTO 成员依照《反倾销协议》第 16.4 和 16.5 条的规定提交了一次性通报。受到新冠肺炎疫情的影响，2020 年的委员会春季会议被取消。在 2020 年秋季会议上，委员会审议了 WTO 成员对初步和最终反倾销行动的通报。

（三）反倾销争端情况

2019 年和 2020 年分别有 4 起和 2 起贸易争端案件援引 WTO《反倾销协议》提出磋商请求，详见表 5.2。

表 5.2　　2019—2020 年度反倾销贸易争端情况

争端编号	起诉时间	起诉方	被诉方	涉案产品	争端主题
DS577	2019 年 1 月 28 日	欧盟	美国	成熟橄榄	反倾销和反补贴措施
DS578	2019 年 2 月 21 日	突尼斯	摩洛哥	学校练习册	反倾销措施
DS586	2019 年 7 月 5 日	俄罗斯	美国	优质碳素铜	反倾销措施
DS591	2019 年 11 月 15 日	欧盟	哥伦比亚	冻薯条	反倾销措施
DS596	2020 年 7 月 10 日	秘鲁	巴西	PET 薄膜和一般进口产品	对 PET 薄膜征收反倾销税以及对一般进口产品实施税收差别待遇
DS598	2020 年 12 月 16 日	澳大利亚	中国	大麦	反倾销和反补贴措施

资料来源：WTO. https：//www.wto.org/english/tratop_e/dispu_e/dispu_agreements_index_e.htm？id=A6.

（四）中国实施反倾销的情况

根据 WTO 成员历年通报的反倾销调查数量，中国一直是全球遭遇反倾销调查最多的国家（见图 5.1）。从对中国累计发起反倾销调查数量最多的国家来看，中国遭遇的反倾销调查不仅来自美国、欧盟等发达经济体，而且有很大比例来自印度、阿根廷、巴西等发展中国家。虽然中国是全球反倾销调查主要发起国之一，但相形之下，中国对外发起的反倾销调查数量仍远低于遭遇的反倾销调查数量。

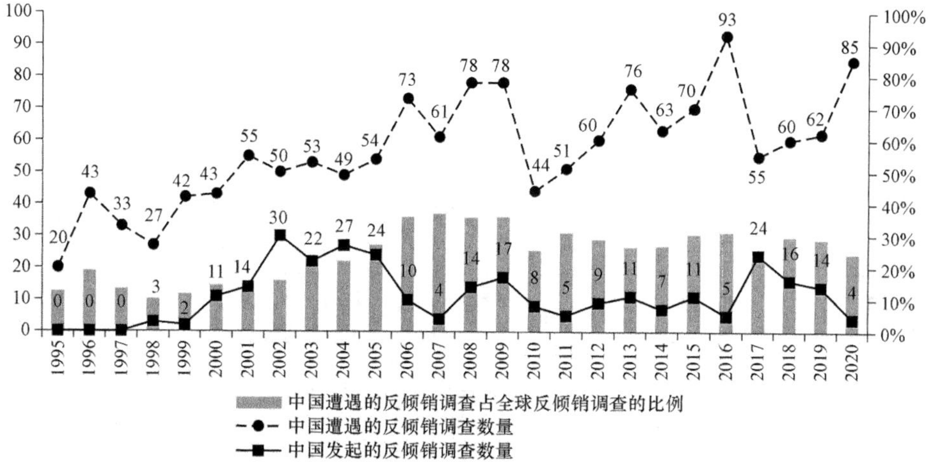

图 5.1　1995—2020 年中国发起和遭遇的反倾销调查数量

资料来源：根据 WTO 网站资料整理，https://www.wto.org/english/tratop_e/dispu_e/dispu_agreements_index_e.htm?id=A6。

表 5.3 列出了中国在 2019 和 2020 年对外发起的反倾销调查情况。从这两年的数据来看，中国对外反倾销调查集中于化学原料和制品行业，目标国集中于美国、日本、韩国、马来西亚和欧盟。

表 5.3　　2019—2020 年度中国发起反倾销调查情况

立案时间	案件名称	被诉方	涉案行业	初裁结论	终裁结论
2019 年 4 月 10 日	中国对马来西亚甲硫氨酸反倾销案	马来西亚	化学原料和制品	未得出	未得出
2019 年 4 月 10 日	中国对日本甲硫氨酸反倾销案	日本	化学原料和制品	未得出	未得出
2019 年 4 月 10 日	中国对新加坡甲硫氨酸反倾销案	新加坡	化学原料和制品	未得出	未得出
2019 年 5 月 30 日	中国对马来西亚聚苯硫醚反倾销案	马来西亚	化学原料和制品	存在倾销，国内产业受到实质损害	未得出
2019 年 5 月 30 日	中国对韩国聚苯硫醚反倾销案	韩国	化学原料和制品	存在倾销，国内产业受到实质损害	未得出
2019 年 5 月 30 日	中国对美国聚苯硫醚反倾销案	美国	化学原料和制品	存在倾销，国内产业受到实质损害	未得出

续表

立案时间	案件名称	被诉方	涉案行业	初裁结论	终裁结论
2019年5月30日	中国对日本聚苯硫醚反倾销案	日本	化学原料和制品	存在倾销，国内产业受到实质损害	存在倾销，国内产业受到实质损害
2019年6月19日	中国对韩国三元乙丙橡胶反倾销案	韩国	化学原料和制品	存在倾销，国内产业受到实质损害	存在倾销，国内产业受到实质损害
2019年6月19日	中国对美国三元乙丙橡胶反倾销案	美国	化学原料和制品	存在倾销，国内产业受到实质损害	存在倾销，国内产业受到实质损害
2019年6月19日	中国对欧盟三元乙丙橡胶反倾销案	欧盟	化学原料和制品	存在倾销，国内产业受到实质损害	存在倾销，国内产业受到实质损害
2019年7月23日	中国对美国正丙醇反倾销案	美国	化学原料和制品	存在倾销，国内产业受到实质损害	存在倾销，国内产业受到实质损害
2019年7月29日	中国对美国间甲酚反倾销案	美国	化学原料和制品	存在倾销，国内产业受到实质损害	存在倾销，国内产业受到实质损害
2019年7月29日	中国对欧盟间甲酚反倾销案	欧盟	化学原料和制品	存在倾销，国内产业受到实质损害	存在倾销，国内产业受到实质损害
2019年7月29日	中国对英国间甲酚反倾销案	英国	化学原料和制品	存在倾销，国内产业受到实质损害	存在倾销，国内产业受到实质损害
2019年7月29日	中国对日本间甲酚反倾销案	日本	化学原料和制品	存在倾销，国内产业受到实质损害	存在倾销，国内产业受到实质损害
2020年8月3日	中国对美国聚苯醚反倾销案	美国	化学原料和制品	存在倾销，国内产业受到实质损害	未得出
2020年8月18日	中国对澳大利亚相关葡萄酒反倾销案	澳大利亚	酒、饮料和茶	存在倾销，国内产业受到实质损害	存在倾销，国内产业受到实质损害
2020年8月31日	中国对美国相关乙二醇和丙二醇的单烷基醚反倾销案	美国	化学原料和制品	存在倾销，国内产业受到实质损害	未得出
2020年9月25日	中国对美国聚氯乙烯反倾销案	美国	化学原料和制品	未得出	未得出

资料来源：中国贸易救济信息网，http://cacs.mofcom.gov.cn.

二、反倾销委员会的会议情况

（一）2019 年春季会议议题

反倾销委员会 2019 年春季会议于 2019 年 5 月 1 日举行。会议期间，委员会审议了成员提交的关于国内反倾销法律的通报，并对成员提交的 2018 年下半年报告进行了审议。针对巴西的半年度报告，乌克兰对巴西分别于 2018 年 10 月 2 日和 2019 年 1 月 16 日启动的对厚板和乘用车轮胎的日落复查调查提出意见。对于加拿大的半年度报告，韩国要求加拿大提供有关韩国出口液体介质变压器、某些碳素和合金钢管道的正常价值审查的信息。关于中国的半年度报告，日本对中国关于不锈钢钢坯、不锈钢热轧板/卷以及立式加工中心两种产品的调查提出质疑。韩国就中国对丁腈橡胶征收的最终反倾销税发表意见。关于欧盟的半年度报告，俄罗斯就欧盟对从俄罗斯进口的尿素和硝酸盐混合物实施的临时反倾销措施提出质疑。对于印度尼西亚的半年度报告，哈萨克斯坦就印度尼西亚对热轧油征收的反倾销税，以及对印度尼西亚关于延长热轧油反倾销措施的决定发表意见。关于美国的半年度报告，韩国重申了对美国针对韩国的调查中认定韩国存在“特殊市场状况”以及采用“不利可得事实”做法的质疑。

会议讨论的议题还包括：欧盟就哥伦比亚对来自比利时、德国和荷兰的冷冻薯条实施的反倾销措施提出质疑。美国就肯尼亚的一项反倾销立法尚未向 WTO 通报发表意见。泰国就美国对泰国的圆形焊接碳钢管实施反倾销措施中的特殊市场状况认定提出质疑，韩国也对此提出质疑。俄罗斯就欧盟反倾销法中从低征税规则的修订①发表意见，中国也对欧盟在出口国市场出现所谓严重扭曲的情况下确定正常价值的新规则提出质疑。俄罗斯对墨西哥在反倾销调查中使用的“非市场经济”规则提出质疑。

（二）2019 年秋季会议议题

反倾销委员会 2019 年秋季会议于 2019 年 11 月 20 日举行。会议期间，委员会审议了成员提交的关于国内反倾销法律的通报，并对各成员提交的 2019 年上半年报告进行了审议。关于欧亚经济联盟成员国（亚美尼亚、哈萨克斯坦、吉尔吉斯斯坦、俄罗斯）的半年度报告，乌克兰就其对原产于乌克兰的进口镀锌扁轧钢产品的反倾销调查结果提出质疑。对于巴西的半年度报告，乌克兰就其

① G/ADP/N/1/EU/3/SUPPL.2－G/SCM/N/1/EU/2/SUPPL.2， G/ADP/N/1/EU/3/SUPPL.3－G/SCM/N/1/EU/2/SUPPL. 3

对原产于乌克兰的进口乘用车轮胎的反倾销措施发表意见。关于加拿大的半年度报告，韩国对加拿大于 2019 年 9 月 10 日发布的对从韩国进口的某碳素和合金铜管的正常价值审查结果提出质疑，并就加拿大对某热轧钢板及石油工业用管材的两起反倾销调查裁定提出意见。关于中国的半年度报告，韩国重申了对中国拒绝使用自产材料实际成本做法的意见；日本就中国对其不锈钢钢坯、不锈钢热轧板/卷发起的反倾销调查以及于 2019 年 3 月做出的初裁提出质疑，并就中国对其立式加工中心的反倾销调查发表意见。对于欧盟的半年度报告，俄罗斯就欧盟对原产于俄罗斯的进口硝酸铵的反倾销措施日落复审提出疑问，俄罗斯还就欧盟对原产于俄罗斯、特立尼达和多巴哥、美国的进口尿素和硝酸铵混合物实施的最终反倾销措施提出意见，此外，俄罗斯指出，在欧盟对来自俄罗斯的进口进行调查期间，未对从每个国家进口的原材料价格扭曲情况进行调查以适用从低征税规则，俄罗斯对此发表意见并重申了欧盟采取反倾销措施远非弥补进口倾销对国内产业损害的初衷。对于印度的半年度报告，日本对印度于 2019 年 6 月发起的镀锡扁轧钢板反倾销调查发表意见。关于墨西哥的半年度报告，哈萨克斯坦对墨西哥的冷轧薄板反倾销措施提出质疑。针对乌克兰的半年度报告，哈萨克斯坦对乌克兰的滚动轴承反倾销调查提出疑问，俄罗斯就乌克兰对其水泥征收的最终反倾销税提出质疑。俄罗斯提出，乌克兰违反 WTO 规则，部分或全部地忽略俄罗斯出口商提供的信息，俄罗斯敦促乌克兰重新考虑其做法，在严格履行 WTO 成员义务的前提下实施反倾销措施。对于美国的半年度报告，韩国就美国调查当局对“特殊市场状况”和“不利可得事实”的使用提出意见。关于成员通报的初步或最终反倾销行动，乌克兰就欧亚经济联盟对其锻造工作辊进行的反倾销措施的日落复审提出质疑。

会议讨论的其他议题包括：巴西就土耳其对其未漂白牛皮纸实施的反倾销措施提出质疑。巴西认为，土耳其对来自美国的未漂白牛皮纸暂停了已经实施的反倾销措施，而对其他来源的同类产品仍然采用反倾销措施，构成了对土耳其纸品出口商的歧视，违反了《反倾销协议》第 9.2 条的规定。土耳其做出了答复，双方将继续进行沟通。

（三）2020 年秋季会议议题

受新冠肺炎疫情的影响，反倾销委员会 2020 年的春季会议被取消。

反倾销委员会 2020 年秋季会议于 2020 年 10 月 28 日举行。会议期间，委员会审议了成员提交的关于国内反倾销法律的通报，并对各成员提交的 2019 年下半年报告及 2020 年上半年报告进行了审议。关于中国的半年度报告，日本就中国对其不锈钢钢坯、不锈钢热轧板/卷征收反倾销税以及于2019年7月做出的终裁提出质疑；澳大利亚就中国对其发起的关于大麦的反倾销调查发表意见。关于埃及的半年度报告，土耳其就其分别于2020年4月16日和2020年6月29日发起的预应力混凝土用钢绞线反倾销调查及机织地毯和其他地面覆盖物反倾销调查发表意见。针对欧盟的半年度报告，中国就欧盟自2019年以来一系列反倾销案件的调查结果提出质疑，这些案件中包括但不限于关于中国的钢轮及玻璃纤维织物产品的反倾销调查；俄罗斯就欧盟"严重扭曲"反倾销规则及其WTO合规性发表意见。关于墨西哥的半年度报告，乌克兰就其对原产于乌克兰的进口热轧钢板、合金和非合金碳钢板以及盘条进行的反倾销调查提出质疑；哈萨克斯坦就其对原产于哈萨克斯坦的冷轧薄板的反倾销措施提出意见。关于菲律宾的半年度报告，土耳其就其对土耳其小麦粉的反倾销措施日落复审发表意见。关于英国的半年度报告，俄罗斯就英国对原产于俄罗斯的某焊缝管的反倾销措施过渡性审查提出质疑；中国就英国脱欧后维持欧盟贸易救济措施的做法发表意见。对于美国的半年度报告，中国就其对中国出口的冷冻暖水虾的反倾销行政复审提出质疑。

会议讨论的其他议题包括：澳大利亚和美国提出新冠肺炎疫情期间成员反倾销程序的调整交流信息；巴西就墨西哥对进口铜版纸实施的反倾销措施提出质疑。

（四）反倾销执行工作组和反规避非正式小组会议

反倾销执行工作组在2019年举行了两次会议，与反倾销委员会于2019年5月和11月的春季和秋季会议联合举行。在2019年5月的会议上，反倾销执行工作组讨论了关于产业损害的议题，包括收集和审查证据以确定进口品倾销与国内产业损害之间的因果关系，以及对国内产业的经济指标进行损害威胁分析。在2019年11月的会议上，反倾销执行工作组讨论了核查程序、在倾销幅度计算和低于成本销售的判定中对财务费用和财务收入的处理、以及低于成本判定中基准价格的确定。新冠肺炎疫情的暴发使反倾销委员会应于2020年4月召开的春季会议被取消，导致反倾销委员会于2020年10月召开的秋季会议议程繁重，因此反倾销执行工作组无法在该审议期间举行另一次会议。

反规避非正式小组在2019年举行了两次会议，与反倾销委员会于2019年5月和11月的春季和秋季会议联合举行。在2019年5月的会议上，澳大利亚介绍了其在开展反规避调查方面的经验，委员们提出问题并发表评论。在2019年11月的会议上，美国介绍了其最近的避税调查，委员们提出问题并发表评论。由于新冠肺炎疫情的暴发，反规避非正式小组并未在 2020 年举行会议。

第二节　反　补　贴

一、《补贴与反补贴措施协议》实施情况

（一）反补贴案件情况

根据 WTO 成员向 WTO 通报的反补贴情况，2019 年各成员发起的反补贴调查的数量有所下降，2020 年各成员发起的反补贴调查数量有所回升。如表 5.4 所示，2019 年全球实施反补贴措施的数量达到 2009 年以来的最高点。

2019 年全球反补贴调查主要发起成员为美国（17 起）和印度（9 起），2020 年全球反补贴调查主要发起成员为美国（30 起）和澳大利亚（7 起）。从最终实施情况来看，2019 年全球反补贴措施主要实施成员为美国（20 起）、印度（5 起）和中国台湾（5 起），2020 年全球反补贴措施主要实施成员为美国（13 起）。

表 5.4　　2009—2020 年 WTO 成员发起反补贴调查和采取反补贴措施的数量

年度	发起反补贴调查的数量	实施反补贴措施的数量
1995	10	19
1996	7	4
1997	16	3
1998	25	6
1999	41	14
2000	18	21
2001	27	14
2002	9	14
2003	15	6
2004	8	8
2005	6	4
2006	8	3

续表

年度	发起反补贴调查的数量	实施反补贴措施的数量
2007	11	2
2008	16	11
2009	28	9
2010	9	19
2011	25	9
2012	23	10
2013	33	13
2014	45	11
2015	31	15
2016	34	24
2017	41	18
2018	55	28
2019	36	35
2020 年	55	24
1995—2020 年合计	632	344

资料来源：WTO.Statistics on subsidies and countervailing measures. https://www.wto.org/english/tratop_e/safeg_e/safeg_e.htm.

（二）补贴与反补贴措施通报与审议情况

WTO 补贴与反补贴措施委员会于 2019 年 11 月 19 日和 2020 年 10 月 27 日分别发布了 2019 年（2018 年 10 月 23 日至 2019 年 11 月 19 日）和 2020 年（2019 年 11 月 19 日至 2020 年 10 月 27 日）年度报告，涵盖了委员会在 2019 年召开的春季和秋季会议情况、2020 年召开的秋季会议情况以及 WTO 成员有关补贴与反补贴的通报情况等。受到新冠肺炎疫情的影响，2020 年春季会议被取消。

补贴与反补贴措施委员会在 2019 年春季和秋季会议以及特别会议、2020 年秋季会议和特别会议上，对收到的 2019 年度补贴通报以及往年的[①]补贴通报做出审议。

① 每两年为一个通报周期，包括 2017 年、2015 年、2013 年、2011 年、2009 年、2007 年、2005 年、2003 年、2001 年和 1998 年。

根据 2019 年年度报告，自 2018 年 10 月 23 日至 2019 年 11 月 19 日，34 个成员依照 WTO《补贴与反补贴措施协议》第 25.1 条的规定通报了 2019 年度补贴措施情况，7 位成员通报了其未保留应通报的补贴。委员会在 2019 年 11 月 19 日举行的特别会议上审议了阿根廷、澳大利亚、巴西、智利、古巴、多米尼加、洪都拉斯、中国香港、印度尼西亚、中国澳门、毛里求斯、黑山、摩洛哥、新西兰、北马其顿、挪威、巴拉圭、菲律宾、新加坡、中国台湾、塔吉克斯坦和泰国的 2019 年通报。

补贴与反补贴措施委员会对成员的反补贴法律法规进行了审议。自 2018 年 10 月 23 日至 2019 年 11 月 19 日，依照 WTO《补贴与反补贴措施协议》第 32.6 条的规定及委员会决议，115 个成员向委员会通报了其国内反补贴法律法规，21 个成员未进行通报。在 2019 年 4 月 30 日和 11 月 19 日举行的春季和秋季会议上，委员会审查了安哥拉、巴西、肯尼亚、马达加斯加、毛里求斯、阿联酋、乌拉圭和越南关于反补贴法律法规的通报。

委员会也审议了各成员对反补贴调查和措施的通报。自 2018 年 10 月 23 日至 2019 年 11 月 19 日，13 个成员通报了在 2018 年下半年采取的反补贴行动，91 个成员通报了在此期间未采取反补贴行动，32 个成员未提交 2018 年下半年关于反补贴行动的通报；11 个成员通报了在 2019 年上半年采取的反补贴行动，88 个成员通报了在此期间未采取反补贴行动，37 个成员未提交 2019 年上半年关于反补贴行动的通报。此外，有 42 个成员提交了一次性通报，表明其没有进行反补贴调查的主管机关，未采取过反补贴行动，并且在可预见的未来不打算采取此类行动。

根据 2020 年年度报告，自 2019 年 11 月 19 日至 2020 年 10 月 27 日，42 个成员通报了 2019 年度的补贴措施情况，11 个成员通报了未保留任何应通报的补贴。委员会在 2020 年 10 月 27 日举行的特别会议上，审查了 2019 年阿根廷、澳大利亚、文莱、布基纳法索、加拿大、中国、厄瓜多尔、萨尔瓦多、欧盟、格鲁吉亚、洪都拉斯、冰岛、印度、日本、约旦、哈萨克斯坦、韩国、墨西哥、摩尔多瓦、北马其顿、菲律宾、俄罗斯、圣卢西亚、瑞典、多哥、土耳其、乌克兰、美国、乌拉圭和越南的年度通报。

自 2019 年 11 月 19 日至 2020 年 10 月 27 日，有 82 个成员将其国内反补贴法律法规向委员会进行了通报，34 个成员通报其尚无此类法规，21 个成员未进行通报。在 2020 年 10 月 27 日举行的秋季会议上，委员会审查了安哥拉、阿根廷、玻利维亚、哥斯达黎加、加纳、印度、老挝、英国、美国和越南的反补贴法律法规通报。针对喀麦隆反补贴法律法规通报提出的书面问题仍保留在10月会议的议程上。此外，委员会在2020年10月17日的秋季会议上继续审查了先前审查过的日本、肯尼亚、利比里亚和阿联酋的反补贴法律法规通报。

补贴与反补贴措施委员会对各成员提交的关于反补贴行动的半年度报告进行了审议。自2019年11月19日至2020年10月27日，10个成员向委员会通报了在2019年下半年采取的反补贴行动，94个成员向委员会通报了在2019年下半年未采取反补贴行动，32个成员未提交关于反补贴行动的2019年下半年度报告；10个成员通报了在2020年上半年采取的反补贴行动，93个成员通报了在此期间未采取反补贴行动，34个成员未提交2020年上半年关于反补贴行动的通报。此外，有44个成员提交了一次性通报，表明其没有进行反补贴调查的主管机关，没有采取过反补贴行动，并且在可预见的未来不打算采取此类行动。

（三）补贴与反补贴争端情况

2019年和2020年各有6起和2起贸易争端案件援引《补贴与反补贴措施协议》提起磋商请求，详情如表5.5所示。

表5.5　　2019—2020年补贴与反补贴争端情况

争端编号	起诉时间	起诉方	被诉方	涉案产品	争端主题
DS577	2019年1月28日	欧盟	美国	成熟橄榄	反倾销和反补贴措施
DS580	2019年3月1日	澳大利亚	印度	糖和甘蔗	反补贴措施
DS581	2019年3月15日	危地马拉	印度	糖和甘蔗	反补贴措施
DS583	2019年4月2日	欧盟	土耳其	药品	关于药品生产、进口和销售的本地化要求、技术转让要求等
DS592	2019年11月22日	欧盟	印度尼西亚	原材料	反补贴措施
DS593	2019年12月9日	印度尼西亚	欧盟	棕榈油以及以油棕作物为基础的生物燃料	对进口棕榈油以及以油棕作物为基础的生物燃料的歧视
DS594	2020年1月31日	日本	韩国	商用船只	反补贴措施
DS598	2020年12月16日	澳大利亚	中国	大麦	反倾销和反补贴措施

资料来源：根据WTO网站资料整理，https：//www.wto.org/english/tratop_e/dispu_e/dispu_agreements_index_e.htm？id=A20。

（四）中国实施反补贴的情况

在 2019 年和 2020 年，中国分别发起 1 起和 4 起反补贴调查，具体如表 5.6 所示。

表 5.6　　2019—2020 年度中国发起反补贴调查情况

立案时间	案件名称	被诉方	涉案行业	初裁结论	终裁结论
2019 年 7 月 29 日	中国对美国正丙醇反补贴案	美国	化学原料和制品工业	存在补贴，国内产业受到实质损害	存在补贴，国内产业受到实质损害
2020 年 8 月 14 日	中国对美国聚苯醚反补贴案	美国	化学原料和制品工业	存在补贴，国内产业受到实质损害	未得出
2020 年 8 月 31 日	中国对澳大利亚相关葡萄酒反补贴案	澳大利亚	酒、饮料和茶	存在补贴，国内产业受到实质损害	存在补贴，国内产业受到实质损害
2020 年 9 月 14 日	中国对美国相关乙二醇和丙二醇的单烷基醚反补贴案	美国	化学原料和制品工业	存在补贴，国内产业受到实质损害	未得出
2020 年 10 月 14 日	中国对美国聚氯乙烯反补贴案	美国	化学原料和制品工业	未得出	未得出

资料来源：中国贸易救济信息网，http://cacs.mofcom.gov.cn/index.shtml.

二、补贴与反补贴措施委员会的会议情况

（一）2019 年春季会议议题

补贴与反补贴措施委员会春季会议于 2019 年 4 月 30 日召开。委员会对成员的补贴与反补贴相关通报进行了审议，各成员也就其他成员提交的半年度报告发表意见。韩国就美国对其冷轧扁钢产品和热轧扁钢产品的反补贴调查提出质疑。2018 年 10 月，美国商务部初步认定韩国钢铁生产商获得了可诉性补贴，但韩国认为美国的判定是不合理的。韩国认为，需求响应资源项目不是一种可诉性补贴，因为它不涉及政府的财政资助，因此不符合《补贴与反补贴措施协议》第 1.1 条规定的条件。同时，美国认为某些税收抵免计划，如韩国的《特别税收法案限制》属于可诉性补贴，虽然这些税收抵免的资格和数额是基于相关条例中明确规定的客观标准来确定，并不满足《补贴与反补贴协议》中第 2.1 条规定的专向性。韩国还提到，美国商务部于 2019 年 2 月确定韩国大直径焊接管

的生产商获得了可诉性补贴，出于与冷轧扁钢产品和热轧扁钢产品类似的原因，韩国认为这些措施的实施不符合 WTO 相关规则。对于需求响应资源项目，美国表示，商务部发现 KPX 与 KEPCO 均为公共机构，因此政府在该项目下提供了财政资助；对于税收抵免计划，美国指出，事实专向性是根据有限的实际领取补贴的对象确定的。美国对韩国的大直径焊管案件也做出了类似的判断。美国要求韩国就这些事项提供书面答复。

2019 年春季会议讨论的议题还包括：加拿大、欧盟、日本和美国对 OECD 发布的《衡量国际市场扭曲：铝价值链》报告中提到的补贴和产能过剩问题发表意见；阿根廷、澳大利亚、加拿大、哥斯达黎加、欧盟、冰岛、日本、韩国、新西兰、挪威、中国台湾和美国对 2017 年部长级会议上规定的渔业补贴通知义务的履行情况提出质疑；欧盟和美国根据《补贴与反补贴措施协议》第 25 条的规定对中国钢铁补贴及透明度向中国提出质疑。此外，委员会还讨论了补贴通报的及时性和完整性问题。

此次会议的其他议题有：墨西哥就美国最近对进口钢发起的反倾销和反补贴调查表示关注。墨西哥认为用于启动调查的资料不够明确。墨西哥指出了申请书中的缺陷、美国商务部和国际贸易委员会裁定中的缺陷和美国国际贸易委员会初裁的缺陷。美国表示，该调查于 2019 年 2 月发起，尚处于早期调查阶段。启动调查的通报提供了受调查产品的说明以及提交有关调查范围的意见的流程。在截止日期前有许多与调查范围相关的意见被提交，因此美国商务部延后了提交意见的截止日期。美国商务部将考虑收到的所有意见，并在启动前进行所有必要磋商。

（二）2019 年秋季会议议题

补贴与反补贴措施委员会秋季会议于 2019 年 11 月 19 日召开。委员会对成员的补贴与反补贴相关通报进行了审议，会议就各成员提交的半年度报告发表意见。委员会主席说，请所有成员最迟于 2019 年 6 月 15 日前根据《补贴与反补贴措施协议》第 25.11 条的规定提交 2019 年 1 月 1 日至 6 月 30 日的反补贴半年度报告（G/SCM/N/349 和 G/SCM/N349/ Suppl.1 号文件）。37 个成员未提交该期间的半年度报告，主席敦促这些成员尽快提交报告。没有成员就澳大利亚、巴西、加拿大、中国、欧盟、印度、新西兰、秘鲁、中国台湾、土耳其和美国提交的半年度报告发表意见。

会议讨论的议题还包括：补贴通报的及时性和完整性问题；加拿大、欧盟、日本和美国就 WTO 和其他国际组织关于补贴与产能过剩问题的讨论发表意见；

阿根廷、澳大利亚、加拿大、欧盟、冰岛、日本、韩国、新西兰、挪威、中国台湾和美国对2017年部长级会议上规定的渔业补贴通知义务的履行情况提出质颖；欧盟和美国根据《补贴与反补贴措施协议》第25条的规定对中国钢铁补贴及透明度问题提出质疑。

（三）2020年秋季会议议题

受新冠肺炎疫情的影响，补贴与反补贴措施委员会2020年的春季会议被取消。

补贴与反补贴措施委员会秋季会议于2020年10月27日召开，委员会审议了成员提交的2019年下半年及2020年上半年的半年度报告，各成员也就其他成员提交的半年度报告发表意见。关于中国的半年度报告，美国就其对原产于美国的进口正丙醇的反补贴调查发表意见；澳大利亚就中国对澳大利亚大麦的反补贴调查发表意见。对于欧盟的半年度报告，埃及就欧盟于2019年5月16日发起的对原产于埃及和中国的进口某机织和/或缝合玻璃纤维织物的反补贴调查以及于2019年6月7日发起的对原产于埃及的玻璃纤维长丝产品的反补贴调查提出质疑；中国也指出，中国金融机构向埃及出口商提供的任何贷款均不属于中国政府的财政捐助。关于美国的半年度报告，中国指出，2019年下半年及2020年上半年，美国对中国做出了23次反补贴裁定。中国认为，美国一直在采用某种不合理且不符合WTO规则的反补贴调查模式。中国还提到，这些问题源于补贴与反补贴规则的不明确，中国就补贴与反补贴规则的完善发表意见。

2020年秋季会议讨论的议题还包括：加拿大、欧盟、日本、挪威和美国对OECD发布的《衡量国际市场扭曲：半导体价值链》报告中提到的补贴和产能过剩问题发表意见；欧盟和美国根据《补贴与反补贴措施协议》第25条的规定对中国钢铁补贴及透明度问题提出质疑；欧盟和美国还就中国补贴透明度及《中国加入议定书》中规定的透明度义务的执行情况向中国提出质疑。

第三节　保 障 措 施

一、《保障措施协议》实施情况

（一）保障措施案件情况

根据WTO成员向WTO通报的保障措施情况，2019年各成员新发起30起保障措施调查，实施12起保障措施，是2009年以来发起保障措施调查及实施保障措施数量最多的一年。2020年各成员新发起23起保障措施调查，实施12

起保障措施（见表 5.7）。2019 年发起保障措施调查的成员为印度尼西亚（5 起）、马达加斯加（4 起）、印度（3 起）、乌克兰（3 起）、摩洛哥（2 起）、菲律宾（2 起）、俄罗斯（2 起）以及哥伦比亚、哥斯达黎加、厄瓜多尔、埃及、危地马拉、约旦、巴拿马、沙特阿拉伯、南非（各 1 起）；实施保障措施的成员为马达加斯加（2 起）以及加拿大、埃及、欧盟、印度尼西亚、摩洛哥、菲律宾、俄罗斯、沙特阿拉伯、南非、土耳其（各 1 起）。2020 年发起保障措施调查的成员为菲律宾（5 起）、乌克兰（4 起）、印度尼西亚（4 起）、土耳其（2 起）、南非（2 起）以及美国、英国、泰国、秘鲁、马来西亚、埃及（各 1 起）；实施保障措施的成员为印度尼西亚（5 起）、摩洛哥（2 起）以及哥斯达黎加、南非、马达加斯加、土耳其、乌克兰（各 1 起）。

表 5.7　1995—2020 年 WTO 成员发起的保障措施调查和实施保障措施的数量

年度	发起保障措施调查的数量	实施保障措施的数量
1995	2	0
1996	5	1
1997	3	3
1998	10	5
1999	15	5
2000	25	7
2001	12	9
2002	34	14
2003	15	15
2004	14	6
2005	7	6
2006	13	7
2007	8	5
2008	10	6
2009	25	10
2010	20	4
2011	12	11
2012	24	6

续表

年度	发起保障措施调查的数量	实施保障措施的数量
2013	18	8
2014	23	11
2015	17	11
2016	11	6
2017	8	9
2018	16	7
2019	30	12
2020	23	12
合计	400	196

资料来源：WTO.Statistics on safeguard measures.https：//www.wto.org/english/tratop_e/safeg_e/safeg_e.htm.

（二）保障措施通报与审议情况

WTO 保障措施委员会分别于 2019 年 11 月 18 日和 2020 年 10 月 26 日发布了 2019 年度报告与 2020 年度报告，报告涵盖了委员会的年度会议情况，以及在 2019 年度审议期间（2018 年 10 月 23 日至 2019 年 11 月 18 日）和 2020 年度审议期间（2019 年 11 月 18 日至 2020 年 10 月 26 日）WTO 成员有关保障措施的法规与行动通报和审议等情况。

根据《保障措施协议》第 12.6 条的规定，WTO 成员应及时向保障措施委员会通报有关保障措施的法律、法规和行政程序以及上述法律、法规或行政程序的任何修订。自 2018 年 10 月 23 日至 2019 年 11 月 18 日，116 个 WTO 成员通报了审议期间的保障措施法律法规情况（其中 47 个成员无新的相关法规或对相关法规的修订），20 个 WTO 成员尚未进行相关通报。在 2019 年度审议期间，委员会审议了安哥拉、巴西、加拿大、肯尼亚、马达加斯加、阿联酋和越南通报的（新制定或修订的）相关法规文本。

保障措施委员会也收到并审议了对保障措施相关行动的通报，包括对发起保障措施调查、实施保障措施和不采取措施终止调查的通报。自 2018 年 10 月 23 日至 2019 年 11 月 18 日，22 个 WTO 成员向保障措施委员会通报发起了保障措施调查，其中 10 个成员向委员会通报实施了临时保障措施，15 个成员向委员会通报实施了最终保障措施（包括实施建议及延长现有措施的决定），4 个成员向委员会提交了不采取措施终止调查的通报。

自 2019 年 11 月 18 日至 2020 年 10 月 26 日，72 个 WTO 成员通报了审议期间的保障措施法律法规情况（其中 46 个成员无新的相关法规或对相关法规的修订），19 个 WTO 成员未进行相关通报。在 2020 年度审议期间，委员会审议了玻利维亚、哥斯达黎加、加纳、印度、老挝、汤加、英国、越南、津巴布韦通报的（新制定或修订的）相关法规。针对喀麦隆和利比里亚的保障措施法律法规通报提出的书面问题仍保留在十月会议的议程上。此外，委员会在 2020 年 10 月的会议上继续审议了先前审议过的肯尼亚和阿联酋的相关法规通报。

保障措施委员会对各成员发起的保障措施调查和最终采取的保障措施进行了审议。自 2019 年 11 月 18 日至 2020 年 10 月 26 日，22 个 WTO 成员向保障措施委员会通报了保障措施调查情况，其中 3 个成员向委员会通报实施了临时保障措施，11 个成员向委员会通报实施了最终保障措施（包括实施建议及延长现有措施的决定），9 个成员向委员会提交了不采取措施终止调查的通报。

（三）保障措施争端情况

2019 年 WTO 成员之间没有涉及保障措施的贸易争端。2020 年有 1 起贸易争端援引《保障措施协议》提出磋商请求（见表 5.8）。

表 5.8　　2019—2020 年保障措施贸易争端情况

争端编号	起诉时间	起诉方	被诉方	涉案产品	争端主题
DS550	2020 年 3 月 13 日	土耳其	欧盟	某些钢铁产品	保障措施

资料来源：根据 WTO 网站资料整理，https：//www.wto.org/english/tratop_e/dispu_e/dispu_agreements_index_e.htm。

二、保障措施委员会会议情况

（一）2019 年春季会议议题

保障措施委员会 2019 年春季会议于 2019 年 4 月 29 日举行。会议期间，委员会审议了各成员关于保障措施法规和具体行动的通报，各成员也就通报内容发表意见和提出问题。

在此次会议上，成员就近几年保障措施数量仍处于较高水平表示关切。日本对发展中成员和发达成员越来越多地在钢铁等部门使用保障措施等贸易限制性措施表示关切。日本指出，以报复性措施回应其他成员的贸易限制措施会阻碍世界贸易，对进出口企业造成损害。所有成员都应避免使用与 WTO 不一致的贸易限制性措施。成员应当在满足 WTO 规定的前提下诉诸保障措施。日本要求委员会继续密切监测保障措施调查情况。韩国指出许多正在实施的保障措施并未满足 WTO 规定的严格的程序性和实体要求。鉴于钢铁是许多工业链的重要投入，韩国担心对钢铁行业的保障措施将冲击下游行业，韩国要求成员在采取保障措施时保持克制。澳大利亚也对此表示关切，并强调保障措施适用于公平贸易货物的进口，是受到严格条件约束的紧急行动。澳大利亚指出部分成员在进行保障措施调查通报的同时采取临时保障措施，在一些情况下，部分实施了临时保障措施的成员最后并未实施最终保障措施。澳大利亚认为这种行为扰乱了贸易，降低了可预测性。中国台湾提醒各成员，保障措施是贸易救济措施中的一个独特工具，因其适用于公平贸易，因此要求各成员严格遵守《保障措施协议》。

此次会议上，欧盟对摩洛哥关于涂布木板的保障措施调查提出质疑。欧盟指出，首先涂布木板进口的增加仅仅反映了国内需求的增加，并非是“不能合理预见的情况”，对因果关系的存在表示怀疑；其次，额外增加的进口来源于一个国家，因此对于本案来说，使用反倾销工具更为合适。欧盟要求摩洛哥在不采取不正当措施的情况下终止调查。针对欧盟的质疑，摩洛哥表示调查仍在进行中。

各成员在此次会议上还就建议实施保障措施的通报进行了讨论。委员会于 2019 年 4 月 2 日向各成员提供了相关的解释性说明和相关通知的修订汇编。此次讨论只涉及那些在保障措施问题上有具体决策机构的成员；此次讨论也并非让各个成员就协议的解释展开辩论；讨论的目的不是提供一个批评其他成员做法的机会，而是确定最佳做法。大部分成员赞同鼓励成员进行两次通报的提议：一是通报已提出的建议；二是通报该建议的执行情况。许多成员认为该举措是提高透明度的有效方式。此外，韩国对欧亚经济联盟成员国和土耳其针对钢铁产品启动的保障措施调查提出质疑。俄罗斯也就土耳其针对钢铁产品的保障措施调查提出质疑。

（二）2019 年秋季会议议题

保障措施委员会 2019 年秋季会议于 2019 年 11 月 18 日举行。会议期间，委员会审议了各成员关于保障措施法规和具体行动的通报，各成员也就通报内容发表意见和提出问题。

在此次会议上，许多成员对保障措施的频繁使用表示担忧。日本、韩国、澳大利亚再次对该问题表示关切。此外，瑞士指出保障措施是影响公平贸易的紧急措施。瑞士认为某些成员诉诸保障措施来处理由于全球钢铁产能过剩以及一些国家采取的贸易限制措施引起的贸易转移。在当前世界钢铁市场形势下，成员纷纷采取贸易保障措施，导致出口市场相继受到限制，瑞士受到了连带伤害。瑞士敦促成员避免诉诸保障措施，除非满足严格的前提条件。美国指出本次会议涉及的保障措施调查及最终措施达到了创纪录的45个，2019年各成员共发起了27起保障措施调查，数量为WTO历史上的第二高。美国在最近的调查中注意到了一些有问题的做法，要求成员遵守《保障措施协议》规定的义务。中国对各成员频繁使用保障措施作为保护主义工具的做法表示关切，敦促各成员在满足保障措施的前提条件之前不要采取保障措施。

此次会议上，土耳其提出美国于2018年3月23日对进口钢铁和铝采取保障措施后，土耳其要求根据《保障措施协议》进行磋商，但这一请求遭到拒绝。因此，土耳其决定依照《保障措施协议》第8.2条的规定中止同等程度的减让。而后美国于2019年5月降低了对土耳其钢铁的附加关税，土耳其也同步降低了对美国的关税。然而美国并不认同将其措施定性为保障措施，因此其他成员不能根据《保障措施协议》对美国采取报复性措施。美国拒绝对该问题发表更多意见，美国正积极通过争端解决程序应对包括土耳其在内的WTO成员的报复性措施。巴西对哥伦比亚关于纸板和聚乙烯的保障措施调查提出质疑。哥伦比亚表示欢迎有关各方发表意见，并延长了发表意见的时限。哥伦比亚已经决定不采取临措施，但将继续进行调查。哥伦比亚表示将继续为各方提供表达其关注的机会，并继续与巴西进行磋商。此外，土耳其、瑞士对欧盟针对某些钢铁产品的保障措施提出质疑。

（三）2020年秋季会议议题

受新冠肺炎疫情的影响，保障措施委员会2020年的春季会议被取消。

保障措施委员会2020年秋季会议于2020年10月26日举行。会议期间，委员会审议了各成员关于保障措施法规和具体行动的通报，各成员也就通报内容发表意见和提出问题。

在此次会议上，许多成员就保障措施数量的增加表示关切。日本、韩国、澳大利亚再次对该问题表示关切。日本指出近来保障措施等贸易限制措施有所增加，部分原因是因为新冠肺炎疫情的暴发，但与WTO规定不一致的贸易限制措施会导致其他成员采取报复性措施，成员都应避免使用与WTO不一致的贸易限制性措施。日本还对一些成员未能及时向 WTO 通报其相关措施及决定的做法表示关切。此外，中国指出，保障措施成为频繁使用的贸易保护工具。中国敦促成员在满足 WTO 规定的前提下诉诸保障措施。中国认为进一步完善保障措施的相关规则十分必要，同时建议委员会继续加强监督职能并提出必要的建议，以指导成员实现最佳实践。

此次会议上，印度、日本、欧盟和土耳其就美国对钢铁和铝采取的措施提出质疑。印度指出，美国于 2020 年 1 月 24 日发布公告，声明将对钢铁衍生品和铝衍生品加征关税，该措施实质上是保障措施。中国和俄罗斯也对美国的措施表示关切。但美国并不认同将其措施定性为保障措施。瑞士就英国对某些钢铁产品采取的保障措施发表意见。巴西提醒各成员就不实施保障措施的情况向委员会进行通报的重要性，澳大利亚也对该问题表示关切。

第六章

服务贸易、投资与知识产权

第一节 服 务 贸 易

一、2019 年以来服务贸易谈判的发展

2019 年以来，WTO 重点针对服务贸易的市场准入问题进行多轮谈判，谈判内容涉及旅游服务、环境服务、金融服务、物流服务以及农业服务等多个方面。另一方面，国内规制工作组就各国如何协调各种许可证、资格要求、程序流程、技术标准这一问题进行了讨论，并顺利完成了对国内规制谈判案文的修订。此外，WTO 就服务领域应对新冠肺炎疫情进行了相关谈判。

（一）有关市场准入的谈判

1. 旅游及相关服务市场准入的谈判

在 2019 年 4 月 8 日举行的服务贸易理事会特别会议的非正式会议上，WTO 成员就旅游和相关服务市场准入的提案进行谈判。该提案强调了旅游业对经济发展和贸易，特别是对发展中经济体的重要性。该提案由智利、墨西哥、新西兰和巴拿马提出，这些成员在 2018 年的信件往来表明他们在此之前就建议各代表团针对当前不同领域的问题交换意见，参与有关旅游及相关服务市场准入的探索性讨论。在会议上，各代表团对该文件做出回应，提出了不同的看法。一些代表团表达了对服务市场准入问题的关注，并指出谈判在涉及各方利益的领域进展较慢。

2. 环境服务市场准入的谈判

WTO 服务谈判代表根据澳大利亚、加拿大、墨西哥、新西兰和瑞士在 2019 年 9 月 30 日举行的服务贸易理事会特别会议的非正式会议上的提案，就与环境

服务有关的市场准入问题进行了谈判，强调环境服务在帮助政府应对气候变化和实现联合国可持续发展目标方面的作用。共同提案国在提案中指出，消除环境服务贸易壁垒将减少执行环境政策的成本，并有助于政府实现环境目标。在WTO 用于服务的分类系统中，环境服务包括污水及垃圾的处理、卫生、减噪、废气净化以及环境保护服务。

鉴于现有的环境服务市场准入承诺水平不高，共同提案国表示将努力改善WTO 成员根据 GATS 在各自时间表中对该部门做出的相关市场准入承诺。在164 个 WTO 成员中，有 59 个成员（将欧盟视为一个成员）至少在某些环境服务方面做出明确承诺。部分提案国还强调了今后谈判中要重视发展中国家利益，同时一些代表团表示在进行该议题的谈判时必须考虑到其他领域的谈判情况。

3. 物流与金融服务贸易的市场准入问题

在 2020 年 12 月 9 日举办的服务贸易理事会特别会议的非正式会议上，WTO 成员就物流与金融服务有关的市场准入问题进行了谈判。谈判源自成员提交的两份新文件，其中强调了金融服务部门对世界贸易和经济增长的重要性。此外，在此次会议上，WTO 成员集中讨论了中国的一项新文件，其中强调了物流服务的经济重要性以及 GATS 中成员所做承诺的相关性。

在有关金融服务贸易的市场准入问题谈判上，WTO 成员对澳大利亚、加拿大、瑞士和英国提出的新来文进行了辩论，呼吁就与金融服务有关的市场准入问题进行讨论。共同提案国提请注意改善成员在金融服务领域的市场准入承诺的可能性。成员们基于该部门近年来经济、政策和技术发展的基础，参与讨论并达成共识：从保险和银行业到资产管理和金融咨询服务，金融服务是经济增长和全球贸易（包括商品贸易）的关键推动力。WTO 同时强调了金融服务行业在帮助成员减轻新冠肺炎疫情大流行影响方面的积极作用。

（二）应对新冠肺炎疫情大流行的相关服务贸易谈判

在 2020 年 12 月 9 日举办的服务贸易理事会特别会议的非正式会议上，成员们恢复了与农业有关的服务贸易谈判。成员继续辩论澳大利亚、加拿大、智利、新西兰和乌拉圭提交的来文，强调与农业有关的服务对农业生产和价值链的重要性。该文件提醒成员注意农业、林业服务、狩猎、兽医等服务和食品分销服务及有关服务（例如代理服务、批发贸易和零售）在服务贸易中的重要地位。同时该文件还强调了农业服务对成员经济的重要性，特别是考虑到新冠肺炎疫情大流行带来的挑战。

（三）国内规制谈判的发展

1. 服务贸易国内规制工作组完成对谈判案文的修订

国内规制工作旨在提高服务贸易效率并提高透明度和可预测性。工作内容涉及服务提供商的许可和资格要求、提供服务的程序和技术标准。2020 年 12 月 18 日，服务贸易国内规制谈判主席、来自哥斯达黎加的 Jaime Coghi Arias 分发了修订后的谈判案文，以反映 2020 年在国内规制方面取得的进展。他强调，鉴于 2021 年举行的第 12 届 WTO 部长级会议承诺“所有参与者都将提供重大成果”，明年对国内规制工作的谈判将是至关重要的。

国内规制工作的目的是创建良好的监管惯例，以减轻授权服务提供程序的任何意料之外的贸易限制影响。在 12 月 10 日的会议上，与会人员同意在谈判文本中澄清这些原则建立在 GATS 的基础上，并且不减少该协定中包含的任何义务。

2. 泰国作为首个东盟成员国加入服务贸易国内规制的谈判

参加服务贸易国内规制谈判的 WTO 成员于 2020 年 11 月 11 日举行的会议上欢迎泰国作为第 63 个参与者加入服务贸易国内规制谈判。服务贸易国内规制谈判的参与国家既包括发达国家也包括发展中国家，占世界服务贸易总额的 73% 以上。泰国是加入该谈判的第一个东盟成员国，其国内服务业增加值占其国内生产总值的 60%。泰国代表表示加强国内监管纪律将有助于促进服务贸易便利化，并且有助于提高服务贸易透明度和可预测性。根据世界银行最新的年度评级，泰国是服务法规改革的主要领导者之一，在世界银行最新的营商环境中排名第 21 位。

二、2019 年以来服务贸易政策的实施与监管

2019 年，服务贸易理事会的关注重点集中在最不发达成员服务豁免的实施和电子商务领域，同时理事会还对成员提出的服务贸易和监管的发展进行了讨论。透明度问题也逐渐成为讨论的焦点，各成员对该议题的讨论集中在如何遵守该规定。对此，WTO 官方网站上综合贸易信息门户（I–TIP）数据库所提供的数据可在提高透明度问题上提供一定的帮助。

最不发达成员服务贸易豁免在 2019—2020 年的服务贸易理事会会议议程上占据了重要地位。服务贸易豁免要求成员在特定的服务领域内，给予最不发达成员的服务供应商以更优惠的待遇。2019 年举办的四次会议，均讨论了最不发达成员服务贸易豁免的实施问题。服务贸易理事会于 2019 年 10 月 29 日至 30

日还举行了专门会议，以审查有关最不发达成员服务贸易豁免通知的优惠措施的实施情况。本届会议包括一个讲习班和一次理事会正式会议，在讲习班上，成员和利益攸关方交流了与最不发达成员服务贸易有关的信息。最不发达成员服务供应商面临基础设施限制、资金短缺以及高昂保险费等问题。缺乏对签证、居留和工作许可要求等方面的认可也是最不发达成员亟须解决的出口障碍之一。最不发达成员集团强调了他们在服务出口方面缺乏必要的信息和数据，并呼吁 WTO 秘书处在数据提供方面做出改善。此外，研讨会多次提到国内监管环境、吸引外商投资和数字基础设施的重要性。

截至 2019 年底，理事会共收到成员向最不发达成员的服务供应商提供的 24 份优惠通知。最不发达成员服务贸易豁免的实施是理事会会议议程上的常设项目，在下次会议上将继续讨论这一问题。

在 2020 年 10 月 2 日的会议上，最不发达成员集团就服务贸易豁免提出了一些新的想法。首先，该集团建议理事会组织一次虚拟研讨会，将最不发达成员服务供应商和最不发达成员服务消费者聚集在优惠成员中。最不发达成员请临时秘书处主席就拟议的研讨会举行磋商，他们建议研讨会在 2021 年第一季度举行。其次，该集团计划在 2020 年 11 月组织一次关于新冠肺炎疫情对最不发达成员服务供应影响的网络研讨会。最后，该集团请求秘书处协助更新最初为 2019 年专门会议编写的最不发达成员服务贸易信息。成员们表示愿意讨论最不发达成员集团的有关建议，但鉴于这些建议的新颖性，要求其以书面形式提供更多细节。

服务贸易理事会关于电子商务的讨论集中在与贸易相关的跨境数据传输、数字鸿沟问题，以及 WTO 成员在这些领域的经验。在 2019 年 3 月的会议上，中国介绍了其最新的《电子商务法》。美国报告了与老挝就数字经济问题提出的倡议，澳大利亚分享了关于“技术未来”数字经济战略。许多成员表示将继续加强当前工作，并将重点放在与发展中成员和最不发达成员有关的问题上。在 2019 年 6 月的会议上，美国提交了一份关于“跨境数据流动的经济效益”的文件，成员就数据跨境自由流动与风险展开讨论。在 2019 年 10 月的会议上，中国提出了一个关于电子商务与扶贫的案例。在 2020 年 7 月的会议上，理事会就如何提高企业和消费者的数字能力展开讨论，会议再次强调电子商务对促进经济增长的重要作用。

服务贸易理事会还讨论了中国与越南的网络安全监管问题。在 2019 年 3 月的服务贸易理事会会议上，应日本和美国的请求，理事会恢复了中国的网络安全措施，日本和美国表示将会持续关注中国的《中华人民共和国网络安全法》（以下简称《网络安全法》）及其实施情况。在2019年10月的会议上，再次讨论了中国的网络安全措施问题，包括中国于2019年10月通过的《中华人民共和国密码法》。在2020年7月和10月的会议上，理事会再次就中国和越南正在制定的各种网络安全措施展开讨论。

服务贸易理事会就如何履行GATS的规定，提高透明度进行了进一步的探讨。在2019年3月的会议上，所有发言的成员都强调了透明度的重要性。在2019年10月的会议上，理事会听取了非洲、古巴、印度和阿曼关于“WTO透明度和通知要求的包容性做法”的建议。共同提案国强调了透明度对WTO运作的重要性。秘书处就主要的可实行措施提供了一份情况说明，并参考了成员对透明度条款的若干建议总结。

（一）金融服务的审议

在2019年10月28日金融服务贸易委员会上，交流了中国提议举办的“金融科技：贸易、金融包容性和发展”专题研讨会。该提案得到了成员的广泛支持。按照各成员的建议，主席将就拟议的活动方案进行磋商。2020年7月14日委员会继续讨论了研讨会的后续进展。

在2019年金融服务贸易委员会上，中国代表团表示，金融部门的新兴技术（所谓的“金融科技”）正在改变支付、融资、交易、金融信息和咨询等领域的金融服务供应。“金融科技”可能在扩大金融服务贸易方面发挥关键作用。

在金融服务贸易与发展方面，2020年7月14日，服务贸易委员会继续探讨中国代表团对于“金融科技”的阐述，邀请各成员分享他们关于金融服务贸易与“金融科技”关系的经验和意见。服务贸易委员会也将持续探索“金融科技”在发展过程中的影响，研讨会确定了可进一步开展工作的领域，以加深成员对“金融科技”如何有助于缩小数字鸿沟的理解，这对于发展中成员和最不发达成员的可持续发展目标至关重要。

在金融服务监管方面，2020年7月14日，中国代表团表示，“金融科技”正在推动金融发展。金融服务的创新正在推动新的商业模式。在这方面，中国坚持包容审慎监管的原则，支持发展新的商业模式。“金融科技”的迅速发展可能使现有的监管框架过时，因此，各国政府应密切关注技术的演变，确保监管符合行业发展需要。中国在WTO各机构，包括服务贸易理事会、货物贸易理事会和有关电子商务的联合声明倡议中提出了若干与电子支付有关的建议。这些建议旨在减少电子支付障碍，为发展电子支付服务创造一个安全、稳定、公平竞争的环境。

（二）具体承诺的审议

在 2020 年 7 月 1 日和 2020 年 10 月 1 日的会议上，服务贸易委员会对具体承诺的执行情况、日程安排展开了讨论。

1. 执行情况

2020 年 3 月 5 日，美国提议委员会审查 GATS 附表中记载的有附加条件的承诺，以提高承诺的透明度。委员会就美国的提案进行了初步讨论。在 2020 年 10 月 1 日的会议上，委员会商定了一种循序渐进的办法，即秘书处首先编写一份事实汇编，说明成员日程和计划中所包含的有条件承诺。然后，委员会将对拟议工作的下一步骤进行审议。

2. 日程安排

委员会审议了在 GATS 下的具体承诺表中被列入"非约束性"条目的问题，这些条目通常在跨境支付模式下规定，意在表示"由于缺乏技术可行性而不做出承诺"。由于最新技术发展，许多成员日程中列入的"非约束性"条目的服务成为可服务贸易，瑞士表示有兴趣就此问题进行讨论，并在自由贸易协定中分享其做法。

继 2019 年 3 月 7 日吉尔吉斯的文件后，委员会就与自然人流动模式有关的日程安排问题进行了实质性讨论。2020 年委员会继续审议了在自然人流动模式下的日程安排问题，该日程安排最初在吉尔吉斯的文件中确定。印度重申了其对这些问题的立场，并表示其有兴趣在这方面进行进一步的讨论。

第二节　投 资 措 施

一、《与贸易有关的投资措施协议》相关谈判

在 GATT 乌拉圭回合谈判开始以前，贸易和投资的联系在 GATT 框架下很少受到各成员的关注，直到 2000 年 11 月底在美国西雅图举行的 WTO 第三届部长级会议在新一轮谈判议程中列入了投资和贸易问题的议题，但由于各种原因"新千年回合"的谈判宣告失败。"与贸易有关的投资措施"议题自提出以来，就在发达成员和发展中成员之间引起了巨大争议。发达成员坚持要将投资措施纳入乌拉圭回合谈判中，但发展中成员认为 GATT 约束的是贸易措施，投资措施不在其范围之内，这一争议一直到乌拉圭回合谈判开始前夕才达成妥协，最

终同意谈判，但是谈判内容限定在较窄范围内。

与贸易有关的投资措施是乌拉圭回合多边贸易谈判的 3 个新议题之一，乌拉圭回合谈判达成的 TRIMs 是迄今为止国际社会制定和实施的第一个与国际直接投资措施有关的多边货物贸易协议，这个协议对于进一步推动国际投资与贸易的开展具有重要意义。有关投资措施的谈判既可以促进成员国际直接投资与贸易的发展，同时又基于发展中成员和最不发达成员的经济发展的现实及需要，对他们的经济利益进行了一定的保护。TRIMs 第 7.1 条规定委员会每年会举行不少于一次的会议。几年来，委员会在春季和秋季每年定期举行两次会议。

乌拉圭回合谈判期间达成的这项协定只适用于影响货物贸易的措施。它认识到某些投资措施可能具有贸易限制和扭曲作用，因此声明任何成员不得实施 GATT 第 3 条（国民待遇）或第 11 条（数量限制）所禁止的措施。附件说明清单中所列不一致措施的例子包括本地含量或贸易平衡要求。该协定包括过渡性安排，允许各成员在协议生效后的有限时间内维持已通知的关税减免额（发达成员为两年，发展中成员为五年，最不发达成员为七年）。该协议设立了一个投资委员会，以监测这些承诺的执行情况。

二、2019—2020 年投资措施谈判进展及焦点问题讨论

2019 年以来，与贸易有关的投资措施委员会在成员的支持下举办的投资措施会议的内容如表 6.1 所示。

表 6.1　　2019 年以来主要会议事件

时间	会议事件
2019 年 6 月 6 日	WTO 成员在投资委员会中审查其他成员本地含量要求
	美国、欧盟和日本对中国发布的《网络安全法》要求的本地含量表示担忧
	欧盟、美国与日本对印度尼西亚 4G/LTE 移动设备和基站的本地含量要求表示担忧，澳大利亚表示关切
	美国、日本、欧盟和澳大利亚对印度尼西亚能源行业中的某些条款表示关切
	欧盟与日本对印度尼西亚《贸易法》和《工业法》表示关切，澳大利亚表示将持续关注
	欧盟、日本和美国对印度尼西亚现代零售业的本地含量最低要求提出质疑，澳大利亚表示关切

续表

时间	会议事件
2019 年 6 月 6 日	美国对印度尼西亚电信部门的本地含量要求表示担忧
	美国和欧盟对俄罗斯的进口替代政策表示关切
	墨西哥和欧盟对阿根廷加强汽车零部件行业体制提出质疑
2020 年 9 月 15 日	美国、欧盟和日本再次对印度尼西亚的本地含量要求表示关切
	美国和欧盟再次对俄罗斯的进口替代政策表示关切

资料来源：根据 WTO 网站资料整理，https://www.wto.org/english/tratop_e/invest_e/trims_e.htm。

（一）WTO 成员在与贸易有关的投资措施委员会中审查其他成员本地含量要求

在 2019 年 6 月 6 日举行的与贸易有关的投资措施委员会会议上，WTO 一些成员对其他成员提出的本地含量要求表示关注。一些成员认为，有关渔业、移动和医疗设备以及零售、汽车和医药产品的某些国内立法可能违反 WTO 规则。

（二）中国发布的《网络安全法》要求引发关注

美国、欧盟和日本表示，中国发布的《网络安全法》对与网络安全措施有关的商品的本地含量要求限制了中国公司购买其选择的技术的能力，并减少了外国投资者的市场准入。成员们说，这将违反中国加入 WTO 时承诺的平等对待国内和进口商品的义务，也就是国民待遇原则。TRIMs 和 GATT1947 第 3 条都禁止国内立法要求公司购买或使用当地生产的产品。美国要求中国澄清新措施草案如何涵盖其在委员会先前会议上提出的关切，该问题于 2016 年 6 月首次提出。

美国对中国的《网络安全法》和相关的实施措施表示关注，其认为这些法律似乎要求本地化，并对这些措施是否与中国根据 TRIMs 协议承担的义务保持一致提出质疑。美国表示对 2017 年 6 月 1 日生效的《网络安全法》及相关的措施存在担忧，其中包括通过网络安全审查机制并按照“安全可控”要求，限制包括外国投资者在内的在华经营企业购买其选择的技术的能力，要求购买中国技术而不是外国技术。对于美国来说，这样的标准对外国投资者和信息通信技术产品贸易都不利，因而对中国的 TRIMs 义务具有潜在的影响。

欧盟与美国一样，表示将对中国的网络安全立法持续关注，其中包括旨在实施该法律的各种指南和行政措施。欧盟有待就网络 MLPS 问题对中国提出质疑，并对中国在 2017 年 6 月发布的《网络安全等级保护条例》草案表示关切。因此，欧盟要求中国提供有关该措施草案以及《网络安全法》其他实施规则的最新动态，尤其是是否以及如何解决关键问题。

日本同美国和欧盟提出的关切一样。关于《网络安全法》，日本还关注中国可能通过适用于关键基础设施的多层次保护要求，或通过关于网络产品和服务的安全性和可控性的审查程序，要求使用源自中国的产品。日本要求中国阐述“多层次保护要求”和“安全与可控性”的含义。

中国表示，网络安全威胁是世界上每个国家都会遇到的常见问题。中国认为有必要进行网络安全保护，以确保国家安全、经济和公共安全与健康。在这种情况下，对中国而言，已经实施了网络安全法和相关的支持措施。中国表示，它不是唯一保护网络安全的国家，并指出美国也有网络安全法律，例如 2014 年《网络安全增强法》和《国家基础设施保护计划》。

因此，中国认为无须质疑网络安全立法的必要性。关于“安全和可控”的关切，中国强调《网络安全法》和相关措施不包含任何本地含量要求，并没有要求购买中国技术而不是外国技术。中国表示其意图是规定和实施《网络安全法》和相关措施，不是限制外国企业、技术或产品的市场准入，而是维护网络空间的主权和国家安全，维护社会公共利益，保护中国公民、法人和其他组织的权益。中国表示，在《网络安全法》起草过程中，有关法律法规以及 WTO 的透明度义务得到充分遵守，起草过程的公开性和透明性得到保证，并且已经征求了公众意见，并给予美国、日本和其他关注的成员和利益相关者以发表评论的机会。

（三）印度尼西亚关于 4G/LTE 移动设备和基站的本地含量要求引发关注

在会议上，美国表示将继续关注印度尼西亚对 4G/LTE 移动设备和基站采用和实施本地含量要求的情况。尽管美国自 2015 年 4 月起在 WTO 的 TRIMs 委员会中以及在其 TIFA 会议中提出了这一问题，但它表示印度尼西亚尚未回答该问题或解决其关注的问题。美国表示，希望多年后印度尼西亚将停止对本地含量做出要求。

欧盟对印度尼西亚工业部 2017 年 29 号法规所包含的 4G/LTE 移动设备的本地含量要求表示担忧。印度尼西亚政府解释，采用此法规计算本地含量百分比是为了保证设备安全，但欧盟认为要求使用国内产品与产品安全之间没有任何合理的关系，并再次表明希望印度尼西亚根据 WTO 规则修改其立法，而不是继续拖延。

日本表示，印度尼西亚工业部 2016 年第 65 号法规要求的本地含量要求明显与 GATT 第 3.4 条的规定以及 TRIMs 第 2.1 条的规定不一致，因为该法规迫使公司必须满足一定水平的本地含量要求才能在印度尼西亚销售手机。日本认为，应取消 4G/LTE 移动设备的本地含量要求。澳大利亚表示将关注此问题，并且正在监视法规的状态和实施情况，包括在其他 WTO 委员会中的情况。

（四）印度尼西亚能源行业中的某些条款引发关注

关于能源部门（采矿、石油、天然气和可再生能源）的某些规定，美国和欧盟对使用本地含量的要求表示关切。其中，令美国深为担忧的是，尽管一直对印度尼西亚在采矿、石油和天然气或高科技行业中使用本地含量的要求表示关注，但印度尼西亚政府并未停止使用这种方法，并不断扩展适用领域，在可再生能源领域（例如太阳能发电厂）也使用了类似的要求。

日本和欧盟对《采矿法》的情况表示关注。日本表示，矿业公司获准出口镍矿石的期限暂定为 5 年。除了限期外，矿业公司还必须满足某些条件，包括他们必须在 5 年内建造自己的冶炼厂，并且至少有 30%的冶炼矿石将供应印度尼西亚国内市场。考虑到这些要点，日本认为这一措施仍与 GATT 规则不符。日本表示，它将继续密切关注这些矿石出口的情况。

澳大利亚仍对能源方面的所有权撤资要求、将工作合同转换为特殊采矿营业执照的措施以及对外籍雇员获得批准的限制表示关注。澳大利亚认为，这些法规给在印度尼西亚运营的外国和印度尼西亚采矿企业带来了不确定性，正在更广泛地影响投资者的信心。

（五）印度尼西亚《贸易法》和《工业法》引发关注

欧盟表示，印度尼西亚政府 2014 年通过了《贸易法》和《工业法》，并于 2015 年通过了第一套放松管制的措施。但欧盟尚未收到有关实施放松管制措施清单的明确信息，也未收到放松管制的一揽子计划如何影响当前有关本地含量要求的信息。

日本对《贸易法》和《工业法》与 WTO 协定的一致性表示关注。日本表示，这些法律应按照 WTO 规则执行，并表示将密切监测其执行情况，包括制定执行细则。日本还要求印度尼西亚概述这些法律的实施条例，包括已经颁布和尚未颁布的法律以及上次会议所提及的法律。澳大利亚对这两部法规对印度尼西亚使用贸易救济措施意味着什么表示关切。

（六）印度尼西亚零售业的最低本地含量要求引发关注

关于零售业，美国指出，正如自 2013 年以来在以前的会议上所说的那样，印度尼西亚对零售公司提出了非常高的本地含量要求，即他们出售的商品中80%或85%必须是印度尼西亚本地生产。同时，令欧盟感到遗憾的是，有关零售部门最低本地含量要求的法律仍在生效。迄今为止，仍没有收到印度尼西亚政府根据相关法规已批准了多少项豁免，是否有计划对该行业的新法律草案进行更新，是否以及如何修改规则等信息。

日本表示，它对现代零售业感到担忧。日本回顾说，日本曾在以前的会议上反复解释，它对现代零售业的最低本地含量要求与GATT第3.4条和TRIMs协议第2条的一致性表示关切，并敦促印度尼西亚取消这一措施。日本还要求对豁免标准做出一些澄清。

瑞士、中国台湾和澳大利亚对此表示关注。根据澳大利亚的理解，尽管在某些情况下在这些措施中规定了一些豁免，但本地含量要求仍然会扭曲澳大利亚的一系列商品贸易。澳大利亚要求印度尼西亚确保以与TRIMs规定的义务相一致的方式执行这些措施，并要求印度尼西亚提供有关执行方面任何进展的最新资料。

（七）印度尼西亚电信部门的本地含量要求引发关注

美国表示，印度尼西亚多年来一直在为持牌电信服务供应商实施本地含量要求。根据美国的说法，2009年印度尼西亚通信和信息技术部实施了两项规定国内购买要求的法规，即印度尼西亚通信和信息技术部第41号法规（日期为2009年10月16日），要求印度尼西亚电信运营商至少50%的总资本支出应为基于本地零件的网络开发或服务，以及印度尼西亚通信和信息技术部第07号法规（于2009年1月19日发布）中对无线宽带部门的本地含量要求规定为30%到50%。

针对美国、欧盟等成员对印度尼西亚4G/LTE移动设备和基站、能源行业、《贸易法》和《工业法》、零售业以及电信部门某些法规存在的担忧和关注，印度尼西亚表示，该国吸引的外国投资仍然保持强劲，从2016年的40亿美元增加到2017年的230亿美元，仅2019年第一季度就吸引外资60亿美元。印度尼西亚说，这些措施遵循了联合国可持续发展的目标，特别是在改善公共卫生方面。印度尼西亚补充说，正在准备答复成员的问题。

（八）俄罗斯的进口替代政策引发关注

美国表示，相比于其他关切，它更关注的是俄罗斯方面明显扩张其本土化措施的消息。美国质疑其私营公司优先考虑从俄罗斯采购商品是否符合WTO规则。

欧盟重申自2016年6月首次讨论该问题以来对此问题密切关注。欧盟表示，根据 WTO 的规定，成员禁止制定歧视国民与外国经营者的措施，即授予俄罗斯公司特殊的授权程序或价格优势。欧盟还对俄罗斯关于渔业和水生生物资源保护的立法表示关注，根据该立法，俄罗斯似乎向使用该国制造的船舶的公司提供了捕捞配额形式的补贴。

美国还要求俄罗斯阐明其有关汽车行业的新战略，包括在俄罗斯同意在 2018 年 7 月前逐步取消其汽车投资激励计划后，俄罗斯现有法规是否符合 TRIMs 的规定。

俄罗斯重申，其使用的工具和涉及政府实体购买的商品的有关措施符合 WTO 的规则，并符合其在 2012 年加入 WTO 时所做的承诺。俄罗斯还重申，汽车投资激励计划已经终止，而且正如先前在与 WTO 有关成员进行磋商时所提到的那样，没有计划制定新的措施来取代这些计划。

（九）阿根廷对汽车零部件行业的支持政策引发关注

墨西哥和欧盟表示，阿根廷向偏向采购本地汽车零部件的私营公司授予财政优惠的计划具有贸易扭曲性，不符合 TRIMs 的规定，要求阿根廷提供有关该计划、近期立法发展及其实施的更多细节。

阿根廷表示，该法律自 2016 年生效以来，已有 6 家公司符合该计划的条件。如果编制分析这些措施影响的报告，阿根廷将分享报告结果。

（十）印度尼西亚和俄罗斯的本地含量要求再次引发关注

在 2020 年 9 月 15 日举行的 TRIMs 会议上，若干 WTO 成员继续对印度尼西亚和俄罗斯在多个领域（包括移动和医疗设备、零售、汽车和医药产品）的本地含量要求提出质疑，认为其违反了 WTO 国民待遇原则和 TRIMs 的规定，一些对此表示关切的成员将具体措施列入了会议讨论议程。

美国、欧盟和日本共同提出对印度尼西亚本地化措施进行全面审查，涉及到印度尼西亚一系列部门的本地含量要求。提出该议程的代表团强调，他们关切的是印度尼西亚要求使用本地产品，违反了印度尼西亚的 WTO 义务。考虑到新冠肺炎疫情的发生，美国要求印度尼西亚在 2021 年春季的 TRIMs 会议上向成员通报全面审查的结果。作为回应，印度尼西亚表示已经开始全面审查其本地化措施，但由于新冠肺炎疫情，审查结束的时间尚不确定。

美国和欧盟共同对俄罗斯的本地含量要求表示关切，包括国有企业采购的相关措施。美国表示，俄罗斯明显扩大了本地化措施，要求私营企业优先考虑来自俄罗斯的商品、服务和工程而不是进口，这违反了俄罗斯的 WTO 义务，美国对此表示关注。欧盟了解到，俄罗斯目前正对国有企业采购规则进行全面改革，并敦促俄罗斯确保这些措施能够将政府采购和国有企业的商业活动明确区分开。作为回应，俄罗斯坚称其措施旨在提高俄罗斯的竞争力，符合其 WTO 义务。同时强调，新冠肺炎疫情的发生需要国家对关键基础设施采取某些相关行动，以减轻负面影响。

第三节 知识产权

WTO《与贸易有关的知识产权协定》（TRIPs）是最为全面的知识产权多边协定。它在促进知识与创意的贸易、解决知识产权贸易争端以及确保 WTO 成员实现国内政策目标的灵活度方面发挥着核心作用。与贸易有关的知识产权理事会负责管理和监督 TRIPs 的实施。理事会每年召开定期会议，成为成员讨论贸易与知识产权关键问题的论坛。随着新冠肺炎疫情在全球的大规模暴发，公共健康被提到了空前的高度，知识产权保护和公共健康的相互联系也越来越多地在理事会会议及相关研讨会中被提及。

一、知识产权部分焦点议题进展

（一）TRIPs 与公共健康

TRIPs 与公共健康是 WTO 持续讨论的问题。2019 年末新冠肺炎疫情的暴发深刻影响了世界经济和贸易格局，并对全球知识产权保护和公共卫生提出了全新的挑战，也使得 TRIPs 与公共健康成为 2019—2020 年间 WTO 各类会议所讨论的焦点问题之一。

1. 专题研讨会

2019 年 7 月 2 日至 4 日，WTO 秘书处与世界卫生组织、世界知识产权组织和西非教育组织委员会合作，在达喀尔为西非经济货币联盟成员举办了“公共卫生、知识产权和政府采购”区域研讨会，讨论加强发展中国家获得医疗技术的知识和能力。与会者就如何简化知识产权和政府采购规则的执行工作提出了建议，以促进创新，并为药品和医疗技术的获得提供便利。

2019 年 10 月 31 日，在由 WTO 主办，世界卫生组织和世界知识产权组织共同合办的专题研讨会上，与会者讨论了先进医疗技术对促进全民医疗覆盖以及实现有关健康的联合国可持续发展目标的重要性。这次活动标志着 WTO、世界卫生组织和世界知识产权组织之间已开展了长达十年的合作。研讨会以“先进医疗技术：机遇与挑战”为题，讨论了医疗领域的科技进步如何为人类健康状况带来了前所未有的改善，同时指出国家间和国家内面临着预期寿命与生活质量持续不平等的重大挑战。与会专家强调，为了弥合这些差距，并解决不断演变的全球疾病问题，专注需求驱动的研究、针对特定疾病的技术进步以及新疗法的可获得性和可负担性是至关重要的。

2020 年 10 月 21 日，WTO 举办了第一期“应对新冠肺炎疫情的卫生、贸易和知识产权综合方法”技术研讨班。研讨班旨在提升 WTO 成员评估国内医疗系统、知识产权制度和贸易政策背景的能力，协调一致地运用这些工具应对疫情。

2. 与贸易有关的知识产权理事会会议

在 2020 年 7 月 30 日举行的与贸易有关的知识产权理事会会议上，WTO 成员强调了多边知识产权制度在激励医疗技术和研究创新以及增强全球应对新冠肺炎疫情能力方面的价值。在 2020 年 10 月 15 日至 16 日的与贸易有关的知识产权理事会会议上，WTO 成员讨论了如何最好地利用全球知识产权制度应对新型冠状病毒肺炎。

在 2020 年 12 月 10 日与贸易有关的知识产权理事会会议上，WTO 成员同意继续讨论印度和南非提出的针对新冠肺炎疫情暂时豁免某些 TRIPs 义务的提案（IP/C/W/669）。提案最初由南非和印度于 10 月 2 日提交，此后得到肯尼亚、埃斯瓦蒂尼、巴基斯坦、莫桑比克和玻利维亚代表团的支持。对提案的全面讨论首先于 10 月 15 日至 16 日的与贸易有关的知识产权理事会上进行，随后在 11 月 20 日和 12 月 3 日的非正式会议上也进行了讨论。WTO 成员交换了意见，但尚未就提案达成一致意见。支持者认为，知识产权保护阻碍了疫苗紧急扩大生产，并重申许多成员——特别是发展中成员——在利用 TRIPs 灵活性时可能面临体制和法律困难，这对于药品进出口构成较大阻碍。一些发展中成员和发达成员反对这项豁免建议，指出没有具体迹象表明知识产权是获取新冠肺炎相关药物和技术的真正障碍，知识产权只是影响新冠肺炎疫苗生产和销售的诸多因素中的一个。

3. 相关报告发布

2020 年 10 月 15 日，WTO 秘书处发表了一份新的情况说明，题为《TRIPs 与新冠肺炎》，阐述全球知识产权制度与新冠肺炎疫情的关系，及其可能对抗击疫情做出的贡献。该说明概述了自疫情危机以来 WTO 成员和其他利益相关方采取的与知识产权有关的措施。

2020 年 11 月 20 日，WTO 秘书处发布了两份图解，生动地指出在研制和交付新冠肺炎疫苗的各阶段所涉及的关键贸易问题，以促进对贸易政策如何助力安全、高效和高质量的疫苗及时向全球分配的探讨。

2020 年 12 月 22 日，WTO 秘书处发布了一份说明，对两份图解中的关键议题进行进一步阐述，分析了有关新冠肺炎疫苗生产、制造和有效使用等若干问题，探讨了贸易政策如何在新冠肺炎疫苗的研发过程中发挥作用。报告阐明了新冠肺炎疫苗对全人类健康的重要作用，并列出疫苗从研发到交付的七大流程及其间可能涉及的全球价值链贸易问题。WTO 秘书处也对 4 月 3 日首次发布的《应对新冠肺炎疫情的医药产品贸易情况》报告进行了更新。更新版报告展示了 2020 年上半年来自 97 个经济体的贸易数据，并与 2019 年同期进行对比。报告还加入了关于口罩的一个特别案例分析。作为交易量巨大的产品，口罩已成为抗击新冠肺炎疫情最显著的标志。

（二）电子商务

在 1998 年 5 月的 WTO 第二届部长级会议上，部长们认识到不断增长的全球电子商务为贸易创造了新的机会，通过了《全球电子商务宣言》，指示 WTO 总理事会制定一项全面的工作方案，审查与全球电子商务有关的所有贸易问题。部长们还宣布，成员将继续实行不对电子传输征收关税的做法。在 1998 年 9 月，WTO 总理事会通过了《电子商务工作方案》。总理事会定期根据该方案执行机构的报告，对工作方案进行审议。同时 WTO 成员在每届部长级会议上定期延长电子传输关税的暂停征收措施，并继续在货物贸易理事会、服务贸易理事会、TRIPs 理事会和贸易与发展委员会处理与电子商务有关的问题，作为电子商务工作方案的一部分。

2019 年 12 月 10 日，在总理事会会议上，成员同意在第 12 届部长级会议之前，维持目前不对电子传输征收关税的做法，并继续依据 1998 年电子商务工作计划开展工作。

2020 年 7 月，南非提交了一份文件（IP/C/W/665），呼吁根据 2019 年 12 月总理事会的决定，重振 1998 年电子商务工作计划，并将这一问题列入与贸易有关的知识产权理事会的常设项目。南非表示，这将有助于更深入地讨论成员先前已达成一致的问题。同时南非强调，知识产权会对国家发展产生影响，因此知识产权与发展之间的关系，以及与各个可持续发展目标之间的关系，都需要纳入与贸易有关的知识产权理事会的讨论。例如，快速发展的智能设备和数字化接口在 3D 打印、可穿戴设备、自动化、机器人和云计算中的运用，都有助于世界经济数字化发展，而新冠肺炎疫情加速了这一趋势。南非也提出，数字鸿沟阻碍了发展中成员融入数字价值链，同时数字转型会对传统部门造成冲击而导致严重的社会经济后果。成员们认识到这一建议的价值，对此表示支持，但一些成员反对将其作为常设项目列入总理事会议程，认为总理事会从未停止在这些问题上的工作，成员在必要时提出这一问题也不受到任何阻碍。

（三）国家间技术转让

实现技术转让和传播是 TRIPs 的目标之一。TRIPs 的第 66.2 条要求发达国家成员为其企业提供奖励，以促进向最不发达成员转让技术。自 2001 年的多哈部长决议以来，WTO 设立了专门的技术转让问题工作组，就贸易与发达成员向发展中成员技术转让之间的关系、增进技术向发展中成员流动的途径等问题进行讨论，并在与贸易有关的知识产权理事会下建立审查机制，监督该条款的实施，要求发达成员每 3 年提交一次新的报告，提供关于激励措施在实践中如何运作的信息，并在期间年份对报告进行更新。

在 2019 年 2 月 13 日的与贸易有关的知识产权理事会会议上，WTO 秘书处宣布推出新的 e-TRIPs 通报提交系统，为成员提供了一个提交通报、审查材料和报告的线上工具。此次会议也讨论了为回应最不发达成员的需求而促进技术转让的激励措施。

在 2020 年 2 月 6 日的与贸易有关的知识产权理事会会议上，WTO 成员继续详细讨论如何最好地履行 TRIPs 中有关向最不发达国家转让技术的义务。成员们还注意到新的 e-TRIPs 平台在加强通报工作和促进透明度义务履行方面产生了积极影响。

在 2020 年 7 月 30 日的与贸易有关的知识产权理事会会议上，乍得代表最不发达成员集团提交了一份文件（IP/C/W/664），提议采用一个新的模板对 TRIPs 第 66.2 条下向最不发达成员的技术转让进行年度报告。拟议的模板旨在简化报告过程，同步目前的报告变化，并提供发达成员做出实质性贡献的确切证据。最不发达成员集团认为，虽然一些成员做出了努力，但第 66.2 条的执行仍然没有从形式和实质上达到 TRIPs 的要求。他们注意到，发达成员提交的一些报告没有清晰阐明激励措施的性质，也没有阐明这种激励措施是否会带来向最不发达成员充分的技术转让。

（四）最不发达成员的特殊需求

鉴于最不发达成员的特殊需要和要求，其经济、财政和管理的局限性，以及其为创立可行的技术基础所需的灵活性，TRIPs 在第 66.1 条免除 WTO 最不发达成员在过渡期内履行保护和实施知识产权的实质性义务（第 3、第

4 和第 5 条除外)。过渡期起初为 TRIPs 生效后 10 年,但根据第 66.1 条的规定,最不发达成员有权出于正当动机请求延长过渡期限,并由与贸易有关的知识产权理事会审理和批准延期。

应最不发达成员集团的请求,WTO 两次对所有最不发达成员依 TRIPs 第 66.1 条享有的过渡期进行了延长。在 2005 年 11 月 29 日,与贸易有关的知识产权理事会经审议决定将这一期限延长至 2013 年 7 月 1 日;在 2013 年 6 月 11 日,决定将最不发达成员的过渡期进一步延长 8 年(至 2021 年 7 月 1 日,或直到某一国家在 2021 年之前不再属于最不发达成员),同时未来有进一步延长缓冲期的可能。在于 2020 年 10 月 16 日举行的与贸易有关的知识产权理事会会议上,乍得代表最不发达成员集团呈交了一份提案,指出最不发达成员面临着新冠肺炎疫情带来的生存危机,呼吁 WTO 将实施 TRIPs 的过渡期再延长 12 年,从 2021 年 7 月 1 日起算。

在 TRIPs 与公共卫生方面,与贸易有关的知识产权理事会根据 2001 年《TRIPs 和公共卫生多哈部长宣言》将最不发达成员履行 TRIPs 中与药品有关的某些义务的过渡期延长至 2016 年,于 2002 年正式通过这一决议。2015 年 11 月,与贸易有关的知识产权理事会做出决议,将这一过渡期进一步延长至 2033 年 1 月 1 日,或直到某个成员在 2033 年之前不再属于最不发达成员。作为补充,总理事会还决定豁免最不发达成员在 TRIPs 第 70.8 和 70.9 条下有关"邮箱"(mailbox,即使没有专利保护,也允许发明人提交专利申请)和"独家销售权利"的某些特定义务。

(五)非违反之诉和情势之诉

非违反之诉和情势之诉是 WTO 争端解决机制中比较有特色的规则,如果一个 WTO 成员实施了某项措施,致使另一成员依照 WTO 协定合理预期的利益受到抵消或损害,即使该项措施并没有违反 WTO 协定,利益受到抵消或损害的成员仍然有权依照 WTO 争端解决程序提起申诉。非违反之诉适用于货物和服务,但在现行规定下尚不适用于知识产权。根据 TRIPs 第 64.2 条的规定,自《建立 WTO 协定》生效之日起五年(即 1995 年至 1999 年)内,非违反之诉不适用于 TRIPs 下的争端解决,同时 WTO 成员可向部长级会议提出延长该条款的建议。自此,由于成员未就 TRIPs 下的非违反之诉和情势之诉的范围和方式达成协议,这一规定已经历了多次的延长。

在 2019 年 2 月 13 日和 6 月 6 日召开的与贸易有关的知识产权理事会会议上,就这一问题,成员代表仍坚持各自的原有立场,但令人鼓舞是,成员愿意建设性地讨论非违反之诉和情势之诉如果适用于 TRIPs,其范围和方式会是什么样。在2019年10月17日至18日举行的与贸易有关的知识产权理事会会议上，WTO成员继续就这一问题进行了讨论，但无法就非违反之诉条款的下一步发展方向达成一致。智利、哥伦比亚、新西兰和巴拿马提交了一项提案，要求将这一规定的期限延长至第12届部长级会议，一些成员在此次会议中表示支持，但其他成员则表示倾向于按照先前的预期，在2019年年底之前终止这一规定。在2019年12月10日的TRIPs理事会会议上，WTO成员同意将TRIPs规定的暂停使用非违反之诉和情势之诉的期限延长至第12届部长级会议。

（六）知识产权与创新

自2012年以来，应澳大利亚、加拿大、智利、中国台湾、欧盟、中国香港、日本、新加坡、韩国、瑞士和美国的请求，TRIPs理事会定期将知识产权和创新问题列入会议议程。2019年召开的几次与贸易有关的知识产权理事会会议都就这一问题进行了讨论。

WTO成员继续讨论知识产权在推动更具包容性的创新方面的作用，包括品牌建立、创意产业和公私合作模式的知识产权政策。一些成员指出，创新不只局限于发明。正如世界知识产权组织和联合国教科文组织所定义的，创新包括在商业实践中实施一种新的或显著改进的产品（商品或服务）或工艺、一种新的营销方法或在商业实践、工作场所组织或对外关系中实施的一种新的组织方法。在这一背景下，探索创意产业和品牌的作用就很重要。这些成员提出，随着发展中经济体更多地参与创意产品的贸易，且预计到2050年，世界人口的68%将生活在城市地区，有弹性的创新政策应包括具体的区域和农村品牌创建和推广战略，以应对不断变化的经济和地理环境。成员们还举例说明了公共部门如何通过国家和区域一级的品牌建立与推广战略支持私营部门，知识产权在地方创新和公私合作方面应发挥的作用，以及利用当地知识产权创造创新商业模式的经验。

一些成员强调，创意产业，包括表演和文学艺术，以及设计、媒体和娱乐业，在贡献经济价值和丰富文化方面发挥着重要作用。然而，由于许多艺术家和中小企业不熟悉自己的知识产权以及如何利用知识产权发展业务，因此针对这一问题，公共部门可以支持他们保护和利用知识产权，包括为他们的推广战略和知识产权管理提供支持。

一些成员认识到知识产权为创新提供了激励，但强调知识产权只在某些情况下有效，我们需要在两者之间取得适当的平衡，即提供创新激励和确保由此产生的利益以公平的方式促进社会利益。

在2020年2月6日和10月20日的与贸易有关的知识产权理事会会议上，成员提议在知识产权与创新议题中，重点讨论通过商标提高中小企业竞争力这一主题。提议成员强调，中小微企业作为创新、产业竞争力和国际贸易的主要来源，在大多数经济体中发挥着关键作用。在新兴市场，初创企业等小公司能够创造出创新性的产品和服务，并对技术和产业结构的剧烈变化做出迅速反应。它们还通过与大中型企业的合作，为开放式创新做出贡献。然而，大多数中小微企业缺乏知识产权意识，缺乏人力、财力资源和经验来制定知识产权战略，也没有全面地对其知识产权进行注册。这些企业也缺乏资源和经验以应对知识产权侵权。与贸易有关的知识产权理事会会议中的辩论旨在促进对这些问题的知识和经验交流。成员们分享了中小微企业通过建立和实现对最高质量知识产权的最佳利用来开展业务的例子，以及政府如何通过鼓励此类实践来支持中小微企业扩大业务。

二、涉及TRIPs的贸易争端

从WTO成立到2020年底，各成员提起的贸易争端案件中共有41起涉及TRIPs，其中2019—2020年间共2起贸易争端案件。

（一）DS583：土耳其——关于药品生产、进口和销售的具体措施

申诉方：欧盟

磋商时间：2019年4月2日

最新进展：2019年4月2日，欧盟要求与土耳其就药品生产、进口和销售的各种措施进行磋商。欧盟提出的诉求分为以下几个方面：本地化要求、技术转让要求、对本地化产品的进口禁令以及优先措施。2019年4月18日，美国要求加入磋商。

（二）DS590：日本——向韩国出口产品和技术的限制措施

申诉方：韩国

磋商时间：2019年9月11日

最新进展：2019年9月11日，韩国要求就日本采取的许可政策和程序进行磋商，称日本限制氟化聚酰亚胺、抗性聚合物和氟化氢等相关产品及技术的出口。这些产品和技术主要用于生产智能手机、电视显示器和半导体。2020年6月18日，韩国要求成立专家组。在2020年6月29日的会议上，DSB推迟了专家组的成立。在2020年7月29日的会议上，DSB成立了专家组。巴西、加拿大、中国、欧盟、印度、挪威、俄罗斯、新加坡、中国台湾、土耳其、乌克兰、英国和美国保留其第三方权利。

第七章

争 端 解 决

第一节　2019—2020 年争端解决机构的主要活动

截至 2020 年 12 月 31 日，WTO 成员共提起争端解决案件 598 起[①]。其中，2019—2020 年争端解决机构（Dispute Settlement Body，DSB）收到 WTO 成员基于《关于争端解决规则与程序的谅解》（Understanding on Rules and Procedures Governing the Settlement of Disputes，DSU）提起的 24 起正式磋商请求（见表 7.1），其中 2019 年提起了 19 起，2020 年提起了 5 起。

表 7.1　　2019—2020 年 WTO 成员提出的争端解决磋商请求

案件编号	标题	申诉方	磋商时间	涉及协议
DS575	哥伦比亚——液体燃料分配措施	委内瑞拉	2019 年 1 月 9 日	GATT 1994
DS576	卡塔尔——阿联酋有关货物的某些措施	阿联酋	2019 年 1 月 28 日	GATT 1994、《关于争端解决规则与程序的谅解》
DS577	美国——对西班牙熟橄榄征收反倾销和反补贴税	欧盟	2019 年 1 月 29 日	《补贴与反补贴措施协议》
DS578	摩洛哥——对突尼斯学校练习本的反倾销措施	突尼斯	2019 年 2 月 21 日	GATT 1994、《反倾销协议》
DS579	印度——关于糖和甘蔗的措施	巴西	2019 年 2 月 27 日	《农业协议》

① WTO，https://www.wto.org/english/tratop_e/dispu_e/dispu_e.htm.

续表

案件编号	标题	申诉方	磋商时间	涉及协议
DS580	印度——关于糖和甘蔗的措施	澳大利亚	2019 年 3 月 1 日	《补贴与反补贴措施协议》、《农业协议》
DS581	印度——关于糖和甘蔗的措施	危地马拉	2019 年 3 月 15 日	《补贴与反补贴措施协议》、《农业协议》
DS582	印度——信息和通信技术行业某些货物的关税措施	欧盟	2019 年 4 月 2 日	GATT 1994
DS583	土耳其——有关药品生产、进口和销售的某些措施	欧盟	2019 年 4 月 2 日	TRIMs 协议、TRIPs 协定、《补贴与反补贴措施协议》
DS584	印度——某些货物的关税措施	日本	2019 年 5 月 10 日	GATT 1994
DS585	印度——对美国某些产品的附加关税	美国	2019 年 7 月 3 日	GATT 1994
DS586	美国——对俄罗斯碳质钢的反倾销措施	俄罗斯	2019 年 7 月 9 日	GATT 1994、《反倾销协议》
DS587	美国——对中国某些货物的关税措施 III	中国	2019 年 9 月 2 日	GATT 1994、《关于争端解决规则与程序的谅解》
DS588	印度——信息和通信技术行业某些货物的关税措施	中国台湾	2019 年 9 月 2 日	GATT 1994
DS589	中国——关于从加拿大进口油菜籽的措施	加拿大	2019 年 9 月 9 日	GATT 1994、《贸易便利化协定》、SPS 协议
DS590	日本——与向韩国出口的产品和技术有关的措施	韩国	2019 年 9 月 11 日	《贸易便利化协定》、TRIMs 协议、TRIPs 协定、GATS、《建立 WTO 协定》

续表

案件编号	标题	申诉方	磋商时间	涉及协议
DS591	哥伦比亚——对比利时、德国和荷兰的冷冻炸薯条反倾销税	欧盟	2019年11月15日	GATT 1994、《反倾销协议》、《海关估价协议》
DS592	印度尼西亚——原材料相关措施	欧盟	2019年11月22日	GATT 1994、《补贴与反补贴措施协议》
DS593	欧盟——关于棕榈油和棕榈油作物生物燃料的某些措施	印度尼西亚	2019年12月9日	GATT 1994、《补贴与反补贴措施协议》、《技术性贸易壁垒协议》
DS594	韩国——影响商船贸易的措施	日本	2020年1月31日	GATT 1994、《补贴与反补贴措施协议》
DS595	欧盟——某些钢铁产品的保障措施	土耳其	2020年3月13日	GATT 1994、《保障措施协议》
DS596	巴西——关于从秘鲁进口 PET 薄膜和一般进口产品的措施	秘鲁	2020年7月10日	GATT 1994、《反倾销协议》
DS597	美国——原产地标记要求	中国香港	2020年10月30日	GATT 1994、《技术性贸易壁垒协议》
DS598	中国——对澳大利亚大麦征收反倾销和反补贴税的措施	澳大利亚	2020年12月16日	GATT 1994、《反倾销协议》、《补贴与反补贴措施协议》

资料来源：根据 WTO 官网资料整理，https://www.wto.org/english/tratop_e/dispu_e/dispu_e.htm。

从案件涉及的成员看（见表 7.2 和表 7.3），申诉方涉及的成员共计 18 个，有 83%（15 个）的成员仅发起 1 起案件，发起案件最多的成员是欧盟，共计 5 起，占所有案件数比重为 20.83%，次之是澳大利亚和日本，均各发起 2 起案件。从被诉方来看，涉及成员共计 12 个，有 58.33%（7 个）的成员仅被诉 1 起，被诉最多的成员是印度，共计 7 起，占所有案件比重高达 29.17%，次之是美国，被诉 4 起，中国、欧盟和哥伦比亚各被诉 2 起。

表 7.2　　2019—2020 年作为申诉方的涉案经济体的案件数

成员	案件数	成员	案件数	成员	案件数
欧盟	5	美国	1	危地马拉	1
澳大利亚	2	加拿大	1	印度尼西亚	1
日本	2	韩国	1	土耳其	1
中国	1	俄罗斯	1	秘鲁	1
中国香港	1	突尼斯	1	阿联酋	1
中国台湾	1	委内瑞拉	1	巴西	1

资料来源：根据 WTO 官网资料整理，https://www.wto.org/english/tratop_e/dispu_e/dispu_e.htm。

表 7.3　　2019—2020 年作为被诉方的涉案经济体的案件数

成员	案件数	成员	案件数	成员	案件数
印度	7	哥伦比亚	2	印度尼西亚	1
美国	4	日本	1	巴西	1
中国	2	韩国	1	卡塔尔	1
欧盟	2	土耳其	1	摩洛哥	1

资料来源：根据 WTO 官网资料整理，https://www.wto.org/english/tratop_e/dispu_e/dispu_e.htm。

第二节　2019—2020 年争端解决案件的最新进展

2019—2020 年 WTO 争端解决机构共审理了 67 起案件。以下是 2019—2020 年 DSB 审理案件的最新进展（案件顺序按照其编号大小，即提起的时间先后排列）。

1. DS316：欧共体及某些成员——影响大型民用飞机贸易的措施①

申诉方：美国

被诉方：欧共体、法国、德国、西班牙、英国

① 由于涉案措施实施期间欧盟尚未成立，因此此处为欧共体（European Communities），其后案件动态更新为欧盟（European Union）参与。

执行程序：2019 年 12 月 2 日，执行专家组报告散发给各成员。2019 年 12 月 6 日，欧盟通知 DSB 其决定对报告中的某些法律条款以及司法解释提出上诉。

授权报复仲裁程序：2019 年 10 月 2 日，仲裁裁决散发给成员。

2. DS353：美国——影响大型民用飞机贸易的措施

申诉方：欧共体

被诉方：美国

执行程序：2019 年 3 月 15 日，执行上诉机构通知 DSB 其将在 2019 年 3 月 28 日散发上诉机构报告。2019 年 3 月 28 日，报告散发给各成员。2020 年 5 月 6 日，美国向 DSB 通报了其履行裁决报告的情况。

授权报复仲裁程序：2017 年 9 月 18 日，上诉机构通知 DSB，由于执行程序的规模和复杂性，报告不能在到期 60 日内或 DSU 第 17.5 条规定的 90 日内散发。同时，报告散发时间将会与涉案方和第三方成员沟通。2019 年 6 月 5 日，欧盟要求恢复仲裁工作。由于原任命者无法担任仲裁员，总干事根据欧盟请求于 2019 年 6 月 3 日任命了新的仲裁机构主席和成员。2020 年 10 月 13 日，仲裁裁决散发给成员。2020 年 10 月 15 日，在仲裁裁决后，欧盟根据仲裁裁定请求 DSB 授权中止某些关税减让及相关义务。2020 年 10 月 26 日的会议上，DSB 对这一请求进行了同意授权。

3. DS371：泰国——对菲律宾香烟的海关和财税措施

申诉方：菲律宾

被诉方：泰国

2019 年 7 月 12 日，执行专家组报告散发给各成员。2019 年 9 月 9 日，泰国通知 DSB 其决定对执行专家组报告中的某些法律条款和司法解释提出上诉。2020 年 2 月 12 日，菲律宾请求 DSB 根据 DSU 第 22.2 条的规定批准中止减让或其他义务。

4. DS381：美国——涉及金枪鱼及制品进口和销售的措施

申诉方：墨西哥

被诉方：美国

执行程序：2019 年 1 月 11 日的会议上，DSB 通过了上诉机构报告。

5. DS435、DS441：澳大利亚——对香烟产品及包装的商标和包装要求

申诉方：洪都拉斯、多米尼加

被诉方：澳大利亚

2020 年 6 月 9 日，上诉机构报告散发给各成员。

6. DS436：美国——对印度某些热轧碳钢产品采取反补贴措施

2019 年 11 月 15 日，执行专家组报告散发给各成员。2019 年 12 月 18 日，美国通知 DSB 其决定对执行专家组报告中的某些法律条款以及司法解释提出上诉。

7. DS437：美国——对中国产品的反补贴措施

申诉方：中国

被诉方：美国

2019 年 7 月 16 日，上诉机构报告散发给成员。2019 年 10 月 17 日，中国请求 DSB 根据 DSU 第 22.2 条的规定批准中止减让或其他义务。

8. DS472、DS497：巴西——税费措施案

申诉方：欧盟、日本

被诉方：巴西

2019 年 1 月 28 日的 DSB 会议上，巴西通知 DSB 其打算执行争端裁决。2020 年 1 月 16 日，巴西通知 DSB 其已执行裁决。

9. DS484：印度尼西亚——鸡肉和鸡产品的进口措施

申诉方：巴西

被诉方：印度尼西亚

2019 年 6 月 13 日，巴西要求设立执行专家组。在 2019 年 6 月 24 日的会议上执行专家组成立。2020 年 11 月 10 日，执行专家组报告散发给各成员。

10. DS493：乌克兰——对硝酸铵的反倾销措施

申诉方：俄罗斯

被诉方：乌克兰

2019 年 9 月 12 日，上诉机构报告散发给各成员。在 2019 年 9 月 30 日的会议上，DSB 通过了上诉机构报告。

11. DS494：欧盟——对自俄罗斯进口产品反倾销的成本调整措施（第二次申诉）

申诉方：俄罗斯

被诉方：欧盟

2020 年 7 月 24 日，专家组报告散发给各成员。

12. DS495：韩国——对放射性核素的禁止进口、检测和认证要求

申诉方：日本

被诉方：韩国

2019 年 4 月 11 日，上诉机构报告散发给各成员。

13. DS499：俄罗斯——影响铁路设备和零部件进口措施

申诉方：乌克兰

被诉方：俄罗斯

2020 年 2 月 4 日，上诉机构报告散发给成员。2020 年 3 月 5 日，DSB 通过了该报告。

14. DS504：韩国——对自日本进口的气动阀门征收反倾销税

申诉方：日本

被诉方：韩国

2019 年 9 月 10 日，上诉机构报告散发给各成员。2020 年 9 月 30 日，DSB 通过了该报告。

15. DS505：美国——对自加拿大进口的超级压光纸实施反补贴措施

申诉方：加拿大

被诉方：美国

2020 年 2 月 6 日，上诉机构报告散发给各成员。2020 年 2 月 28 日，DSB 通过了该报告。

16. DS510：美国——与可再生能源产业相关的某些措施

申诉方：印度

被诉方：美国

2019 年 6 月 27 日，专家组报告散发给各成员。2019 年 8 月 15 日，美国通知 DSB 就专家组报告中的某些法律条款和司法解释提起上诉。2019 年 8 月 20 日，印度通知了 DSB 其交叉上诉的决定。

17. DS511：中国——对农业种植户的国内支持

申诉方：美国

被诉方：中国

2019 年 2 月 28 日，专家组报告散发给各成员。2019 年 4 月 26 日，DSB 通过了该报告。2020 年 6 月 18 日，中国向 DSB 通报其已经执行了裁决。

2020 年 7 月 16 日，美国请求 DSB 根据 DSU 第 22.2 条的规定批准中止减让或其他义务。2020 年 8 月 5 日，中国请求成立执行专家组。

18. DS512：俄罗斯——与转运相关的措施

申诉方：乌克兰

被诉方：俄罗斯

2019 年 4 月 5 日，专家组报告散发给各成员。2019 年 4 月 26 日，DSB 通过了该报告。

19. DS513：摩洛哥——对自土耳其进口的热轧钢实施反倾销措施

申诉方：土耳其

被诉方：摩洛哥

2019 年 12 月 10 日，上诉机构报告散发给成员。2020 年 1 月 8 日，DSB 通过了该报告。

20. DS517：中国——某些农产品的关税税率配额

申诉方：美国

被诉方：中国

2019 年 4 月 18 日，专家组报告散发给各成员。2019 年 5 月 28 日，DSB 通过了该报告。

21. DS521：欧盟——对自俄罗斯进口的冷轧钢板的反倾销措施

申诉方：俄罗斯

被诉方：欧盟

2019 年 3 月 13 日，俄罗斯要求成立专家组。2019 年 4 月 11 日，DSB 推迟成立专家组。2019 年 4 月 26 日，DSB 决定成立专家组。中国、印度、日本、韩国、沙特阿拉伯、乌克兰和美国保留其作为第三方的权利。2020 年 3 月 6 日，俄罗斯要求总干事指定专家组成员。2020 年 3 月 16 日，专家组成立。2020 年 10 月 22 日，专家组主席告知 DSB，由于疫情原因，专家组的工作被推迟，将不会于 2021 年下半年前发布最终报告。

22. DS523：美国——对从土耳其进口的钢管产品的反补贴措施

申诉方：土耳其

被诉方：美国

2019 年 1 月 25 日，美国通知 DSB 就专家组报告中的某些法律条款和司法解释提起上诉。2019 年 8 月 20 日，土耳其通知 DSB 其交叉上诉的决定。

23. DS524：哥斯达黎加——对产自墨西哥的牛油果实施的进口限制措施

申诉方：墨西哥

被诉方：哥斯达黎加

2019 年 5 月 16 日，专家组成立。2019 年 11 月 15 日，专家组主席通知 DSB，鉴于争端的复杂性，专家组报告预计于 2020 年下半年发布。

24. DS529：澳大利亚——A4 复印纸的反倾销措施

申诉方：印度尼西亚

被诉方：澳大利亚

2019 年 12 月 4 日，专家组报告散发给各成员。在 2020 年 1 月 27 日的会议上，DSB 通过了该报告。

25. DS533：美国——对加拿大软木木材的反补贴措施

申诉方：加拿大

被诉方：美国

2019 年 11 月 15 日，专家组主席通知 DSB，鉴于案件复杂性，将于 2020 年上半年发布最终报告。2020 年 8 月 24 日，专家组报告散发给各成员。2020 年 9 月 28 日，美国通知 DSB 就专家组报告中的某些法律条款和司法解释提起上诉。

26. DS534：美国——对加拿大软木木材采用差异定价方法的反倾销措施

申诉方：加拿大

被诉方：美国

2019 年 4 月 9 日，专家组报告散发给各成员。2019 年 6 月 4 日，加拿大通知 DSB 就专家组报告中的某些法律条款和司法解释提起上诉。2019 年 8 月 2 日，上诉机构主席通知 DSB 其无法在 90 天内完成最终报告。

27. DS537：加拿大——葡萄酒销售管理措施

申诉方：澳大利亚

被诉方：加拿大

2019 年 2 月 25 日，澳大利亚要求总干事指定专家组成员。2019 年 3 月 7 日，专家组成立。2019 年 8 月 21 日，专家组主席通知 DSB 其预计于 2020 年上半年发布最终报告。

28. DS538：巴基斯坦——对阿联酋进口的双轴取向聚丙烯薄膜的反倾销措施

申诉方：阿联酋

被诉方：巴基斯坦

2019 年 5 月 7 日，专家组成立。2020 年 10 月 23 日，专家组主席通知 DSB，由于缺乏有经验的律师，因此推迟专家组工作。

29. DS541：印度——出口相关措施

申诉方：美国

被诉方：印度

2019 年 8 月 31 日，专家组报告散发给各成员。2019 年 11 月 19 日，印度通知 DSB 就专家组报告中的某些法律条款和司法解释提起上诉。

30. DS542：中国——关于知识产权保护的某些措施

申诉方：美国

被诉方：中国

2019 年 1 月 16 日，总干事指定了专家组成员。2019 年 6 月 12 日，专家组主席通知 DSB 暂停工作程序至 2019 年 12 月 31 日。2020 年 1 月 8 日、3 月 3 日和 5 月 6 日，专家组主席通知 DSB 其工作暂停。

31. DS543：美国——对来自中国的某些商品的关税措施

申诉方：中国

被诉方：美国

在 2019 年 1 月 28 日的会议上，巴西、加拿大、欧盟、印度、印度尼西亚、日本、哈萨克斯坦、韩国、新西兰、挪威、俄罗斯、新加坡、中国台湾和乌克兰保留其第三方权利。2019 年 5 月 24 日，中国要求总干事指定专家组成员。2019 年 5 月 24 日，专家组成立。2020 年 9 月 15 日，专家组报告散发给各成员。2020 年 10 月 26 日，美国通知 DSB 就专家组报告中的某些法律条款和司法解释提起上诉。

32. DS544、DS547、DS548、DS550、DS551、DS552、DS554、DS556：美国——钢铁和铝制品的某些措施

申诉方：中国、印度、欧盟、加拿大、墨西哥、挪威、俄罗斯、瑞士

被诉方：美国

2019 年 1 月 7 日，申诉方要求总干事指定专家组成员。2019 年 1 月 25 日，专家组成立。2019 年 9 月 4 日，专家组主席通知 DSB 其发布最终报告时间预计不早于 2020 年秋季。

33. DS546：美国——进口大型家用洗衣机的保障措施

申诉方：韩国

被诉方：美国

2019 年 6 月 20 日，韩国要求总干事指定专家组成员。2019 年 7 月 1 日，专家组成立。2019 年 12 月 9 日，专家组主席通知 DSB，由于缺乏有经验的律师，因此推迟专家组工作。

34. DS553：韩国——不锈钢条的反倾销税日落复审

申诉方：日本

被诉方：韩国

2019 年 1 月 14 日，日本要求总干事指定专家组成员。2019 年 1 月 21 日，专家组成立。2020 年 7 月 30 日，专家组通知 DSB，专家组报告将在 2020 年下半年散发。2020 年 11 月 30 日，专家组报告散发给各成员。

35. DS557：加拿大——对美国某些产品的附加关税

申诉方：美国

被诉方：加拿大

2019 年 1 月 7 日，美国要求总干事指定专家组成员。2019 年 1 月 25 日，专家组成立。2019 年 5 月 23 日，美国和加拿大通知 DSB，双方达成了一致的解决方案。2019 年 7 月 11 日，专家组向各成员散发报告，简要说明案件并报告已经达成解决方案。

36. DS558：中国——对美国某些产品的附加关税

申诉方：美国

被诉方：中国

2019 年 1 月 7 日，美国要求总干事指定专家组成员。2019 年 1 月 25 日，专家组成立。2019 年 9 月 4 日，专家组主席通知 DSB 其发布最终报告时间预计不早于 2020 年秋季。

37. DS559：欧盟——对美国某些产品的附加关税

申诉方：美国

被诉方：欧盟

2019 年 1 月 7 日，美国要求总干事指定专家组成员。2019 年 1 月 25 日，专家组成立。2019 年 9 月 4 日，专家组主席通知 DSB 其发布最终报告时间预计不早于 2020 年秋季。2020 年 12 月 15 日，专家组主席通知 DSB，由于疫情原因，专家组预计于 2021 年下半年向各成员散发报告。

38. DS560：墨西哥——对美国某些产品的附加关税

申诉方：美国

被诉方：墨西哥

2019 年 1 月 7 日，美国要求总干事指定专家组成员。2019 年 1 月 25 日，专家组成立。2019 年 5 月 23 日，美国和墨西哥通知 DSB，双方达成了一致的解决方案。2019 年 7 月 11 日，专家组向各成员散发报告，简要说明案件并报告已经达成解决方案。

39. DS561：土耳其——对美国某些产品的附加关税

申诉方：美国

被诉方：土耳其

2019 年 2 月 18 日，美国要求总干事指定专家组成员。2019 年 2 月 28 日，专家组成立。2019 年 9 月 4 日，专家组主席通知 DSB，专家组报告预计在 2020 年下半年散发。2020 年 12 月 15 日，专家组主席通知 DSB，由于疫情原因，专家组预计于 2021 年下半年向各成员散发报告。

40. DS562：美国——晶体硅光伏产品进口的保障措施

申诉方：中国

被诉方：美国

2019 年 10 月 14 日，中国要求总干事指定专家组成员。2019 年 10 月 24 日，专家组成立。2020 年 4 月 24 日，专家组主席通知 DSB，由于缺乏有经验的律师以及疫情原因，专家组报告预计散发时间不会早于 2020 年底。

41. DS564：美国——钢铁和铝产品的某些措施

申诉方：土耳其

被诉方：美国

2019 年 1 月 7 日，土耳其要求总干事指定专家组成员。2019 年 1 月 25 日，专家组成立。2019 年 9 月 4 日，专家组主席通知 DSB 其发布最终报告时间预计不早于 2020 年秋季。

42. DS566：俄罗斯——对美国某些产品的附加关税

申诉方：美国

被诉方：俄罗斯

2019 年 1 月 8 日，美国要求总干事指定专家组成员。2019 年 1 月 25 日，专家组成立。2019 年 9 月 4 日，专家组主席通知 DSB，专家组报告预计在 2020 年下半年散发。2020 年 12 月 15 日，专家组主席通知 DSB，由于疫情原因，专家组预计于 2021 年下半年向各成员散发报告。

43. DS567：沙特阿拉伯——知识产权保护措施

申诉方：卡塔尔

被诉方：沙特阿拉伯

2019 年 2 月 6 日，卡塔尔要求总干事指定专家组成员。2019 年 2 月 18 日，专家组成立。2019 年 8 月 5 日，专家组主席通知 DSB，专家组报告预计在 2020 年第一季度散发。2020 年 6 月 16 日，专家组报告散发。2020 年 7 月 28 日，沙特阿拉伯通知 DSB 其决定对专家组报告中的某些法律条款和司法解释提出上诉。

44. DS573：土耳其——从泰国进口空调器的其他关税

申诉方：泰国

被诉方：土耳其

2019 年 10 月 7 日，泰国要求总干事指定专家组成员。2019 年 6 月 28 日，专家组成立。2019 年 10 月 7 日，专家组主席通知 DSB，由于缺乏有经验的律师，专家组报告预计散发时间不会早于 2020 年下半年。2020 年 11 月 19 日，专家组主席通知 DSB，专家组工作应双方请求暂停。

45. DS574：美国——与货物和服务贸易有关的措施

申诉方：委内瑞拉

被诉方：美国

2019 年 3 月 14 日，委内瑞拉要求成立专家组。

46. DS575：哥伦比亚——液体燃料分配措施

申诉方：委内瑞拉

被诉方：哥伦比亚

2019 年 1 月 9 日，委内瑞拉就哥伦比亚在液体燃料分配、许可证发放、产品附加费、市场准入和产品报价政策方面采取的措施提起磋商请求。

47. DS576：卡塔尔——阿联酋有关货物的某些措施

申诉方：阿联酋

被诉方：卡塔尔

2019 年 1 月 28 日，阿联酋就卡塔尔从该国进口、分配和销售货物等方面的措施提起磋商请求。2019 年 4 月 11 日，卡塔尔要求成立专家组。在 2019 年 4 月 26 日的会议上，DSB 推迟了专家组的成立。在 2019 年 5 月 28 日的会议上，DSB 决定成立专家组。阿富汗、巴林、巴西、加拿大、中国、埃及、欧盟、印度、日本、墨西哥、挪威、俄罗斯、沙特阿拉伯、新加坡、中国台湾、土耳其、乌克兰和美国保留第三方权利。2019 年 8 月 8 日，阿联酋通知 DSB，由于卡塔尔已经撤回有关措施，因此不再请求成立专家组。

48. DS577：美国——对西班牙熟橄榄征收反倾销和反补贴税

申诉方：欧盟

被诉方：美国

2019 年 1 月 29 日，欧盟就美国对西班牙熟橄榄征收反倾销和反补贴税的措施提起磋商请求。2019 年 2 月 11 日，澳大利亚要求参加磋商。2019 年 5 月 16 日，欧盟要求成立专家组。在 2019 年 5 月 28 日的会议上，DSB 推迟了专家组的成立。在 2019 年 6 月 24 日的会议上，DSB 决定成立专家组。澳大利亚、巴西、加拿大、中国、印度、日本、墨西哥、俄罗斯、沙特阿拉伯、瑞士和土耳其保留第三方权利。2019 年 10 月 8 日，欧盟要求总干事指定专家组成员。2019 年 10 月 18 日，专家组成立。2020 年 4 月 15 日，专家组主席通知 DSB，由于缺乏有经验的律师以及疫情原因，专家组报告预计散发时间不会早于 2020 年年底。

49. DS578：摩洛哥——对突尼斯学校练习本的反倾销措施

申诉方：突尼斯

被诉方：摩洛哥

2019 年 2 月 21 日，突尼斯就摩洛哥对从该国进口的学校练习本征收反倾销税的措施提起磋商请求。2019 年 9 月 19 日，突尼斯要求成立专家组。在 2019 年 9 月 30 日的会议上，DSB 推迟了专家组的成立。在 2019 年 10 月 28 日的会议上，DSB 决定成立专家组。巴西、加拿大、中国、欧盟、日本、马达加斯加、俄罗斯和美国保留第三方权利。2020 年 3 月 9 日，突尼斯要求总干事指定专家组成员。2020 年 3 月 19 日，专家组成立。2020 年 11 月 17 日，专家组通知 DSB，由于案件的复杂性，专家组预计于 2021 年上半年散发报告。

50. DS579、DS580、DS581：印度——关于糖和甘蔗的措施

申诉方：巴西、澳大利亚、危地马拉

被诉方：印度

2019 年 2 月 27 日，巴西、澳大利亚、危地马拉分别就印度对糖和甘蔗提供的国内支持措施和出口补贴提起磋商请求。2019 年 7 月 11 日，申诉方要求成立专家组。在 2019 年 7 月 22 日的会议上，DSB 推迟了专家组的成立。在 2019 年 8 月 15 日的会议上，DSB 决定成立专家组。澳大利亚、加拿大、中国、哥伦比亚、哥斯达黎加、萨尔瓦多、欧盟、危地马拉、洪都拉斯、印度尼西亚、日本、巴拿马、俄罗斯、泰国和美国保留第三方权利。2019 年 10 月 16 日，申诉方要求总干事指定专家组成员。2019 年 10 月 28 日，专家组成立。2020 年 4 月 27 日，专家组通知 DSB，由于案件的复杂性，预计于 2021 年第二季度前散发报告。

51. DS582：印度——信息和通信技术行业某些货物的关税措施

申诉方：欧盟

被诉方：印度

2019 年 4 月 2 日，欧盟就印度对信息和通信技术行业某些货物的关税待遇措施提起磋商请求。2019 年 4 月 17 日，新加坡和中国台湾要求加入磋商。2019 年 4 月 18 日，加拿大、日本、泰国和美国要求加入磋商。2019 年 4 月 19 日，中国要求加入磋商。2020 年 2 月 17 日，欧盟要求成立专家组。在 2020 年 2 月 28 日和 3 月 5 日的会议上，DSB 推迟了专家组的成立。在 2020 年 6 月 29 日的会议上，DSB 决定成立专家组。巴西、加拿大、中国、印度尼西亚、日本、韩国、挪威、巴基斯坦、俄罗斯、新加坡、中国台湾、泰国、土耳其、乌克兰和美国保留第三方权利。2020 年 8 月 19 日，欧盟要求总干事指定专家组成员。2020 年 8 月 31 日，专家组成立。

52. DS583：土耳其——有关药品生产、进口和销售的某些措施

申诉方：欧盟

被诉方：土耳其

2019 年 4 月 2 日，欧盟就土耳其有关药品生产、进口和销售的本土化要求、技术转让要求、进口禁令以及一些优先措施提起磋商请求。2019 年 4 月 18 日，美国要求加入磋商。2019 年 8 月 2 日，欧盟要求成立专家组。在 2019 年 8 月 15 日的会议上，DSB 推迟了专家组的成立。在 2019 年 9 月 30 日的会议上，DSB 决定成立专家组。巴西、加拿大、中国、印度、印度尼西亚、日本、俄罗斯、瑞士、乌克兰和美国保留第三方权利。2020 年 3 月 4 日，欧盟要求总干事指定专家组成员。2020 年 3 月 17 日，专家组成立。2020 年 9 月 15 日，专家组主席通知 DSB，由于疫情原因，专家组报告散发时间预计不早于 2021 年下半年。

53. DS584：印度——某些货物的关税措施

申诉方：日本

被诉方：印度

2019 年 5 月 10 日，日本就印度对基站、蜂窝网络等相关产品和设备的关税措施提起磋商请求。2019 年 5 月 15 日，美国要求参加磋商。2019 年 5 月 16 日，中国台湾要求参加磋商。2019 年 5 月 17 日，加拿大和新加坡要求参加磋商。2019 年 3 月 19 日，日本要求成立专家组。在 2019 年 6 月 29 日的会议上，DSB 推迟了专家组的成立。在 2019 年 7 月 29 日的会议上，DSB 决定成立专家组。巴西、加拿大、中国、欧盟、印度尼西亚、韩国、挪威、巴基斯坦、俄罗斯、新加坡、中国台湾、泰国、土耳其、乌克兰、英国和美国保留第三方权利。2020 年 10 月

7 日，专家组成立。

54. DS585：印度——对美国某些产品的附加关税

申诉方：美国

被诉方：印度

2019 年 7 月 3 日，美国就印度对原产于美国的某些产品征收附加关税的措施提起磋商请求。2019 年 9 月 19 日，美国要求成立专家组。在 2019 年 9 月 30 日的会议上，DSB 推迟了专家组的成立。在 2019 年 10 月 28 日的会议上，DSB 决定成立专家组。巴西、加拿大、中国、欧盟、危地马拉、印度尼西亚、日本、马来西亚、墨西哥、挪威、俄罗斯、新加坡、瑞士、中国台湾、土耳其、乌克兰和委内瑞拉保留第三方权利。2020 年 1 月 7 日，专家组成立。2020 年 6 月 2 日，专家组主席通知 DSB，由于案件的复杂性以及疫情原因，专家组报告预计于 2021 年第二季度前散发。

55. DS586：美国——对俄罗斯碳质钢的反倾销措施

申诉方：俄罗斯

被诉方：美国

2019 年 7 月 5 日，俄罗斯就美国对俄罗斯碳质钢的反倾销措施提起磋商请求。

56. DS587：美国——对中国某些货物的关税措施 III

申诉方：中国

被诉方：美国

2019 年 9 月 2 日，中国就美国对原产于中国的某些货物的关税措施提起磋商请求。

57. DS588：印度——信息和通信技术行业某些货物的关税措施

申诉方：中国台湾

被诉方：印度

2019 年 9 月 2 日，中国台湾就印度对某些信息和通信技术货物的关税措施提起磋商请求。2019 年 9 月 13 日，日本要求加入磋商。2019 年 9 月 17 日，美国要求加入磋商。2019 年 9 月 18 日，新加坡要求加入磋商。2019 年 9 月 19 日，加拿大要求加入磋商。2019 年 9 月 25 日，欧盟要求加入磋商。2020 年 3 月 24 日，中国台湾要求成立专家组。在 2020 年 6 月 29 日的会议上，DSB 推迟了专家组的成立。在 2020 年 7 月 29 日的会议上，DSB 决定成立专家组。巴西、加拿大、中国、欧盟、印度尼西亚、日本、韩国、挪威、巴基斯坦、俄罗斯、新加坡、泰国、土耳其、乌克兰、英国和美国保留第三方权利。2020 年 8 月 19 日，中国台湾要求总干事指定专家组成员。2020 年 8 月 31 日，总干事指定专家组成员。

58. DS589：中国——关于从加拿大进口油菜籽的措施

申诉方：加拿大

被诉方：中国

2019 年 9 月 9 日，加拿大就中国对加拿大进口的油菜籽的相关措施提起磋商请求。2019 年 9 月 19 日，俄罗斯和中国台湾要求加入磋商。

59. DS590：日本——与向韩国出口的产品和技术有关的措施

申诉方：韩国

被诉方：日本

2019 年 9 月 11 日，韩国就日本对氟化聚酰亚胺、抗性聚合物和氟化氢等产品和相关技术事实的有关措施提起磋商请求。2019 年 9 月 25 日，中国台湾要求加入磋商。2019 年 9 月 26 日，欧盟要求加入磋商。2020 年 6 月 18 日，韩国要求成立专家组。在 2020 年 6 月 29 日的会议上，DSB 推迟了专家组的成立。在 2020 年 7 月 29 日会议上，DSB 决定成立专家组。巴西、加拿大、中国、欧盟、印度、挪威、俄罗斯、新加坡、中国台湾、土耳其、乌克兰、英国和美国保留第三方权利。

60. DS591：哥伦比亚——对比利时、德国和荷兰的冷冻炸薯条反倾销税

申诉方：欧盟

被诉方：哥伦比亚

2019 年 11 月 15 日，欧盟就哥伦比亚对自比利时、德国和荷兰进口冷冻炸薯条的反倾销税提起磋商请求。2020 年 2 月 17 日，欧盟要求成立专家组。在 2020 年 2 月 28 日和 3 月 5 日的会议上，DSB 推迟了专家组的成立。在 2020 年 6 月 29 日的会议上，DSB 决定成立专家组。巴西、中国、洪都拉斯、印度、日本、俄罗斯、土耳其和美国保留第三方权利。2020 年 8 月 24 日，专家组成立。

61. DS592：印度尼西亚——原材料相关措施

申诉方：欧盟

被诉方：印度尼西亚

2019 年 11 月 22 日，欧盟就印度尼西亚对生产不锈钢所用的某些原材料的相关措施提起磋商请求。2019 年 12 月 6 日，美国要求加入磋商。

62. DS593：欧盟——关于棕榈油和棕榈油作物生物燃料的某些措施

申诉方：印度尼西亚

被诉方：欧盟

2019 年 12 月 9 日，印度尼西亚就欧盟对棕榈油和棕榈油作物生物燃料的某些措施提起磋商请求。2019 年 12 月 19 日，哥斯达黎加和危地马拉要求加入磋商。2019 年 12 月 20 日，哥伦比亚要求加入磋商。2019 年 12 月 23 日，马来西亚要求加入磋商。2019 年 12 月 24 日，阿根廷要求加入磋商。2019 年 12 月 26 日，泰国要求加磋商。随后，欧盟通知 DSB，其接受了哥伦比亚、哥斯达黎加、危地马拉、马来西亚和泰国关于加入磋商的请求。2020 年 3 月 18 日，印度尼西亚要求成立专家组。阿根廷、巴西、加拿大、中国、哥伦比亚、哥斯达黎加、厄瓜多尔、危地马拉、洪都拉斯、印度、日本、韩国、马来西亚、挪威、俄罗斯、新加坡、泰国、土耳其和美国保留第三方权利。2020 年 7 月 29 日，专家组成立。

63. DS594：韩国——影响商船贸易的措施

申诉方：日本

被诉方：韩国

2020 年 1 月 31 日，日本就韩国对于商船贸易的有关措施提起磋商请求。2020 年 2 月 14 日，欧盟要求加入磋商。随后，韩国通知 DSB，其接受了欧盟关于加入磋商的请求。

64. DS595：欧盟——某些钢铁产品的保障措施

申诉方：土耳其

被诉方：欧盟

2020 年 3 月 13 日，土耳其就欧盟对于某些钢铁产品的保障措施提起磋商请求。2020 年 7 月 16 日，土耳其要求成立专家组。在 2020 年 7 月 29 日的会议上，DSB 推迟了专家组的成立。在 2020 年 8 月 28 日的会议上，DSB 决定成立专家组。阿根廷、巴西、加拿大、中国、印度、日本、韩国、挪威、俄罗斯、瑞士、中国台湾、乌克兰、阿联酋、英国和美国保留第三方权利。2020 年 9 月 29 日，专家组成立。

65. DS596：巴西——关于从秘鲁进口 PET 薄膜和一般进口产品的措施

申诉方：秘鲁

被诉方：巴西

2020 年 7 月 10 日，秘鲁就巴西对于原产于秘鲁的 PET 薄膜和一般进口产品的反倾销等措施提起磋商请求。2020 年 7 月 24 日，巴林要求加入磋商。

66. DS597：美国——原产地标记要求

申诉方：中国香港

被诉方：美国

2020 年 10 月 30 日，中国香港就美国对原产于中国香港的货物的原产地标记要求提起磋商请求。2020 年 11 月 13 日，俄罗斯要求加入磋商。2020 年 11 月 19 日，美国通知 DSB，拒绝俄罗斯加入磋商的请求。

67. DS598：中国——对澳大利亚大麦征收反倾销和反补贴税的措施

申诉方：澳大利亚

被诉方：中国

2020 年 12 月 16 日，澳大利亚就中国对原产于澳大利亚的大麦征收反倾销和反补贴税的措施提起磋商请求。

第三节　2019—2020 年上诉机构活动

一、上诉机构成员

2019 年，上诉机构成员仅剩 3 位成员。2019 年 12 月 11 日，巴蒂亚・辛格・乌贾（Ujal Singh Bhatia，印度）、托马斯· R·格雷姆（Thomas R.Graham，美国）任期届满，上诉机构仅剩 1 名成员：赵宏（Hong Zhao，中国，任期为 2016—2020 年）。2020 年 11 月 30 日，赵宏任期届满。2020 年 4 月 30 日，欧盟、中国等多个成员正式向 WTO 通报达成《根据 DSU 第 25 条的多方临时上诉仲裁安排》（MPIA），通过临时上诉仲裁程序审理上诉。2020 年 7 月 31 日，仲裁安排参加方就仲裁员名单达成一致。

二、上诉机构工作概况

2019 年上诉机构共收到 7 起案件 10 次对专家组报告提出的上诉申请。2020 年共收到 3 起案件 3 次对专家组报告提出的上诉申请（见表 7.4）。

表 7.4　　2019—2020 年 WTO 上诉机构案件情况

争端名称	上诉日期	上诉方	报告编号
泰国——对菲律宾香烟的海关和财税措施	2019 年 1 月 9 日	泰国	WT/DS371/27
泰国——对菲律宾香烟的海关和财税措施	2019 年 9 月 9 日	泰国	WT/DS371/30
美国——对从土耳其进口的钢管产品的反补贴措施	2019 年 1 月 25 日	美国	WT/DS523/5
美国——对从土耳其进口的钢管产品的反补贴措施	2019 年 1 月 25 日	土耳其	WT/DS523/6
美国——对加拿大软木木材采用差异定价方法的反倾销措施	2019 年 6 月 4 日	加拿大	WT/DS534/5
美国——与可再生能源产业相关的某些措施	2019 年 8 月 15 日	美国	WT/DS510/5
美国——与可再生能源产业相关的某些措施	2019 年 8 月 15 日	印度	WT/DS510/6
印度——出口相关措施	2019 年 11 月 19 日	印度	WT/DS541/7
欧共体等——影响大型民用飞机贸易的措施	2019 年 12 月 6 日	欧盟	WT/DS316/43
美国——对印度某些热轧碳钢产品采取反补贴措施	2019 年 12 月 18 日	美国	WT/DS436/21
沙特阿拉伯——知识产权保护措施	2020 年 7 月 28 日	沙特阿拉伯	WT/DS567/7
美国——对加拿大软木木材的反补贴措施	2020 年 9 月 28 日	美国	WT/DS533/5
美国——对来自中国的某些商品的关税措施	2020 年 10 月 26 日	美国	WT/DS543/10

资料来源：WTO 官网. https://www.wto.org/english/tratop_e/dispu_e/ab_an_ rep_e.htm.

2019 年上诉机构经过审理对 6 起案件发布了上诉机构报告，2020 年对 3 起案件发布了上诉机构报告（见表 7.5）。

表 7.5　　2019—2020 年 WTO 上诉机构报告发布情况

争端名称	上诉机构报告发布日期	报告编号
美国——影响大型民用飞机贸易的措施	2019 年 3 月 28 日	WT/DS353/AB/RW
韩国——对放射性核素的禁止进口、检测和认证要求	2019 年 4 月 11 日	WT/DS495/AB/R
美国——对中国产品的反补贴措施	2019 年 7 月 16 日	WT/DS437/AB/RW
韩国——对自日本进口的气动阀门征收反倾销税	2019 年 9 月 10 日	WT/DS504/AB/R
乌克兰——对硝酸铵的反倾销措施	2019 年 9 月 12 日	WT/DS493/AB/R
摩洛哥——对自土耳其进口的热轧钢实施反倾销措施	2019 年 12 月 10 日	WT/DS513/AB/R
俄罗斯——影响铁路设备和零部件进口措施	2020 年 2 月 4 日	WT/DS499/AB/R
美国——对自加拿大进口的超级压光纸实施反补贴措施	2020 年 2 月 6 日	WT/DS505/AB/R
澳大利亚——对香烟产品及包装的商标和包装要求	2020 年 6 月 9 日	WT/DS435/AB/R WT/DS441/AB/R

资料来源：WTO 官网. https://www.wto.org/english/tratop_e/dispu_e/ab_an_ rep_e.htm.

第八章

贸易政策审议

第一节　2019—2020 年贸易政策审议

2019 年，WTO 贸易政策审议机构对 16 个 WTO 正式成员执行了 12 次贸易政策审议。其中多数成员为单独审议，布隆迪、肯尼亚、卢旺达、坦桑尼亚和乌干达 5 个成员以东非共同体名义整体参加了贸易政策审议。2020 年，WTO 贸易政策审议机构共召开 7 次会议，对 7 个 WTO 成员进行贸易政策审议。截至 2020 年 12 月，贸易政策审议机构共召开 396 次审议会议，对 157 个 WTO 成员进行了 508 次贸易政策审议，164 个正式成员中尚未接受审议的 7 个成员是阿富汗、古巴、哈萨克斯坦、利比里亚、塞舌尔、塔吉克斯坦和也门。[①]

一、2019—2020 年参与贸易政策审议的成员情况

2019 年，参加贸易政策审议的 WTO 成员包括厄瓜多尔、布隆迪、肯尼亚、卢旺达、坦桑尼亚、乌干达、孟加拉国、萨摩亚、巴布亚新几内亚、特立尼达和多巴哥、加拿大、北马其顿、苏里南、哥斯达黎加、秘鲁、老挝 16 个国家和地区，其中萨摩亚和老挝是第一次参加贸易政策审议。

2020 年，参加贸易政策审议的 WTO 成员包括欧盟、澳大利亚、日本、津巴布韦、塔吉克斯坦、中国澳门、印度、尼加拉瓜、缅甸、泰国、中部非洲经济与货币共同体（喀麦隆、刚果、加蓬、中非共和国、乍得）、印度尼西亚、吉尔吉斯斯坦、阿根廷、越南。受新冠肺炎疫情影响，印度、尼加拉瓜、缅甸、中部非洲经济与货币共同体（喀麦隆、刚果、加蓬、中非共和国、乍得）、吉尔

① WTO.Report of the Trade Policy Review Body for 2020［R］. WT/TPR/452，2020-11-27.

吉斯斯坦、阿根廷、越南、塔吉克斯坦的审议推迟或待定，因此 2020 年实际参加贸易政策审议的成员为 7 个。各成员参加贸易政策审议详情见表 8.1。

表 8.1　　2019—2020 年参加贸易政策审议的 WTO 成员一览表

成员	审议日期
厄瓜多尔	2019 年 3 月 5—7 日
东非共同体（布隆迪、肯尼亚、卢旺达、坦桑尼亚和乌干达）	2019 年 3 月 20—22 日
孟加拉国	2019 年 4 月 3—5 日
萨摩亚	2019 年 4 月 10—12 日
巴布亚新几内亚	2019 年 5 月 8—10 日
特立尼达和多巴哥	2019 年 5 月 22—24 日
加拿大	2019 年 6 月 12—14 日
北马其顿	2019 年 7 月 15—17 日
苏里南	2019 年 9 月 11—13 日
哥斯达黎加	2019 年 9 月 18—20 日
秘鲁	2019 年 10 月 22—24 日
老挝	2019 年 11 月 18—20 日
欧盟	2020 年 2 月 18—20 日
澳大利亚	2020 年 3 月 11—13 日
日本	2020 年 7 月 6—8 日
津巴布韦	2020 年 9 月 30—10 月 2 日
泰国	2020 年 11 月 24—26 日
印度尼西亚	2020 年 12 月 9—11 日
中国澳门	2020 年 12 月 15—17 日

资料来源：WTO. Trade Policy Reviews：List of Reviews［EB/OL］. https://www.wto.org/english/tratop_e/tpr_e/tp_rep_e.htm#chronologically.

截至 2020 年底，美国、日本和欧盟接受贸易政策审议的次数最多，达到 14

次；加拿大次之，为 11 次；中国香港、澳大利亚、泰国居第三位，为 8 次；中国、马来西亚、挪威、印度尼西亚、瑞士、韩国、新加坡、巴西居第四位，为 7 次。

二、2019—2020 年贸易政策审议机构的活动情况

（一）更多成员采用新程序规则

2019 年，7 个成员申请采用贸易政策审议新程序，分别是厄瓜多尔、孟加拉国、萨摩亚、特立尼达和多巴哥、加拿大、哥斯达黎加、秘鲁，即提前 4 个星期和 1 个星期提交书面问题和回答，审议会议首日每位成员的陈述时间不超过 7 分钟，以及使用电子视听设备参加会议等。

2020 年使用新程序规则参加贸易政策审议的成员有 4 个，分别是欧盟、澳大利亚、日本和泰国。

（二）为最不发达成员举办审议结果培训

对最不发达成员进行贸易政策审议有利于他们增强对 WTO 协定的了解，以及更好地遵守和融入多边贸易体系。WTO 的 36 个最不发达成员中，有 33 个在 2020 年底前得到审议。

应有关成员的要求，秘书处组织了后续研讨会，与国内利益相关者讨论贸易政策审议的结果。除进一步传播贸易政策审议成果外，秘书处还应要求与接受审议的成员密切合作，根据贸易政策审议报告和贸易政策审议机构的讨论，安排反映其优先事项和技术援助需求的研讨会。2019 年，贸易政策审议机构为柬埔寨、科特迪瓦、厄瓜多尔、墨西哥和瓦努阿图举办了 5 次后续讲习班。2020 年，由于全球旅行限制，没有举办后续讲习班。

（三）监测成员贸易及贸易相关措施

根据《建立 WTO 协定》附件 3 的规定，贸易政策审议机构要求成员及时提供有关重大贸易政策变化的信息，信息经秘书处整合后提交给总干事，用于编写年度《国际贸易环境发展报告》。

《国际贸易环境发展报告 2019》回顾了 2018 年 10 月至 2019 年 5 月 WTO 成员相关贸易限制措施和便利化政策的最新趋势和发展情况，发现贸易紧张局势仍然持续，WTO 成员采取的限制措施数量较少，但贸易限制规模显著上升，加剧了国际贸易和世界经济的不确定性，同时呼吁 WTO 成员共同努力缓解贸易紧张局势。

《国际贸易环境发展报告 2020》回顾了 2019 年 10 月至 2020 年 5 月 WTO

成员贸易政策的变化和趋势，并全面介绍了贸易救济、卫生与植物卫生措施、技术性贸易壁垒、农业、服务和知识产权等领域的最近进展。报告同时介绍了针对新冠肺炎疫情采取的具体措施及其影响，强调了新冠肺炎疫情给全球经济带来了前所未有的冲击。这一时期内，各国贸易便利化措施和贸易限制性措施也持续增加。

第二节　2019—2020 年主要成员贸易政策审议情况

一、2019 年加拿大参加贸易政策审议情况

（一）WTO 秘书处对加拿大贸易政策的审议情况

WTO 秘书处对加拿大贸易政策审议的报告共 238 页，文件编号为 WT/TPR/S/389，包括经济环境、贸易和投资体制、影响贸易的政策和措施、行业贸易政策 4 个部分。①

1. 加拿大经济环境总体情况

审议期间，加拿大经济总体运行平稳，GDP 增长适度，通货膨胀率较低，政府负债率相对稳定，经常账户逆差下降，汇率下降。在经历了 2015—2016 年因油价下跌引发的贸易条件恶化和经济增长疲软后，加拿大采取刺激性财政政策和货币政策，使得经济在 2016 年下半年至 2017 年强劲扩张。2018 年受到家庭消费和商业投资下降的影响，经济增速放缓至 1.8%。加拿大民众生活水平较高，2018 年人均 GDP 达到 46 182 美元。

审议期间，加拿大政府采取反周期财政政策，政府财政赤字较小，2017—2018 财年赤字占 GDP 比重为 0.9%，与上一财年基本持平。2018 年第三季度，加拿大联邦债务总额约占 GDP 的 44%。审议期间，加拿大经常账户逆差占 GDP 比重在 2.4%至 3.5%之间。

2. 加拿大贸易与投资体制变化

审议期间，加拿大致力于推动国际贸易方式和外国直接投资的多元化，拓宽贸易领域，提升透明度，保障劳工权益，保护环境，推动性别平等和保护原住民权益等。为实现上述目标，加拿大政府已采取诸多举措，如出台新的出口

① WTO. Trade Policy Review Report by the Secretariat(Canada 2019)［EB/OL］. https://www.wto.org/english/tratop_e/tpr_e/tp489_e.htm.

多元化政策、加强对中小企业的支持、促进女性参与全球贸易、在自由贸易协定中增加性别平等相关章节等。

审议期间，加拿大实行了综合性经济贸易协议（Comprehensive Economic and Trade Agreement，CETA）、加拿大－乌克兰自由贸易协定、CPTPP 3 项新协定，目前加拿大共与 14 个国家和地区缔结自由贸易协定。审议期间，加拿大积极参与 WTO 谈判、争端解决、贸易监测等工作，还在推动贸易和性别宣言以及 WTO 改革等方面发挥了领导作用。加拿大于 2016 年 12 月 16 日宣布接受 WTO《贸易便利化协定》。

2017 年，加拿大的外国直接投资超过 1 万亿加元，超过 GDP 的 50%。加拿大设立投资局提供一站式外国投资服务，出台《国家投资安全审查指南》，规范投资审批程序。

3. 影响贸易的措施和政策变化

2019 年，加拿大平均最惠国关税税率为 6.1%，略高于 2014 年的 6.0%。农产品平均税率为 21.8%。加拿大进口管制制度基本保持不变。加拿大继续积极使用贸易救济措施，2015—2018 年间，共发起了 45 次反倾销调查并采取了 33 项措施，截至 2018 年底，加拿大已实施 83 项反倾销措施，2/3 以上的措施应用于钢铁产品，共针对 29 个贸易伙伴。截至 2018 年底，加拿大共实施 28 项反补贴措施和 1 项临时保障措施。审议期间，加拿大对贸易救济法进行了修订，新增了允许反规避调查的立法，明确了反倾销和反补贴司法审查的范围。

加拿大创新科学与经济发展部推出战略创新基金和中小企业贷款计划两项融资项目，以提升投资竞争力，推动经济高质量发展。2015 年至 2018 年 10 月，加拿大共计向 WTO 技术性贸易壁垒委员会提交了 207 份报告，其中 137 项涉及新的技术法规。2018 年 4 月，加拿大实施知识产权战略，加强对知识产权的保护。加拿大加入了世界知识产权组织的几项条约，包括 2016 年 9 月 30 日生效的《马拉喀什条约》和 2018 年 11 月 5 日生效的《海牙协定》。此外，加拿大与其他国家就知识产权问题签订了双边和多边协议，包括 CETA、USMCA 和 CPTPP。

4. 行业贸易措施及政策变化

加拿大是农业净出口国，年均贸易顺差约为 120 亿加元。加拿大根据 CPTPP 设立了 20 个新的关税配额，将在 2011—2019 年间分阶段实施。加拿大于 2015 年 12 月正式取消了对小麦、粗粮、油料种子、植物油和蔬菜的出口补贴，并承诺根据《内罗毕部长宣言》到 2020 年底取消其剩余的出口补贴。2018 年 4 月 1

日，加拿大政府推出农业伙伴关系项目，将在未来5年共计投资30亿加元，推动农业产出和技术创新。

渔业方面，2019年，加拿大出台了对渔业法进行修正的《C−68号法案》，以保护海洋资源。2018年10月，加拿大与9个国家签署了《防止中北冰洋不受管制公海渔业协定》。加拿大继续推进2010年11月签署的《港口国措施协定》，并依据承诺对《沿海渔业保护法》及其相关条例进行修订。

针对美国"232调查"后对进口钢铁产品征收的25%的关税，加拿大对从美国进口的钢材、铝和其他产品征收报复性关税。2018年6月，加拿大宣布将拨款20亿加元以保护本国钢铁、铝以及制造业工人和企业的利益。2018年10月，加拿大向进口数量超过历史平均水平的七种钢材产品征收25%的关税。

（二）其他成员与加拿大就审议期内贸易政策的问答

WTO其他成员与加拿大就相关审议内容的问答文件共280页，包含29个WTO成员的近千个问题，文件编号为WT/TPR/M/389/Add.1。其中美国就加拿大投资制度、企业扶持政策、关税制度、影响贸易的政策和措施等提出57个问题。中国就加拿大外商投资和市场准入限制措施、税收优惠政策、农业政策、贸易补贴政策、知识产权保护、国内经济政策框架、贸易政策和相关措施等内容提出了60个问题。①

二、2019年老挝参加贸易政策审议情况

（一）WTO秘书处对老挝贸易政策的审议情况

WTO秘书处对老挝贸易政策审议的报告共173页，文件编号为WT/TPR/S/394，包括经济环境、贸易和投资体制、影响贸易的政策和措施、行业贸易政策4个部分。②

1. 老挝经济环境总体情况

老挝是最不发达成员之一，但将于2024年脱离这一行列。自2013年加入WTO以来，老挝的GDP一直保持强劲增长，年均增长率超过7%，审慎的宏观经济政策使得国内通货膨胀适度、汇率稳定，另一方面，财政赤字和外债增加。

---

① WTO. Trade Policy Review-Minutes of the meeting(Canada 2019)［EB/OL］. https://www.wto.org/english/tratop_e/tpr_e/tp489_e.htm.

② WTO. Trade Policy Review Report by the Secretariat(Lao People's Democratic Republic 2019)［EB/OL］. https://www.wto.org/english/tratop_e/tpr_e/tp494_e.htm.

老挝经济增长受到诸多结构性问题的影响，金融体系较脆弱。为解决这一问题，老挝政府采取提高消费税税率、加强税收管理、改进纳税人服务、颁布新的公共债务管理法等措施。2015 年，老挝经常账户逆差达到 23 亿美元的峰值，占 GDP 比重为 15.8%，之后逆差开始下降，截至 2018 年底，外汇储备为 8.73 亿美元，覆盖约 1 个月的进口需求。2013 年以来，财政赤字占 GDP 的比重从 2013 年的 4.3%上升至 2017 年的 5.5%，持续赤字导致公共债务水平居高不下，公共债务占 GDP 比重自 2013 年的 56.3%增加至 2017 年的 61%，并有望在 2018 年增加至 65%以上。

2018 年，商品和服务贸易占 GDP 比重上升至 75%，出口主要集中在自然资源部门，占 2017 年出口额的 53%左右。审议期间，老挝的外国直接投资流入额超过 8 亿美元，主要集中在电力、基础设施、采矿和电气元件制造领域。

2. 老挝贸易与投资体制变化

2013 年以来，老挝进行了第二次宪法修正，更新了贸易和投资相关的政策，并在立法、信息获取、电子政务、反腐败、投资促进和经济争端解决等领域进行了体制和监管改革。2015 年 9 月 29 日，老挝正式批准《贸易便利化协定》，并致力于通过实施和参与 RCEP 等多边谈判加强区域经济一体化。老挝享受部分国家的普惠制度和最不发达国家的额外优惠，并继续在“强化综合框架”（Enhanced Integrated Framework，EIF）下获得援助。2016 年，老挝废除对一般外国投资者的歧视性最低资本要求，2018 年成立投资促进管理委员会，负责对受管制经济活动、特许权和经济特区的投资进行监督。

3. 影响贸易的措施和政策变化

2018 年，老挝平均最惠国关税税率为 8.6%，低于 2014 年的 10.7%和 2008 年的 11%，农产品平均税率为 11.2%，非农产品平均税率为 8.1%。加入 WTO 以来，老挝采取了一系列贸易便利化措施，在改进海关程序方面取得较大进展，如引入海关数据自动化系统、风险管理机制、海关预裁定和海关行政诉讼等手段，大幅降低清关时间和成本。

2017 年 12 月，老挝颁布《保障措施法》，2019 年 6 月批准《反倾销和反补贴措施法》。2015 年颁布的《竞争法》是老挝竞争政策的主要立法，旨在解决不正当竞争、侵犯商业秘密、虚假广告、不公平促销等问题。老挝颁布的新版《投资促进法》和经济特区法令对国内外投资者给予激励，包括税务减免和退税、免除国有土地租赁费、免征进口关税、免征出口增值税等，对直接再投资者提供奖励，以扩大其经营活动。

4. 行业贸易措施及政策变化

2018 年，农业产值占老挝 GDP 的 17.9%。审议期间，老挝政府积极推动农业从确保自给自足向商品性小农生产过渡，农业商品出口额在商品出口总额中的份额大幅上升。农产品关税保护大幅下降，但仍高于最惠国待遇总体平均水平。2018 年，制造业产值占 GDP 的 8.3%，涵盖食品和饮料加工、建筑材料、服装和香烟等。审议期间，制造业政策目标是转变产业结构，提升商品生产多样化以满足国内和出口需求。

审议期间，老挝对银行业的主要监管框架进行了审查，以增强金融系统的弹性。分销服务仍是主要的服务活动，2015 年起允许外国投资者在一定条件下对批发和零售业务进行投资。电子商务监管方面取得了一定进步，确保其履行东盟协定框架下的相关承诺。

（二）其他成员与老挝就审议期内贸易政策的问答

WTO 其他成员与老挝就相关审议内容的问答文件共 122 页，包含 13 个 WTO 成员的 200 余个问题，文件编号为 WT/TPR/M/394/Add.1。其中美国就老挝知识产权保护、立法流程及透明度、国际协议缔约计划、金融风险管理、电子商务和电子支付、影响贸易的政策和措施等提出 56 个问题。中国就老挝进口商品来源、医药行业发展、海关管理制度、农业政策、电信部门改革、外商投资和市场准入限制等提出 23 个问题。①

三、2020 年欧盟参加贸易政策审议情况

（一）WTO 秘书处对欧盟贸易政策的审议情况

WTO 秘书处对欧盟贸易政策审议的报告共 308 页，文件编号为 WT/TPR/S/395，包括经济环境、贸易和投资体制、影响贸易的政策和措施、行业贸易政策 4 个部分。②

1. 欧盟经济环境总体情况

2017—2018 年，欧盟 GDP 增长相对强劲，但受到制造业疲软、贸易紧张局势升级以及英国脱欧等多种因素影响，2018 年下半年增速有所放缓。年 GDP 增长率从 2018 年的 2.0%下降到 2019 年的 1.4%，预计 2020 年将上升到 1.6%。近

① WTO. Trade Policy Review-Minutes of the Meeting(Lao People’s Democratic Republic 2019) [EB/OL]. https://www.wto.org/english/tratop_e/tpr_e/tp494_e.htm.

② WTO. Trade Policy Review Report by the Secretariat(European Union 2020) [EB/OL]. https://www.wto.org/english/tratop_e/tpr_e/tp495_e.htm.

年来，欧盟成员在减少失业和贫困、矫正宏观经济失衡、改善财政状况等方面取得了重大进展。2017—2018 年，欧盟的商品和服务贸易在世界商品和服务贸易中所占份额为 16.7%，是约 80 个经济体最大的贸易伙伴。

2. 欧盟贸易与投资体制变化

审议期间，欧盟奉行平衡和稳定的贸易政策，其主要目标是：缔结新的贸易伙伴关系以建立全球贸易规则，利用贸易政策促进环境、劳工保护等问题的解决；通过强有力的贸易和投资政策保护欧盟的利益和公平；提高贸易协定谈判的透明度等。欧盟坚持并强调以 WTO 为核心的开放的多边贸易体制的重要性以及 WTO 全面改革的重要性。截至 2019 年 9 月 30 日，欧盟与 72 个国家签署了 41 项自由贸易协定，欧盟与美国在 2018 年 7 月发表联合声明，致力于消除非汽车工业产品的关税和非关税壁垒及补贴，并降低服务、化学品和药品的贸易壁垒。

2019 年欧盟通过了外商投资审查条例，规定了成员对外国直接投资的审查法律框架，并建立了成员与欧盟委员会间就外国直接投资进行合作的机制，以维护欧盟在外国直接投资方面的安全和公共秩序。

3. 影响贸易的措施和政策变化

自上次审议以来，欧盟的关税结构未发生重大变化，平均关税水平仍保持在 6.3%，农产品关税显著提高至 14.2%，非农产品关税为 4.2%，其中渔业产品和服装关税较高，分别为 11.8%和 11.6%。欧盟通过了关于在英国和欧盟间分配 WTO 关税配额的条例，以期英国顺利脱欧。欧盟通过增值税修正案，取消 22 欧元的增值税起征点，自 2021 年 1 月 1 日起向所有商品征收增值税，修正案同时引入了两种增值税征收替代机制。欧盟对反倾销和反补贴法进行了两项修订，对调查程序、临时措施期限和赔偿金计算等进行了补充和修订。2016—2018 年间，反倾销和反补贴措施数量下降，钢铁事前监管措施继续实施，2018—2019 年发起了钢铁保障措施。

欧盟委员会于 2017 年 10 月通过一项公共采购战略，进一步改进欧盟公共采购行为，包含建立大型基础设施项目采购机制、采购者专业化培训和创新公共采购指导等，为统一采购程序，委员会制定了欧盟单一采购文件。审议期间，欧盟出台了若干知识产权方面的立法，特别是版权保护层面，包括《数字化单一市场版权指令》、电视和广播节目的指令、《内部市场在线内容服务跨境可移植性条例》等。

4. 行业贸易措施及政策变化

审议期间，欧盟农业政策没有发生重大变化，2013 年通过的“共同农业政策”自2015年开始全面实施，农产品市场准入未发生实质性变化。渔业方面，改革后的“共同渔业政策”自2014年起开始生效，渔业管理未发生重大变化。欧盟与中国和加拿大签订了海洋伙伴关系协定，与其他9个国家签署了《防止中北冰洋不管制公海渔业协定》，截至2019年10月，欧盟共签署了12项可持续渔业伙伴关系协定。

2015年，欧盟通过能源联盟战略一揽子计划，通过了天然气供应和电力风险防范的新规则、能源效率指令的修订、天然气指令的修订和一项促进使用可再生能源的指令，并通过了新的气候与能源政策框架。2017年9月，欧盟委员会提出系列新产业政策，提出打造“智能、创新和可持续工业”倡议，涉及网络安全、循环经济、知识产权框架现代化、可持续金融等领域。

金融服务方面，2019年5月欧盟通过一项银行业改革方案，以降低金融风险和不良贷款率，提升银行业弹性。欧盟委员会提交的资本市场联盟建设的立法获得通过，将有助于欧盟建立更加深入和一体化的资本市场。

审议期间，欧盟针对数字化单一市场战略采取了立法措施，以解决跨境电子商务增长的各种障碍，包括消费者保护、跨境包裹递送服务、版权问题、增值税改革等。2018年12月，欧盟通过了新的《欧洲电子通信规范》，对电信基础设施和服务市场规则进行改革，扩大欧盟电信监管适用范围，强化消费者保护和管理当局的作用。2019年6月，欧盟委员会通过《关于提高在线平台交易的公平性和透明度规则》和《网络安全法案》，旨在解决企业与中介服务提供商的潜在矛盾，强化网络安全机构的作用，并建立欧洲网络安全认证框架。

（二）其他成员与欧盟就审议期内贸易政策的问答

WTO其他成员与欧盟就相关审议内容的问答文件共617页，包含32个WTO成员的千余个问题，文件编号为WT/TPR/M/395/Add.1。其中美国未参与问答，日本就欧盟保护性关税政策、英国脱欧谈判进展、降低服务贸易壁垒措施、外国投资监管框架、数字化单一市场建设、知识产权保护等提出了21个问题。中国就欧盟外国投资审查制度、市场准入限制、公共采购政策、数字化单一市场建设、中小企业扶持政策、贸易谈判进展、贸易救济措施、国有企业管理、贸易政策和相关措施等内容提出146个问题。[①]

① WTO. Trade Policy Review-Minutes of the Meeting (European Union 2020) [EB/OL]. https://www.wto.org/english/tratop_e/tpr_e/tp495_e.htm.

四、2020 年澳大利亚参加贸易政策审议情况

（一）WTO 秘书处对澳大利亚贸易政策的审议情况

WTO秘书处对澳大利亚贸易政策审议的报告共152页，文件编号为WT/TPR/S/396，包括经济环境、贸易和投资体制、影响贸易的政策和措施、行业贸易政策 4 个部分。①

1. 澳大利亚经济环境总体情况

澳大利亚经济在近 30 年不间断增长，经济趋于多元化，存在强有力的管理体制、健全的监管框架、审慎的宏观经济政策、灵活的汇率制度和自由化的资本账户。2018—2019 年度澳大利亚 GDP 增长 1.9%，低于 2012—2018 年度的平均增长率 2.6%。澳大利亚政府一直采取降低税率、增加公共消费、增加研发支出等经济刺激措施。

澳大利亚经常账户多年来一直处于逆差状态，但自 2016—2017 年度以来商品贸易处于盈余状态，逆差有所下降。审议期间，年均流入澳大利亚的外国直接投资净额为 600 亿澳元，约三分之一的外国投资用于采矿和采石业。来自欧盟 28 国、美国和日本的投资占总投资量的 56%以上。

2. 澳大利亚贸易与投资体制变化

审议期内，生效的区域贸易协定包括 CPTPP 以及与日本和中国签订的自由贸易协定等。此外，澳大利亚与中国香港、秘鲁和印度尼西亚签订了自由贸易协定，并签订了《太平洋更紧密经济关系协定》（Pacific Agreement on Closer Economic Relations Plus，Pacer Plus），目前尚未生效。与欧盟、海湾合作委员会和印度的自由贸易协定正在谈判进程中，并积极参与太平洋联盟自由贸易协定和区域全面经济伙伴关系协定等的谈判。澳大利亚同样积极参与 WTO 的各种倡议和谈判。澳大利亚批准了 WTO《贸易便利化协定》，积极实施 ITA 扩围，并于 2019 年加入了 WTO《政府采购协议》。2016 年以来，澳大利亚可信赖贸易商计划正式实施，通过与澳大利亚政府签订协议，国际企业将获得一系列贸易便利化优惠待遇，据估计，这一计划将在 2015—2025 年度产生共计 35 亿澳元的收益。

3. 影响贸易的措施和政策变化

澳大利亚非农产品的平均关税税率为 10.7%，农产品平均关税税率为 3.4%。

---

① WTO. Trade Policy Review Report by the Secretariat(Australia 2020) [EB/OL]. https://www.wto.org/english/tratop_e/tpr_e/tp496_e.htm.

2014—2019 年，澳大利亚平均最惠国关税下降了 0.5 个百分点。审议期间，澳大利亚的商品及服务税制度发生了一定变化，范围扩大至跨境向澳大利亚消费者提供的数字产品和服务。烟草税在 2019 年 9 月提高了 12.5%，2020 年 9 月起将进一步提高 12.5%。自 2014 年以来，澳大利亚共实施了 37 项新的反倾销措施，截至 2018 年底，共 83 项反倾销措施生效，高于 2010 年 6 月的 23 项。审议期间，共 6 项新的反补贴措施生效，截至 2018 年底，共 15 项反倾销措施生效。

审议期间，澳大利亚卫生与植物卫生领域取得重大进展，包括《生物安全法》正式生效、制定两项基本实施条例以及一系列相关法律文书。新法律规定，在进行贸易审查时，应根据生物安全进口风险分析流程对商品进行风险分析。澳大利亚 2018 年修订《进口食品控制法》，加强进口食品安全体系建设，完善对食品安全风险的检测和管理，加大了进口商对食品安全和安全食品采购的责任。2014 年，澳大利亚发起哈珀竞争政策审查，并据此进行竞争法改革，出台了《竞争和消费者修正法案》等一整套立法，以更好地打击不正当竞争行为。

2019 年 5 月 5 日，WTO《政府采购协议》正式在澳大利亚生效。2017—2018 年度，通过政府采购系统发布的合同总价值达到 711 亿澳元，95%的合同授予了澳大利亚当地企业，包含在澳大利亚境内运营的海外企业。2017 年 1 月，澳大利亚关于实施《修改〈与贸易有关的知识产权协定〉议定书》的立法生效，澳大利亚参加了由世界知识产权组织管理的 18 项知识产权条约，新的区域贸易协定和自由贸易协定中也涵盖了知识产权章节。

4. 行业贸易措施及政策变化

农业方面，澳大利亚设置未来干旱基金，初期额度为 39 亿澳元，旨在为抗旱措施提供资金保障。2018 年 12 月，澳大利亚政府与各州和地区政府签订了一项协议，就干旱预防、应对和恢复形成联合机制，强化干旱风险管理，增强干旱预防和恢复能力。

能源领域，澳大利亚政府于 2015 年发布了《能源白皮书》，鼓励更多的竞争与创新，以降低能源供应价格，并鼓励能源创新投资和能源资源开发。澳大利亚计划 2030 年年底将能源生产率提高 40%。为应对 2022 年可能出现的供应短缺，澳大利亚引入了天然气安全机制，对液化天然气实施出口限制。

服务业领域，2017 年澳大利亚政府成立皇家调查委员会，对银行和其他金融服务实体的不当行为进行调查，该委员会于 2019 年 2 月发布最终报告，共提出 24 项与机构和个人有关的建议，并责成监管机构对未能采取有效措施防止不当行为负责。

交通运输领域，澳大利亚出台国家道路交通安全行动计划、国家货运和供应链战略等国家级战略，还邀请生产力委员会对交通运输法规改革的经济影响进行评估，并通过改革建立更加统一的全国运输服务市场。澳大利亚政府计划在未来十年内投资 1 000 亿澳元用于新建和升级交通基础设施。

（二）其他成员与澳大利亚就审议期内贸易政策的问答

WTO 其他成员与澳大利亚就相关审议内容的问答文件共 256 页，包含 31 个 WTO 成员的近千个问题，文件编号为 WT/TPR/M/396/Add.1。美国就澳大利亚进口关税政策、海关通关程序、生物安全和食品安全立法、政府采购政策、知识产权保护措施、贸易政策和相关措施等内容提出了 49 个问题。中国就澳大利亚外国投资审查制度、政府采购政策、卫生与植物卫生措施、补贴政策、金融市场改革、数字经济发展规划、税收优惠政策、电信行业改革措施等提出了 85 个问题。[①]

五、2020 年日本参加贸易政策审议情况

（一）WTO 秘书处对日本贸易政策的审议情况

WTO 秘书处对日本贸易政策审议的报告共 209 页，文件编号为 WT/TPR/S/397，包括经济环境、贸易和投资体制、影响贸易的政策和措施、行业贸易政策 4 个部分。[②]

1. 日本经济环境总体情况

审议期间，日本政府继续通过改善财政状况、减少财政赤字、提高就业率和女性劳动力参与率来支持经济增长。2017 年，日本 GDP 增长率为 1.9%，2016—2018 年平均 GDP 增长率为 1.1%，相较于 2013—2015 年的平均增长率 1.2%，增长有所放缓。审议期间，通货膨胀率大大低于日本中央银行 1%的目标，失业率继续下降，2018 年失业率为 2.4%。

审议期间，日本在税收、竞争政策、公司治理和劳动力市场政策等领域进行了结构性改革，多要素生产率和劳动生产率均出现正增长。日本的货币政策包括负利率和量化质化宽松货币政策，继续为经济增长提供货币刺激，建立稳定的金融环境。审议期间，日本继续采用自由浮动汇率制度，不进行外汇干预，

① WTO. Trade Policy Review-Minutes of the Meeting(Australia 2020)［EB/OL］. https://www.wto.org/english/tratop_e/tpr_e/tp496_e.htm.

② WTO. Trade Policy Review Report by the Secretariat(Japan 2020)［EB/OL］. https://www.wto.org/english/tratop_e/tpr_e/tp497_e.htm.

日元对美元汇率小幅上升。经常账户出现较大盈余，2017 年达到峰值，占 GDP 的 4.1%，2018 下降至占 GDP 的 3.5%，据估计，这一比例将在 2019 年继续保持。外汇储备稳步增长，外债总额稳步上升，2018 年占 GDP 的 81%。财政赤字略有下降，2017 和 2018 年均占 GDP 的 3.2%。审议期间，日本侧重于通过提供配套和咨询服务吸引外国直接投资，并对《外汇及对外贸易法》进行了修订。

2. 日本贸易与投资体制变化

日本将贸易政策渗透在当前的发展战略中，如安倍经济学、2016 日本复兴战略、未来投资战略、新的经济一揽子计划、2019 年新增长战略等。自 2017 年以来，在日本生效的新区域贸易协定有 CPTPP 和《欧日经济伙伴关系协定》。审议期间，日本签署了《东盟—日本全面经济伙伴关系协定》第一份议定书和《日美贸易协定》。

审议期间，日本贸易政策目标基本没有发生变化。日本推出了改善营商环境的系列举措，包括推行劳动力市场改革、改善公司治理、降低公司税等，监管改革试点计划将继续在国家战略特区进行。审议期内，日本作为申诉方参与了 3 起新的争端解决案件。

3. 影响贸易的措施和政策变化

2019 年，日本平均最惠国关税税率小幅上升至 6.3%，略高于 2016 年的 6.1%。农产品平均关税税率为 17.9%，非农产品平均关税税率为 3.5%。审议期间，日本共对 2 个贸易伙伴实施 7 项反倾销措施，涉及 4 种产品，没有实施反补贴措施和保障措施。

审议期间，日本的出口管制制度发生了变化，不征收任何出口税，也不维持任何出口配额或实施出口补贴方案。卫生和植物检疫措施方面，日本修订了《食品卫生法》，以适应变化的饮食模式和食品卫生环境，增强卫生管制；对《农药管理法》进行了修订，以提升农药的安全性和农业效率。审议期间，政府采购的基本规则大体保持不变。对竞争政策的法律框架进行了更新，引入了 CPTPP 框架下的相关承诺。2018 年，日本发布了新的《知识产权战略愿景》，修正了知识产权领域立法，出台了数据保护、版权限制、促进知识产权执法等措施。2018 年日本通过《综合创新战略》，成立综合创新战略促进委员会。

4. 行业贸易措施及政策变化

审议期间，日本的农业支持和保护水平较高，2018 年占 GDP 的 0.84%，是 OECD 平均水平的两倍。渔业方面，日本于 2018 年修订了《渔业法》，在总可捕量制度范围内，采取个人配额制度，并通过改革捕鱼权分配向私人投资者开放渔业部门。2017 年，日本拨款 687 亿日元用于支持渔业发展，采取各种措施打击非法、未报告和无管制捕捞活动。2018 年 12 月，日本退出将于 2019 年 6 月生效的《国际捕鲸管制公约》，以恢复商业捕鲸。

能源方面，2018 年日本提出《能源基本计划》，主要目标是将可再生能源在能源结构中的比重从 2017 年的 12%提高至 2030 年的 24%，恢复核电生产能力，实现减少温室气体排放的国家目标，发展电动和氢动力汽车，提升能源利用效率。审议期间，日本推行了电力和天然气部门的自由化改革，放开两部门零售市场。

审议期间，日本金融服务制度基本保持不变，《巴塞尔协议Ⅳ》和反洗钱措施得到逐步实施。日本正在制定电子支付和加密货币监管框架，对电信服务监管体系进行了拓展，5G、物联网等现代网络设备正在积极部署。

（二）其他成员与日本就审议期内贸易政策的问答

WTO 其他成员与日本就相关审议内容的问答文件共 286 页，包含 36 个 WTO 成员的近千个问题，文件编号为 WT/TPR/M/397/Add.1。其中美国就日本贸易协定谈判进展、关税政策、农业补贴政策、卫生和植物检疫措施、结构性改革及财政政策、投资制度变化、影响贸易的政策和措施、知识产权保护等提出 115 个问题。中国就日本农业政策、普惠制改革、贸易政策和相关措施、外商投资制度、渔业政策、知识产权保护、国内的经济政策框架、金融市场监管、贸易救济措施、竞争政策等内容提出了 97 个问题。①

六、2020 年中国澳门参加贸易政策审议情况

（一）WTO 秘书处对中国澳门贸易政策的审议情况

WTO 秘书处对中国澳门贸易政策审议的报告共 126 页，文件编号为 WT/TPR/S/402，包括经济环境、贸易和投资体制、影响贸易的政策和措施、行业贸易政策 4 个部分。②

1. 中国澳门经济环境总体情况

中国澳门的经济以服务业为主，服务业产值占 GDP 的 95%以上，服务业就业人数约占总就业人数的 90%。审议期间，博彩业仍是中国澳门的主要经济活

---

① WTO. Trade Policy Review-Minutes of the Meeting(Japan 2020)［EB/OL］. https://www.wto.org/english/tratop_e/tpr_e/tp497_e.htm.

② WTO. Trade Policy Review Report by the Secretariat(Macao, China 2020)［EB/OL］. https://www.wto.org/english/tratop_e/tpr_e/tp502_e.htm.

动，博彩业产值占 GDP 的比重自 2012 年的 62.9%下降至 2018 年的 50.5%。中国澳门政府致力于使经济多元化，防范因对博彩业高度依赖而可能形成的经济冲击。中国澳门第一个五年发展计划（2016—2020 年）为经济多元化规划了发展路径，包括鼓励博彩业设置多元化经营目标，提升非博彩收入，鼓励开展会展业、文化产业等多个领域的活动等。中国澳门是全球人均收入最高的地区之一，人均 GDP 从 2012 年的 75 536 美元上升至 2019 年的 79 977 美元。

新冠肺炎疫情对中国澳门博彩业产生巨大负面影响，据估计，2020 年第一季度 GDP 比上季度同期下降了 48.7%。2019 年，中国澳门经常账户盈余为 385 亿美元，占 GDP 的 71.4%。2019 年服务出口总额达 432 亿美元，占总出口额的 96%。中国澳门没有公共外债，但存在大量的私人外债，外债总额在 2018 年达到 GDP 的 186%，反映了私人资本的大量流入。2019 年中国澳门财政盈余占 GDP 的 11.5%，受到新冠肺炎疫情的影响，预计 2020 年将出现财政赤字。2020 年 2 月和 4 月，中国澳门实施财政刺激方案，包括向居民发放救济金、增加医疗支出、提供中小企业无息贷款、居民和企业税务减免等。

2. 中国澳门贸易与投资体制变化

2016 年 4 月，中国澳门批准了《贸易便利化协定》议定书，2017 年 8 月批准了《修改 TRIPs 议定书》。中国澳门在 WTO 第 11 届部长级会议上签署了《关于投资便利化的联合部长声明》，并参与了有关这一问题的非正式对话。中国澳门没有以申诉方、被诉方和第三人身份参与任何 WTO 争端解决案件。2020 年 9 月，中国澳门通知 WTO，将根据《关于争端解决规则与程序的谅解》第 25 条的规定加入多方临时上诉仲裁安排。

自上次审议以来，中国澳门致力于更新和落实与中国香港、中国内地签订的 CEPA，还与中国香港签订了自由贸易协定。CEPA 于 2017 年 10 月 27 日签署，涵盖商品贸易、服务贸易、投资、知识产权和经济技术合作等领域。

3. 影响贸易的措施和政策变化

中国澳门所有现行关税税率为 0。审议期间，为履行 ITA 扩围承诺，中国澳门修改了其关税减让表。中国澳门对某些产品征收消费税，自上次审议以来，对烟草和汽车的征税有所增加。中国澳门没有关于贸易救济的立法，也没有实施任何此类措施。中国澳门没有任何出口补贴，不设置出口加工区、经济特区和自由贸易区。澳门贸易投资促进局负责提供对外贸易、会展业务、促进商业合作等服务。

2020 年，为应对新冠肺炎疫情的负面影响，中国澳门通过立法对直接税和间接税进行临时的豁免或扣除。中国澳门政府采取多种经济刺激计划，如税收优惠、财政支出和其他援助等吸引企业在澳门经营，在中国澳门投资的企业可享受企业融资贷款利息补贴，中小企业可享受免息金融援助和贷款信用担保。此外，中国澳门政府于 2020 年 3 月推出中小企业银行贷款贴息项目，以协助中小企业应对新冠肺炎疫情。

4. 行业贸易措施及政策变化

渔业方面，中国澳门设立渔业发展及援助基金，向渔民提供无息贷款，用于船舶维修、购买燃料、培训活动及应对自然灾害和流行病等。能源政策方面，中国澳门电力市场实行部分自由化，以引入适当竞争，保证电力稳定供应。

审议期间，中国澳门银行业资本充足率远高于 8%，不良贷款率较低，2019 年第二季度为 0.2%。中国澳门将打击洗钱和资助恐怖主义纳入立法框架，并出台了一系列条例加强对金融体系的监管。2019 年，中国澳门移动通信普及率达到 411%，高于 2012 年的 277.2%，86.5%的人口接入互联网。

旅游业方面，2019 年中国澳门迎来有史以来最高的游客人数，约 3 940 万人次，2020 年受到新冠肺炎疫情的影响，游客人数和旅游消费急剧下降。中国澳门政府采取一系列措施恢复旅游业，包括豁免自 2020 年 5 月 1 日起 6 个月内，提供旅游服务的机构的旅游税、减免利得税等。审议期间，中国澳门修订了其博彩业监管制度，于 2018 年停止赛狗活动。中国澳门向 3 家特许经营公司和 3 家次级特许经营公司颁发许可证，所有特许经营公司均有权作为独立法人经营陆上博彩业务，2018 年共经营 41 家赌场。2019 年，博彩收入占中国澳门总收入的 84.4%。

（二）其他成员与中国澳门就审议期内贸易政策的问答

WTO 其他成员与中国澳门就相关审议内容的问答文件共 56 页，包含 12 个 WTO 成员的近百个问题，文件编号为 WT/TPR/M/402/Add.1。其中美国就中国澳门海关估价制度、信息披露情况、特殊与差别待遇等提出 4 个问题。中国就中国澳门海关通关程序、贸易便利化措施、外资投资情况等内容提出 3 个问题。①

① WTO. Trade Policy Review-Minutes of the Meeting(Macao, China 2020)［EB/OL］. https://www.wto.org/english/tratop_e/tpr_e/tp502_e.htm.

第九章

区域贸易协定

第一节　区域贸易协定执行情况

区域贸易协定（或称区域贸易安排，Regional Trade Agreement，RTA）是指两个或多个政府间为了达到区域贸易自由化或贸易便利化的目标而签署的协定。在 WTO 框架下，区域贸易协定的“区域”是指一定的国家、单独关税区范围的“区域”，不仅属于同一或相邻地域；“协定”的内容不仅包括货物贸易协定，也涵盖更广泛的投资、服务贸易、人员流动、知识产权保护、货币金融、政府采购、环境保护、标准化等领域的承诺协定。当前的区域贸易协定也被称为“WTO+”（WTO plus）型，协定内容早已超越了传统的关税减让范围，甚至超过了现有多边贸易体制规范的范围。

一、RTA 通报情况

RTA 包括自由贸易协定和关税同盟。根据 WTO 规定，WTO 成员（之前为 GATT 缔约方）需按照 RTA 所涵盖的货物领域或服务领域以及新加入现有 RTA 的情况分别向 WTO 通报其生效的 RTA。在 GATT 时期，GATT 缔约方共有 37 起与货物领域相关的 RTA 通报、3 起与服务领域相关的 RTA 通报和 4 起加入现有 RTA 的通报。自 1995 年 WTO 成立以来，WTO 成员进行了 305 起与货物领域相关的 RTA 通报、168 起与服务领域相关的 RTA 通报和 26 起加入现有 RTA 的通报。总体来看，截至 2021 年 1 月 15 日，GATT/WTO 收到的各种类型的 RTA 通报共 760 个，其中部分 RTA 已经失效，目前仍生效的 RTA 有 335 个①。考虑

① 若未做特别解释，本章 RTA 统计均为 1995 年至 2021 年 1 月 15 日期间仍生效的 RTA 数量和相关通报情况。

到一个 RTA 可能有多个通报，这 335 个 RTA 对应了 543 个通报。

从数量趋势来看，1995 年至 2021 年 1 月 15 日，每年累计生效的 RTA 数量持续增加（见图 9.1）。

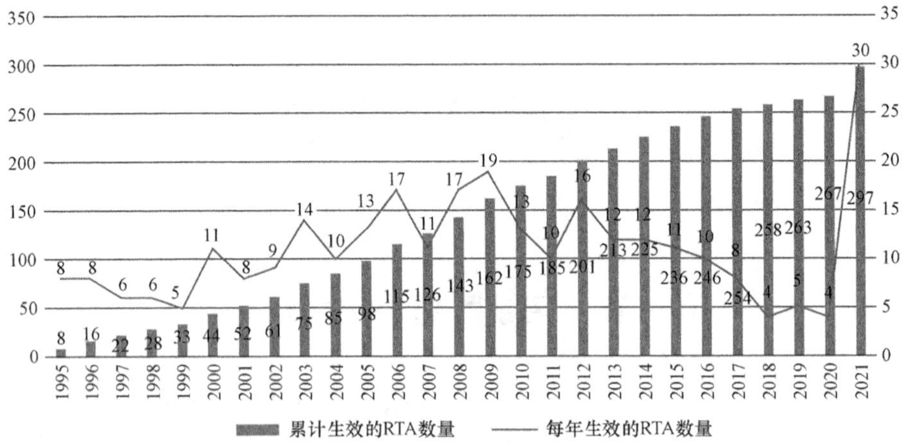

图 9.1　1995—2021 年生效的 RTA 数量

资料来源：根据 WTO 网站资料绘制，http://rtais.wto.org/UI/PublicMaintain RTAHome.aspx。

从涵盖领域来看，在目前生效的 335 个 RTA 中，同时覆盖货物和服务领域的 RTA 有 169 个，仅涉及服务领域的 RTA 有 2 个，其余 164 个 RTA 仅涉及货物领域（见表 9.1）。近些年 RTA 开始注重向服务贸易领域延伸，截至 2021 年 1 月 15 日，同时涵盖货物和服务领域的 RTA 数量与仅涉及货物贸易的 RTA 数量几乎持平。

表 9.1　　按照 RTA 涵盖领域分类的 RTA 数量　　单位：个

货物领域（Goods）	164
服务领域（Services）	2
货物和服务领域（Goods&Services）	169
合计	335

资料来源：根据 WTO 网站资料整理，http://rtais.wto.org/UI/publicsummary table.aspx。

从地理区域来看，1995 年以来，欧洲国家的 RTA 通报数量最多（占所有生效 RTA 的 37.91%），其次为东亚（占所有生效 RTA 的 27.76%）、南美洲（占所有生效 RTA 的 17.91%）、北美洲（占所有生效 RTA 的 12.24%）和独联体国家（占所有生效 RTA 的 11.84%）（见图 9.2）。这些地区同时也是 RTA 谈判最活跃的地区。

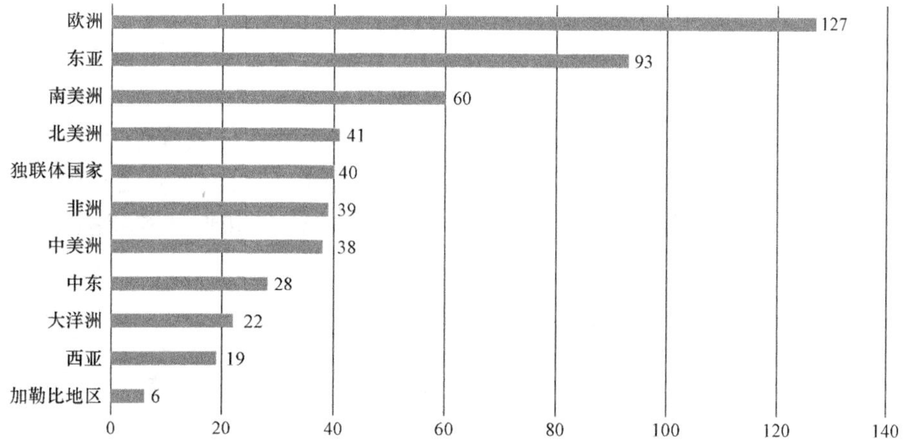

图 9.2 1995—2021 年通报的 RTA 的地区分布

注：涉及两个或两个以上区域的 RTA 被多次计算。

资料来源：根据 WTO 网站资料绘制，http://rtais.wto.org/UI/charts.aspx。

从法律依据来看，WTO 框架下对 WTO 成员缔结 RTA 赋予了一定的法律基础，相关规则包括：GATT1994 第 24 条“适用领土、边境贸易、关税同盟和自由贸易区”；GATS 第 5 条“经济一体化”及相关“劳动力市场一体化协定”；1979 年东京回合谈判达成的对于发展中国家优惠贸易安排的授权条款。截至 2021 年 1 月 15 日，WTO 成员根据 GATT 1994 第 24 条进行的 RTA 通报有 304 个，根据授权条款进行的 RTA 通报有 61 个，根据 GATS 第 5 条进行的 RTA 通报有 178 个（见表 9.2）。

表 9.2 按照通报类型分类的 RTA 通报统计量 **单位：个**

类别	加入已有协定的 RTA 通报数量	新通报的 RTA 数量	合计
GATT1994 第 24 条	18	286	304
授权条款	5	56	61

续表

类别	加入已有协定的 RTA 通报数量	新通报的 RTA 数量	合计
GATS 第 5 条	7	171	178
合计	30	513	543

资料来源：根据 WTO 网站资料整理，http://rtais.wto.org/UI/publicsummary table.aspx。

按照所通报的 RTA 类型划分，关税同盟（CU）相关通报共 30 个，占通报总数的 5.5%；经济一体化协定（EIA）相关通报有 178 个，占比为 32.8%；自由贸易协定（FTA）相关通报有 307 个，占比为 56.5%；部分领域协定（PSA）相关通报有 28 个，占比为 5.2%。由此可见，RTA 仍以自由贸易协定（FTA）、经济一体化协定（EIA）为主，辅之以少量的关税同盟（CU）和部分领域协定（PSA）（见表 9.3）。

表 9.3　　按照 RTA 类型分类的通报统计量　　单位：个

类别	授权条款	GATS 第 5 条	GATT1994 第 24 条	合计
关税同盟	7	0	11	18
关税同盟——加入已有协定	2	0	10	12
经济一体化协定	0	171	0	171
经济一体化协定——加入已有协定	0	7	0	7
自由贸易协定	23	0	275	298
自由贸易协定——加入已有协定	1	0	8	9
部分领域协定	26	0	0	26
部分领域协定——加入已有协定	2	0	0	2
合计	61	178	304	543

资料来源：根据 WTO 网站资料整理，http://rtais.wto.org/UI/publicsummarytable.aspx。

WTO 成员通过 RTA 委员会（依据 GATT 第 24 条和 GATS 第 5 条的通报）或贸易与发展委员会（依据授权条款的通报）对 RTA 的通报情况进行审议。审议是基于 WTO 秘书处根据 RTA 缔约方提供的信息和数据进行的事实陈述以及 WTO 成员之间的提问与回答。截至 2021 年 1 月 15 日，按照 WTO 对 RTA 的审议进程分类，正在起草过程或已发布的事实陈述有 339 个，占比为 62.43%；被搁置的事实陈述有 6 个，占比为 1.1%；发布的事实概要有 70 个，占比为 12.89%；已发布并采纳报告有 19 个，占比为 3.50%；未发布报告有 8 个，占比为 1.47%。其中，已发布并采纳报告和未发布报告这两项仅与 1948—1994 年通报的 RTA 有关。详情见表 9.4。

表 9.4　　按照 WTO 对 RTA 的审议进程分类的 RTA 通报统计量　　**单位：个**

类别	授权条款	GATS 第 5 条	GATT 第 24 条	合计
根据 WTO 区域贸易协定的透明度机制				
等待各方数据的事实陈述	8	16	45	69
目前正在起草的事实陈述	1	1	1	3
等待各方提出意见的事实陈述	5	2	2	9
正在定稿的事实陈述	0	0	0	0
已发布的事实陈述	26	133	180	339
将要进行的事实陈述	0	0	20	20
被搁置的事实陈述	0	6	0	6
发布的事实概要	11	20	39	70
在 WTO 区域贸易协定透明度机制之前（GATT 时期）				
已发布并采纳报告	2	0	17	19
未发布报告	8	0	0	8
合计	61	178	304	543

注：事实陈述是 WTO 秘书处根据透明度机制第 7（b）条的规定与各缔约方充分协商的文件进行编写，是 WTO 成员审议 RTA 的基础，用于描述贸易环境、RTA 的特点及其对缔约方市场准入的影响。事实概要是对 RTA 特点的简短总结，由 WTO 秘书处根据透明度机制第 22（b）条编写。

资料来源：根据 WTO 网站资料整理，http://rtais.wto.org/UI/publicsummary table.aspx。

二、新通报的 RTA

根据 WTO 的 RTA 数据库资料，2019 年共有 15 个 RTA 通报，其中欧盟—日本 FTA 和中国香港—格鲁吉亚 FTA 同时在货物和服务领域下进行通报，因此实际上通报的是 13 个 RTA。

如表 9.5 所示，根据 GATT 1994 第 24 条和 GATS 第 5 条规定进行的 RTA 通报有 7 个（涵盖 5 个 RTA），根据授权条款进行的 RTA 通报有 8 个。此外，2019 年新通报的 RTA 中仅有 2 个 RTA 为当年生效，其余 11 个 RTA 都是之前生效，2019 年才进行通报。

表 9.5　　2019 年新通报的生效的 RTA 一览表

序号	RTA	领域	类型	通报日期	生效日期
1	欧盟—日本	货物与服务	FTA&EIA	2019 年 1 月 14 日	2019 年 2 月 1 日
2	中国香港—格鲁吉亚	货物与服务	FTA&EIA	2019 年 2 月 12 日	2019 年 2 月 13 日
3	阿根廷—墨西哥	货物	PSA	2019 年 7 月 23 日	1987 年 1 月 1 日
4	亚太贸易协定	货物与服务	PSA & EIA	1976 年 11 月 2 日（G），2019 年 6 月 17 日（S）	1976 年 6 月 17 日（G），2013 年 9 月 17 日（S）
5	巴西—墨西哥	货物	PSA	2019 年 7 月 23 日	2003 年 5 月 2 日
6	厄瓜多尔—墨西哥	货物	PSA	2019 年 7 月 23 日	1983 年 5 月 1 日
7	欧盟—美国	服务	EIA	2019 年 8 月 23 日	2018 年 6 月 1 日
8	印度尼西亚—巴基斯坦	货物	PSA	2019 年 11 月 12 日	2013 年 9 月 1 日
9	墨西哥—玻利维亚	货物	PSA	2019 年 7 月 23 日	2010 年 6 月 7 日
10	墨西哥—古巴	货物	PSA	2019 年 7 月 23 日	2001 年 2 月 28 日
11	墨西哥—巴拉圭	货物	PSA	2019 年 7 月 23 日	1984 年 1 月 1 日
12	摩洛哥—阿联酋	货物	FTA	2019 年 6 月 19 日	2003 年 7 月 9 日

续表

序号	RTA	领域	类型	通报日期	生效日期
13	南方共同市场—以色列	货物	FTA	2019 年 3 月 29 日	2009 年 12 月 23 日

注：G 代表货物贸易领域，S 代表服务贸易领域

资料来源：根据 WTO 网站资料整理，http://rtais.wto.org/UI/PublicSearchByCr.aspx。

2020 年共有 61 个 RTA 通报，其中有 18 个 RTA 同时涵盖货物和服务领域，有 4 个 RTA 属于加入原有协定，需要通报两次，实际是通报的是 40 个 RTA。上述 61 个 RTA 通报都是根据 GATT 1994 第 24 条和 GATS 第 5 条规定进行的通报，没有根据授权条款进行的 RTA 通报（见表 9.6）。

表 9.6　　2020 年新通报的生效的 RTA 一览表

序号	RTA	领域	类型	通报日期	生效日期
1	智利—印度尼西亚	货物	FTA	2020 年 4 月 1 日	2019 年 8 月 10 日
2	萨摩亚加入欧盟—太平洋国家临时 EPA	货物	FTA	2020 年 10 月 26 日	2019 年 12 月 31 日
3	所罗门群岛加入欧盟—太平洋国家临时 EPA	货物	FTA	2020 年 10 月 26 日	2020 年 5 月 17 日
4	欧盟—新加坡	货物与服务	FTA & EIA	2020 年 4 月 1 日	2019 年 11 月 21 日
5	欧盟—越南	货物与服务	FTA & EIA	2020 年 7 月 13 日	2020 年 8 月 1 日
6	欧亚经济联盟—伊朗	货物	FTA	2020 年 1 月 31 日	2019 年 10 月 27 日
7	中国香港—澳大利亚	货物与服务	FTA & EIA	2020 年 6 月 24 日	2020 年 1 月 17 日
8	秘鲁—澳大利亚	货物与服务	FTA & EIA	2020 年 12 月 31 日	2020 年 2 月 11 日
9	英国—喀麦隆	货物	FTA	2020 年 12 月 31 日	2021 年 1 月 1 日
10	英国—加拿大	货物	FTA	2020 年 12 月 31 日	2021 年 1 月 1 日

续表

序号	RTA	领域	类型	通报日期	生效日期
11	英国—加勒比国家	货物与服务	FTA & EIA	2020年12月31日	2021年1月1日
12	英国—中美洲	货物与服务	FTA & EIA	2020年12月31日	2021年1月1日
13	英国—智利	货物与服务	FTA & EIA	2020年12月31日	2021年1月1日
14	英国—哥伦比亚	货物与服务	FTA & EIA	2020年12月31日	2021年1月1日
15	英国—科特迪瓦	货物	FTA	2020年12月31日	2021年1月1日
16	英国—非洲东部和南部国家	货物	FTA	2020年12月31日	2021年1月1日
17	英国—厄瓜多尔和秘鲁	货物与服务	FTA & EIA	2020年12月31日	2021年1月1日
18	英国—埃及	货物	FTA	2020年12月31日	2021年1月1日
19	英国—法罗群岛	货物	FTA	2020年12月31日	2021年1月1日
20	英国—格鲁吉亚	货物与服务	FTA & EIA	2020年12月31日	2021年1月1日
21	英国—以色列	货物	FTA	2020年12月31日	2021年1月1日
22	英国—日本	货物与服务	FTA & EIA	2020年12月31日	2021年1月1日
23	英国—肯尼亚	货物	FTA	2020年12月31日	2021年1月1日
24	英国—韩国	货物与服务	FTA & EIA	2020年12月31日	2021年1月1日
25	英国—科索沃	货物	FTA	2020年12月31日	2021年1月1日
26	英国—黎巴嫩	货物	FTA	2020年12月31日	2021年1月1日
27	英国—摩尔多瓦	货物与服务	FTA & EIA	2020年12月31日	2021年1月1日
28	英国—摩洛哥	货物	FTA	2020年12月31日	2021年1月1日

续表

序号	RTA	领域	类型	通报日期	生效日期
29	英国—北马其顿	货物与服务	FTA & EIA	2020 年 12 月 31 日	2021 年 1 月 1 日
30	英国—挪威和冰岛	货物	FTA	2020 年 12 月 31 日	2021 年 1 月 1 日
31	萨摩亚加入英国—太平洋国家临时 EPA	货物	FTA	2020 年 12 月 31 日	2021 年 1 月 1 日
32	所罗门群岛加入英国—太平洋国家临时 EPA	货物	FTA	2020 年 12 月 31 日	2021 年 1 月 1 日
33	英国—巴勒斯坦	货物	FTA	2020 年 12 月 31 日	2021 年 1 月 1 日
34	英国—新加坡	货物与服务	FTA & EIA	2020 年 12 月 31 日	2021 年 1 月 1 日
35	英国—瑞士—列支敦士登	货物	FTA	2020 年 12 月 31 日	2021 年 1 月 1 日
36	英国—突尼斯	货物	FTA	2020 年 12 月 31 日	2021 年 1 月 1 日
37	英国—土耳其	货物	FTA	2020 年 12 月 31 日	2021 年 1 月 1 日
38	英国—乌克兰	货物与服务	FTA & EIA	2020 年 12 月 31 日	2021 年 1 月 1 日
39	英国—越南	货物与服务	FTA & EIA	2020 年 12 月 31 日	2021 年 1 月 1 日
40	美国—墨西哥—加拿大	货物与服务	FTA & EIA	2020 年 9 月 16 日	2020 年 7 月 1 日

资料来源：根据 WTO 网站资料整理，http://rtais.wto.org/UI/PublicSearchByCr.aspx。

2020 年 1 月 31 日起，英国正式脱离欧盟，实现全面的政治和经济独立。在 2020 年的 61 条 RTA 通报所涵盖的 40 个 RTA 中，英国参与了 31 个，均是 2020 年 12 月 31 日通报，2021 年 1 月 1 日开始生效。

三、RTA 委员会大事记

2019 年，RTA 委员会召开了 4 次正式会议，详情见表 9.7。

表 9.7　　2019 年 RTA 委员会召开的正式会议

会议名称	时间	会议议程
RTA 委员会第 92 次会议	2019 年 4 月 1 日	RTA 委员会进行 RTA 透明度机制实施情况的报告；欧盟向拉丁美洲一体化协会提出后续问题；通报现有 RTA 变更情况；审议 6 个 RTA：中国香港—中国澳门更紧密经济伙伴关系协定（G&S）、智利—泰国 FTA（G&S）、中国—格鲁吉亚 FTA（G&S）、欧洲自由贸易联盟（EFTA）—中国香港 FTA（G&S）、厄瓜多尔加入欧盟—哥伦比亚—秘鲁之间的贸易协定（G&S）、巴拿马加入中美洲共同市场（G）。
RTA 委员会第 93 次会议	2019 年 6 月 20 日	选举主席团成员
RTA 委员会第 94 次会议	2019 年 9 月 17 日	RTA 委员会进行 RTA 透明度机制实施情况的报告；欧盟向拉丁美洲一体化协会提出后续问题；审议 3 个 RTA：太平洋联盟—哥伦比亚、智利、墨西哥和秘鲁框架协定附加议定书（G&S）、亚美尼亚—哈萨克斯坦 FTA（G）。
RTA 委员会第 95 次会议	2019 年 11 月 8 日	—

注：G 代表货物领域，S 代表服务领域。

资料来源：WTO.Note on the Meeting［EB/OL］. https://www.wto.org/english/tratop_e/region_e/regcom_e.htm.

2020 年，RTA 委员会召开了 3 次正式会议，详情见表 9.8。

表 9.8　　2020 年 RTA 委员会召开的正式会议

会议名称	时间	会议议程
RTA 委员会第 96 次会议	2020 年 7 月 27 日	RTA 委员会进行 RTA 透明度机制实施情况的报告；审议 5 个 RTA：日本—东盟 FTA（G）、韩国—东盟 FTA（G）、中国香港—格鲁吉亚 FTA（G&S）、秘鲁—洪都拉斯 FTA（G&S）、Guam 成员国（摩尔多瓦、阿塞拜疆、格鲁吉亚和乌克兰）之间的 FTA（G）。
RTA 委员会第 97 次会议	2020 年 9 月 22 日	RTA 委员会做 RTA 透明度机制实施情况的报告；审议 2 个 RTA：欧盟—亚美尼亚全面加强伙伴关系协定（S）、南方共同市场—以色列 FTA（G）。
RTA 委员会第 98 次会议	2020 年 11 月 18 日	—

注：G 代表货物领域，S 代表服务领域。

资料来源：WTO.Note on the Meeting［EB/OL］. https://www.wto.org/english/tratop_e/region_e/regcom_e.htm.

第二节 区域贸易协定发展特征与未来趋势

一、区域贸易协定发展特征

（一）多元化趋势更加明显

当前，国际经贸规则正在进行重构，RTA 谈判如雨后春笋，超大型 RTA 成为构建国际经贸新体系的重要平台，高标准、广覆盖的国际贸易投资规则逐步成型。

（二）规则设定更加严格

新一代 RTA 的规则标准远超 WTO 多边规则体系。例如，RTA 原产地规则设计更为严密，不仅在认定标准上有了新的变化，对敏感行业也设定了新的要求。在 WTO 多边规则未覆盖的劳工和环境保护领域，以 USMCA 为代表的 RTA 为该议题设立专章，加入了许多新的高标准条款，例如，USMCA 针对劳工标准要求成员通过国内法律保证履行《国际劳工组织关于工作中基本原则和权利宣言》核心标准的义务，包括结社自由和集体谈判、废除强制或强迫劳动、废除童工、消除雇佣歧视等，以此加强劳动权利的可执行性；USMCA 制定了严格的环境保护条款，对环境法的实施、信息公开与公众参与、环境影响评价、环境合作、磋商和争端解决机制等方面进行了规定，并对环境保护的范围和责任做出了必要的解释。

（三）协议内容全面且深入

新一代的 RTA 在以往基础上涉及条款的范围日益扩大，内容也更加深入，不仅包括与贸易直接相关的措施，如关税、原产地规则、市场准入、技术性贸易壁垒、贸易便利化等议题；更包含了许多与贸易间接或弱相关的措施，如劳工、环境、政府采购、透明度与反腐败、政治体制、文化、人权等议题，并且为了强化措施的可执行性，许多 RTA 制定了必要的法律约束和争端解决机制。同时，新一代 RTA 呈现出包容性和开放性，逐渐忽略地理位置、政治制度、意识形态等差异，开始更大范围地吸纳新成员。

（四）强化公平竞争意识

传统的国际经贸规则以市场规模为导向，解决的是国家边界所带来的交易成本和规模问题，而新的国际经贸规则重构突出国家利益，所追求的是各自在国际分工中的地位和利益最大化。这种背后逻辑的变化必将带来规则理念上的变化，原本追求自由贸易的规则理念逐步向公平贸易的理念演进，主要表现在投资政策、竞争政策等方面。就投资政策的公平性而言，新一代 RTA 主要突出“公平竞争”原则。“负面清单和准入前国民待遇”的规则设计就是此类投资政策的具体体现。就竞争政策而言，新一代 RTA 主要突出“竞争中立”原则，发达国家从自身利益出发，在新一轮国际经贸规则重构中开始设定专门针对国有企业和垄断企业的限制性条款，要求国有企业和垄断企业在国际经贸活动中遵循“竞争中立”原则，不得因其所有权和垄断地位而享受私营企业竞争者所不能享受的竞争优势，以此来确保市场竞争主体的公平地位。

二、区域贸易协定新进展

2020 年，USCMA 生效，RCEP 正式签署。

（一）美国—墨西哥—加拿大协定（USMCA）

经过数年的“车轮式”谈判以及三国内部协调立场，USMCA 最终于 2020 年 7 月 1 日正式生效，取代了生效 24 年之久的 NAFTA。

USMCA 的达成与美国的积极推动密不可分。美国时任总统特朗普上任以后，多次批评 NAFTA 造成美国制造业岗位流失，要求重新谈判协定。2018 年 9 月 30 日，美国、墨西哥、加拿大就更新 NAFTA 达成一致。11 月 30 日，三国领导人在阿根廷首都布宜诺斯艾利斯签署 USMCA，以取代 NAFTA。新版协定的生效需要获得三国立法机构批准。由于三国在汽车产品原产地原则、“日落条款”、是否终止所谓的第 19 章争端解决机制、劳工权益、环境保护等方面存在严重分歧，协定签署之后经过了多轮谈判，其间美国不断向墨西哥和加拿大施压，甚至一度以加征关税为要挟。2019 年 12 月 10 日，美墨加三国最终签署了 USMCA 修订版。2020 年 1 月 29 日，美国时任总统特朗普签署了修订后的 USMCA，为协定的生效扫清了最大障碍。

从规则文本来看，USMCA 共计 34 章，比 NAFTA 多 12 章，比 TPP 多 4 章，涵盖内容广泛。USMCA 保留了 NAFTA 的大部分内容，并且在绝大部分继承 TPP 的基础上对议题有所调整：将某些新议题纳入谈判框架，并对某些议题进行了扩充或删减。表 9.9 列明了 NAFTA、TPP、USMCA 各自所涵盖的议题对比。

表 9.9　　NAFTA、TPP、USMCA 议题对比

<table>
<tr><th>NAFTA</th><th>TPP</th><th>USMCA</th></tr>
<tr><td>00 序言</td><td>00 序言</td><td>00 序言</td></tr>
<tr><td>02 一般定义</td><td>01 初始条款和一般定义</td><td>01 定义</td></tr>
<tr><td>03 货物国民待遇与市场准入</td><td>02 货物国民待遇与市场准入</td><td>02 货物国民待遇与市场准入</td></tr>
<tr><td>07 农业、卫生与植物检疫措施（农业部分）</td><td>02 货物国民待遇与市场准入第 C 节农业</td><td>03 农业</td></tr>
<tr><td rowspan="2">04 原产地规则</td><td rowspan="2">03 原产地规则和原产地程序</td><td>04 原产地规则</td></tr>
<tr><td>05 原产地程序</td></tr>
<tr><td>03 货物国民待遇与市场准入附件 300－B</td><td>04 纺织品和服装</td><td>06 纺织品和服装</td></tr>
<tr><td>05 海关程序</td><td>05 海关管理和贸易便利化</td><td>07 海关管理和贸易便利化</td></tr>
<tr><td>无</td><td>无</td><td>08 对墨西哥拥有碳氢化物的承认</td></tr>
<tr><td>07 农业、卫生与植物检疫措施</td><td>07 卫生和植物卫生措施</td><td>09 卫生检疫措施</td></tr>
<tr><td>08 紧急行动（保障措施）</td><td rowspan="2">06 贸易救济</td><td rowspan="2">10 贸易救济</td></tr>
<tr><td>19 反倾销与反补贴税事宜的审议与争端解决</td></tr>
<tr><td>09 标准相关措施</td><td>08 技术性贸易壁垒</td><td>11 技术性贸易壁垒</td></tr>
<tr><td>06 能源与基本石化产品</td><td>无</td><td>12 行业部门附件</td></tr>
<tr><td>10 政府采购</td><td>15 政府采购</td><td>13 政府采购</td></tr>
<tr><td>11 投资</td><td>09 投资</td><td>14 投资</td></tr>
<tr><td>12 跨境服务贸易</td><td>12 跨境服务贸易</td><td>15 跨境服务贸易</td></tr>
<tr><td>16 商务人员临时入境</td><td>12 商务人员临时入境</td><td>16 商务人员临时入境</td></tr>
<tr><td>14 金融服务</td><td>11 金融服务</td><td>17 金融服务</td></tr>
<tr><td>13 电信</td><td>13 电信</td><td>18 通信</td></tr>
<tr><td>无</td><td>14 电子商务</td><td>19 数字贸易</td></tr>
<tr><td>17 知识产权</td><td>18 知识产权</td><td>20 知识产权</td></tr>
</table>

续表

NAFTA	TPP	USMCA
15 竞争政策、垄断机构与国有企业	16 竞争政策	21 竞争政策
	17 国有企业和指定垄断	22 国有企业和指定垄断企业
无（通过附属协议增补）	19 劳工	23 劳工
无（通过附属协议增补）	20 环境	24 环境
无	24 中小企业	25 中小企业
无	22 竞争力和商务便利化	26 竞争力
无	26 透明度和反腐败（反腐败部分）	27 反腐败
无	25 监管一致性	28 良好监管实践
18 法律的发布、通报与实施	26 透明度和反腐败（透明度部分）	29 公布和管理
20 机构安排与争端解决程序	27 管理和机制条款	30 管理和机制条款
	28 争端解决	31 争端解决
21 例外	29 例外和一般条款	32 例外和一般条款
无	无	33 宏观政策和汇率
22 最终条款	30 最终条款	34 最终条款
01 目标	无	无
06 能源与基本石化产品	无	无
无	21 合作和能力建设	无
无	23 发展	无

注：序号为不同协定中议题的章序号。

与 NAFTA 相比，USMCA 在以下方面有所进步。

1. 加强了规则议题的广度和深度

与 NAFTA 相比，USMCA 扩大了议题涵盖范围，提高了已有议题的标准。

就议题范围而言，USMCA 增加了诸多新议题，扩大了规则的管辖范围，包括：（1）扩充了农业、原产地规则、纺织品和服装、海关管理与贸易便利化、贸易救济、技术性贸易壁垒、行政部门附件、竞争政策与国有企业、劳工和环境、透明度与反腐败、管理和机制条款、争端解决等议题。（2）新增了“对墨西哥拥有碳氢化物的承认”章节，新增了数字贸易、中小企业、竞争力议题；特别是新增了宏观政策和汇率议题，NAFTA 和 TPP 都没有相关章节。

就议题标准而言，USMCA 的诸多标准更为严格，比如：（1）在知识产权领域，一是延长了相关保护期限，将生物制药的保护期限由 8 年延长为 10 年；医药方面延长了未披露信息或其他数据的保护期限，由原来的 8 年改为 10 年；首次规定工业设计的保护期限为授予或注册日起至少 15 年；版权的保护期限由 70 年延长为 75 年；二是扩大了受保护的范围，比如扩大了生物制药的保护范围，扩大了可注册商标的客体范围；三是加强了对特定对象知识产权的保护，比如加强了地理标志保护。（2）在数字贸易领域，一是对缔约方的要求从边境规则扩展到边境后规则，即要求缔约方设立与数字贸易相关的国内法律框架；二是进一步推动跨境数据流动和政府数据开放；三是进一步降低了跨境电子商务非关税壁垒，删除了 TPP 中计算机设施本地化中的例外条款，并将源代码条款中的规制范围从源代码扩展到算法。

2. 意在强化区域价值链

USMCA 通过畸高的原产地标准割裂了全球价值链，使得这一分工体系逐渐向区域价值链收缩。畸高的原产地标准主要表现为以下两个条款：一是 TPP 中成套货物或组装品中非原产地货物的价值不超过该货物价值的 10%，则该货物仍被认定为原产地货物；USMCA 中由 10%降低到 7%。二是汽车原产地规则。汽车部件在美墨加三国生产比例由此前的 62.5%提高至 75%，才能享受关税减免待遇。其中，使用的钢和铝必须有 70%以上原产于北美地区。生产乘用车的高工资（指每小时工资至少 16 美元）劳动占比需从 2020 年以前的 30%逐步增加到 2023 年的至少 40%。

3. 具有“规锁”中国的意图

美国对华政策由侧重接纳与改变的“接触”转变为“规锁”。这种政策意图在 USMCA 中的“毒丸条款”、知识产权、国有企业与指定垄断、宏观政策和汇率、投资等章节中都有明显体现。例如，USMCA 第 32 章第 10.4 条包含“非市场经济体”条款，国际上普遍认为该条款具有针对中国的意味，具体内容为：任何一方与“非市场经济体”签订自由贸易协定，另外两方可以自行选择在 6 个月后退出三方协定，并达成彼此之间的双边协定”。同时，某一缔约方若与“非市场经济体”签署自由贸易协定，不仅要提前三个月通知其他缔约方，还要提前至少 30 天将协议文本提交其他缔约方审查，以确定是否会对 USMCA 产生影响。这种专门针对“非市场经济体”的条款在投资章节里面也有出现，即如果来自“非市场经济体”的投资者控制了缔约方的一家企业，如果此时这家企业与另一缔约方发生了投资争议，则该企业不能运用投资者—东道国争端解决机制进行救济。该投资条款仅针对美国和墨西哥两国。此外，USMCA 中的国有企业和指定垄断章节通过纳入国有企业定义和非商业援助等条款，加强了对国有企业的规制，这些将对中国国有企业“走出去”带来外围规则压力。

（二）区域全面经济伙伴关系协定（RCEP）

在经历了 8 年 31 轮谈判之后，东盟 10 国与中国、日本、韩国、澳大利亚、新西兰于 2020 年 11 月 15 日正式签署 RCEP。该协定的签署标志着世界上人口数量最多、成员结构最多元、发展潜力最大的自由贸易区建设成功启动。协定由东盟 10 国发起，邀请中国、日本、韩国、澳大利亚、新西兰、印度 6 个对话伙伴国参加，旨在通过削减关税及非关税壁垒，建立一个 16 国统一市场的自由贸易协定。协定谈判于 2012 年 11 月正式启动，涉及中小企业、投资、经济技术合作、货物和服务贸易等十多个领域。2019 年 11 月 4 日，第三次 RCEP 领导人会议发表联合声明，宣布 15 个成员结束全部文本谈判及所有市场准入的实质性谈判，将启动法律文本审核工作，印度因“有重要问题尚未得到解决”而暂时未加入协定。

根据 2019 年世界银行数据，RCEP 的 15 个成员涵盖全球约 23 亿人口，占全球人口的 30%；这些国家在 2019 年的 GDP 规模达 25.6 万亿美元，占全球经济总量的 29.3%；RCEP 区域内国家的贸易额达 10.4 万亿美元，占全球贸易总额的 27.4%。可以预见，RCEP 建立后，世界经济将形成“三足鼎立”的格局，即以 USMCA 为基础的北美经济圈、以欧盟为基础的欧洲经济圈和以 RCEP 为基础的东亚经济圈将成为支撑未来世界经济发展的“基本盘”。

相较于 USMCA，RCEP 具有更大的包容性和灵活性，并未纳入国有企业、劳工和环境标准等易引发争议的条款，凭借着这种灵活性和协商机制，使各缔约方可以更好地发挥自身的产业竞争优势。具体而言，RCEP 协定具有如下特征。

1. 涵盖领域广泛

RCEP 由 20 个章节和 4 个市场准入承诺表附件组成。在正文 20 个章节中，既有货物贸易、服务贸易、投资、原产地规则等传统内容，也涉及首次在地区范围内达成的水平较高的电子商务合作条款。在具体的市场开放内容上，除了平均 90%的货物贸易自由化水平外，RCEP 开放的服务贸易部门数量明显增加。

例如，中国在加入 WTO 时承诺开放约 100 个服务部门的基础上，新增了研发、管理咨询、制造业相关服务、空运等 22 个部门，并放宽了金融、法律、建筑、海运等 37 个部门的外资所有权限制。

2. 充分展现包容性

RCEP 成员中既包括高收入国家（如日本、韩国、澳大利亚）和中等收入国家（如中国、马来西亚、泰国），也涵盖一些低收入国家（如柬埔寨、老挝、缅甸）。因此，RCEP 在保持自由贸易的基础上充分满足各成员的基本诉求，给予欠发达成员一定的过渡期或例外条款。例如，RCEP 规定部分低收入国家成员同期关税削减任务比其他成员要少，规定部分产品零关税可以保留 20 年的过渡期等。RCEP 专门设置了中小企业和经济技术合作两个章节，旨在弥合不同成员发展水平和能力的差异，帮助有关成员更好地履行相关义务，实现贸易自由化和合作利益分享的相对平衡。此外，RCEP 还为柬埔寨、老挝、缅甸等国制定国内立法和完善监管体系提供了过渡期。

3. 建立和完善高标准规则

RCEP 将贸易自由化与便利化作为首要任务，超过 90%的货物贸易将分阶段实现零关税。RCEP 鼓励各成员采取新技术推动海关通关便利化，促进新型跨境物流发展，如要求成员对货物贸易实现 48 小时内通关，鼓励对生鲜、易腐商品 6 小时通关。在投资条款中，地区经济体首次全面采用负面清单的方式进行谈判和市场开放，同时明确禁止成员要求国外投资人“向其领土内的人转让特定技术、生产流程或其他专有知识”。在服务贸易方面，日本、韩国、澳大利亚、新加坡、文莱、马来西亚、印度尼西亚 7 个成员采用负面清单方式承诺，中国等其余 8 个成员起初采用正面清单承诺，随后将于协定生效 6 年内转变为负面清单，中国的服务贸易开放承诺新增 22 个部分，达到中国已有自由贸易协定的最高水平。在自然人临时移动方面，基本超越各成员已有自由贸易协定的承诺水平。同时，在原产地规则方面，RCEP 还制定了原产地区域累积原则，使得产品原产地价值成分可在 15 个成员构成的区域内进行累积，来自 RCEP 任何一方的价值成分都会被考虑在内，这将大幅降低满足原产地标准的难度，显著提高协定优惠税率的利用率。

RCEP 条款代表着在 WTO 原则基础上贸易规则的再次升级和对更高水平自贸规则的探索与实践。它在知识产权方面显著提高了区域内对知识产权的保护水平，在电子商务领域除了 WTO 框架的常规条款之外，中国首次在协议中引入了数据流动和存储内容。在贸易救济方面，进一步完善了 WTO 规则，并通过“最佳实践”清单方式增强反倾销和反补贴调查的公平性和透明度。协议同时也重点关注在中小企业、经济技术合作等领域加强成员之间的合作，力图使低收入国家以及各成员的中小企业能够充分享受协议所带来的制度红利，更好地融入区域价值链之中。在竞争政策上，还明确了成员须共同遵循的竞争立法和执法原则，同时规定了多种竞争执法合作形式。政府采购相关条款也是中国首次在区域协议中引入。

三、区域贸易协定未来趋势

（一）规则范围将不断扩大、内容持续深化

现阶段 RTA 的规则领域已十分丰富和广泛，超越多边贸易规则的议题数目与范围不断增加。根据 WTO 秘书处对 2000 年以来通报的 RTA 的研究显示，约有 60%的协定同时涉及货物和服务的开放承诺；此外超过一半的协定包含了投资、政府采购、竞争、卫生和植物检疫措施、技术性贸易壁垒、贸易防御措施和知识产权等规则；一些 RTA 还包括 WTO 多边规则尚未涵盖的问题，如环境和劳工标准以及电子商务。此外，新一代 RTA 在传统议题领域不断深化。例如国有企业已经成为当前新一代 RTA，如 CPTPP、USMCA 所涉及的特定议题，并且对国有企业的规制呈现出不断加强的趋势。在国有企业章节中，除了对纳入协定的国有企业进行界定外，对国有企业在国际经贸活动中需要遵守的义务，包括非歧视待遇与商业考虑、非商业援助、透明度等进行日益严格的规范。

（二）跨地区与多重区域协定兴起，未来呈现网络化趋势

近年来，CPTPP、RCEP 等具有很大影响力的超区域贸易协定相继出现。RTA 不再仅由发达国家参与推动，发展中国家也成为缔结 RTA 的重要力量。一些亚太地区的新兴经济体主动提出区域贸易协定构想并积极推动谈判进程。纵观未来国际经贸规则的发展趋势，RTA 将成为重要的区域规则平台，这将使 RTA 网络愈发错综复杂，形成区域主义和多边主义并行不悖的发展趋势。

（三）RTA 是多边贸易体系的有效补充

RTA 的盛行不仅对国际经贸发展产生重大影响，而且对以 WTO 为核心的多边贸易体制产生外围影响。由于 RTA 具有谈判效率高、议题针对性强的优势，各国将注意力更多放在 RTA 谈判中，有可能减少在多边贸易谈判中的资源投入。日益增加的 RTA 还将对多边的最惠国待遇原则造成冲击，并引发“意大利面条碗”的规则效应。

但从另一方面而言，RTA 的不断发展更多的是多边贸易谈判陷入僵局后的

替代性方案，是多边规则体系的重要补充。RTA 在敏感议题上取得的优先共识和成功可以为多边规则体系的改革和完善提供有益借鉴，RTA 在部分规则领域的缺陷也可以为完善多边规则体系总结经验，成为规则多边化的“试验田。

（四）亚太地区经济合作紧密，为区域经济发展注入能量

2020 年，全球经济因遭遇疫情冲击大幅下滑。与此同时，单边主义、贸易保护主义、经济民族主义呈抬头之势，与疫情叠加带来经济全球化的不确定性。在此背景下亚太区域经济合作异军突起、亮点纷呈。

在全球经济最具活力的亚太地区，CPTPP 与 RCEP 被视为实现亚太自由贸易区的两条路径。继 2018 年 CPTPP 正式生效之后，2020 年 RCEP 也终于正式签署。今后亚太地区的供应链体系完整、上下游衔接紧密的优势将更为凸显，经济潜力也将得到更多释放。亚太地区作为一个不断开放、高速发展、相互融合的区域，将在 21 世纪全球经济发展中发挥重要作用，为世界经济发展做出更多贡献。

第三篇

美国贸易政策与中美经贸关系展望

第十章

特朗普政府时期的美国贸易政策

唐纳德·特朗普执政期间，美国的贸易政策在美国国内外政治议题中格外突出，其主张颇具贸易保护主义色彩，不仅先后提出退出 TPP、重新谈判 NAFTA 和美韩自由贸易协定，而且针对钢铝产品进口开展“232 调查”，对中国开展“301 调查”等贸易议题和政策，从而使美国贸易政策偏离了自由化贸易政策，呈现出较强的重商主义色彩。

第一节　特朗普政府面临的国内外形势

特朗普政府面临的国内外形势可以从三个方面来分析：国际贸易发展趋势、美国在世界经济贸易中的地位以及美国国内政治经济形势。

一、国际贸易发展趋势

随着 WTO 成员的增加，贸易自由化“胜利”的争议越来越小，就新的自由化议程达成共识越来越困难，每一轮贸易谈判都需要更长的时间才能完成。多哈发展回合谈判自 2001 年以来一直在进行，农业是一个主要的症结所在，因此仍难以达成最终协议。鉴于在 WTO 的保护下多边贸易自由化进程停滞不前，双边或区域自由贸易协定激增，全球生效的贸易协议已超过 300 个。美国与 20 个国家签署了 14 项此类协议，涵盖的市场准入和规则通常超过 WTO 的承诺水准，其中在奥巴马总统时期美国主导的 TPP 谈判开始生效，但 2017 年 1 月，特朗普签署了一项行政命令，要求美国退出 TPP。自 2013 年以来，美国与欧盟在进行

TTIP 谈判，美国与欧盟及其他成员也在进行《服务贸易协定》（TISA）谈判。但在特朗普政府时期，TTIP 和 TISA 均都停滞不前。

与强劲的历史表现和世界经济增长相比，全球贸易的增长有所放缓。自 2012 年以来，全球商品和服务贸易量每年增长约 3%，不及 2007 年全球金融危机袭来前 30 年平均贸易增长率的一半。1985 年至 2007 年期间，全球贸易平均实际增长速度是世界 GDP 的两倍，而过去五年中，贸易增长几乎没有跟上 GDP 增长的步伐。贸易增长放缓的部分原因是经济活动普遍疲软，贸易自由化步伐下降，全球价值链增长下降以及贸易保护主义抬头。①

尽管在 2007—2009 年国际金融危机后，G20 一再承诺开放市场，但世界主要经济体一直在采取贸易限制措施。根据 WTO 的数据，2019 年 10 月至 2020 年 5 月，G20 经济体实施了 154 项新的贸易政策和相关措施，其中 95 项是促进贸易的措施，59 项是限制贸易的措施。G20 经济体还出台了 31 项与疫情无关的新的贸易限制措施。这些新的进口限制措施覆盖的贸易额估计为 4 175 亿美元，这是 2012 年 5 月以来的第三高水平。2018 年 5 月以来，由于全球贸易局势紧张，进口限制措施的贸易覆盖面大幅增加。据估计，G20 贸易的 2.8%受到当前审议期间实施的进口限制措施的影响。2009 年以来实施并仍在生效的进口限制措施影响了 G20 进口量的约 10.3%（1.6 万亿美元）②。

WTO 的统计数据显示，2008—2018 年，发展中经济体在世界贸易中的表现超过或与发达经济体持平，特别是 2011 年以来，发展中经济体对其他发展中经济体的出口超过对发达经济体的出口。新冠肺炎疫情的冲击下，南南贸易显示出更大的韧性。发展中国家和发达国家在 2020 年第二季度国际贸易的急剧下降和普遍下降是相似的，但发展中经济体的出口似乎恢复得更快。发展中国家出口同比增长从第二季度的–17%增至 7 月的–6%，发达国家出口增长则从–22%提升至–14%。③

二、美国在世界贸易中的地位与作用

尽管美国一直是建立全球贸易框架、机构和规则的推动者之一，但在 1776

① International Monetary Fund.Global Trade: What's behind the Slowdown?[R/OL]//World Economic Outlook: Subdued Demand-Symptoms and Remedies. Washington, DC: International Monetary Fund, https://www.imf.org/external/pubs/ft/weo/2016/02/pdf/c2.pdf (accessed 16 Jun. 2017).

② https://www.wto.org/english/news_e/news20_e/report_trdev_jun20_e.pdf.

③ https://unctad.org/news/global-trade-shows-frail-recovery-third-quarter-outlook-remains-uncertain.

年到 1945 年间，美国贸易政策更符合亚历山大·汉密尔顿的经济民族主义，而不是亚当·斯密的经济自由主义。国会主导了政策制定过程，制定关税水平以保护美国生产商，并为联邦政府带来收入。美国利用英国管理的开放贸易体系所提供的机会，促进了美国的出口。

1945 年后，在改变自身政策的同时，美国将自己置于第二次世界大战后贸易秩序的中心，承担起制定和执行这一秩序规则的责任。美国与英国共同发起两项旨在促进和管理全球贸易的举措：1948 年 1 月生效的 GATT 和国际贸易组织（ITO）。然而，建立国际贸易组织的努力遭到美国国会的强烈反对，并在 1950 年杜鲁门总统宣布不再寻求国会支持后，建立国际贸易组织的努力实际上宣告结束。国际贸易组织于 1947 年过早地失败时，美国政策制定者推动 GATT 作为一个更为温和的替代方案，允许一小部分国家就关税削减进行谈判。在美国领导下，GATT 连续几轮谈判促使关税水平在 20 世纪 70 年代早期大幅下降。到 20 世纪 90 年代，在布什和克林顿政府的领导下，美国推动并完成了最艰难的谈判回合，并将 GATT 转变为更具雄心的 WTO。当 WTO 谈判在 21 世纪前 10 年陷入停滞时，奥巴马政府试图通过在欧洲和亚洲推动“超大区域贸易协定”来维持自由贸易的势头。在推动 TPP 谈判时，奥巴马表示，如果美国不制定规则，中国就会制定规则。这反映了美国对领导力的关注。

关于特朗普政府是否改变了美国在世界上的角色这一问题，众说纷纭。2021 年 1 月美国国会研究处发布的《美国在世界上的角色：国会的背景和问题》报告中描述了不同观察者的不同意见①：一些观察人士，特别是批评特朗普政府的人士认为，在特朗普政府的领导下，美国已经从根本上改变了美国在世界上的角色；其他观察人士，尤其是特朗普政府的支持者，虽然承认与奥巴马政府推行的政策相比，特朗普政府改变了美国在许多方面的外交政策，但仍认为特朗普政府对美国在世界上的角色的改变较少而延续性更强。美国在世界中的角色尚不明确，但在特朗普政府的贸易政策影响下，美国从多边的贸易合作体制逐渐转向双边或区域性的贸易合作，其在世界贸易中的作用的确在发生变化。

美国是世界上最大的经济体、贸易国以及 FDI 来源地和目的地。美国贸易不断扩大，市场和生产变得更加一体化，特别是与新兴经济体的合作程度加深。2019 年，美国最大的贸易伙伴是加拿大、墨西哥、中国、日本、英国以及欧盟。美国有长期的整体贸易赤字；商品贸易逆差超过服务贸易顺差。尽管大多数经

① http://fas.org/spg/crs/row/R44891.pdf.

济学家认为宏观经济变量（例如总储蓄和投资，美元的估值及其在全球市场中的作用）在决定美国贸易逆差方面比贸易政策或协议发挥了更大的作用，但美国贸易政策仍被认定为主要原因。

作为世界上最大的经济体和最大的进口国，美国在国际贸易中发挥着至关重要的作用。而特朗普政府上台以来贸易政策所体现的贸易保护主义，使本来已经疲软的全球贸易变得更糟，从而使全球经济增长更难从贸易增长中获得支持。美国根据其自身的经济利益所拥护的贸易保护主义可能会在全球范围内带出潜在的贸易保护主义。特朗普政府领导下的美国依然积极追求世界贸易规则制定的主导权，只是这次其将“美国优先”作为规则制定的基本原则，而这对其领导下制定的贸易规则的可信度和公正性带来挑战。

三、美国的国内政治经济形势

尽管过去 50 年，美国贸易额占其 GDP 的比重显著上升，但对美国而言，贸易对经济活动贡献的依赖程度仍低于世界其他许多国家的水平。1960 年，美国进出口总额仅占 GDP 的 9%（当年全球平均水平为 24%），2015 年升至 28%（全球平均水平为 58%）。①美国可以通过多种方式从全球贸易中受益，特别是出口，在支持健康的经济和就业方面具有至关重要的作用。2016 年，美国商品和服务出口总值为 2.2 万亿美元，支持了 1 070 万个就业机会。②对美国企业而言，通过贸易协议，美国公司可从进入国外市场中受益，帮助他们成长和创新。③对劳动力而言，出口依赖型行业给员工的薪资比其他行业约高 15%。对消费者而言，贸易有助于降低国内价格，并为消费者提供更多产品。根据 2013 年的数据，每个美国家庭每年从国际贸易中获得的收益为 13 600 美元。④

2017 年 2 月进行的民意调查显示，72%的美国人将贸易视为一种经济机会，这个比例创下历史新高。⑤但总体而言，对贸易的支持并不等同于对自由贸易协定的支持，而与此同时，美国人对自由贸易协定表示出越来越怀疑的态度。2017 年 4 月，认为与其他国家的自由贸易协定对美国是一件好事的美国人占比从 2014 年的 59%降至约 52%。相比之下，有 40%的人表示贸易协定是一件坏事，与 2016

① https://data.worldbank.org/indicator/NE.TRD.GNFS.ZS.

② http://www.trade.gov/mas/ian/build/groups/public/@tg_ian/documents/webcontent/tg_ian_005543.pdf.

③ https://www.usitc.gov/publications/332/ec201504a.pdf.

④ http://cmbinsight.hsbc.com/americamadefortrade.

⑤ http://www.gallup.com/poll/204044/record-high-foreign-trade-opportunity.aspx.

年相比同期增加了 10 个百分点。[1]

由于两党在贸易问题上一度达成的共识已经破裂，国会对进一步自由化的支持也有所减弱。虽然美国早期达成的协议得到了两党对自由贸易的大力支持，但后来达成的协议更具争议性，并导致了更多的党派投票。2001 年至 2015 年，美国国会投票表决的 11 项自由贸易协定，几乎得到了众议院共和党人的一致支持，他们支持批准的比例超过 91%，而众议院民主党人支持批准的比例为 36.5%。尽管共和党传统上更支持自由贸易，但在 2016 年 10 月选举之前，与民主党选民（占选民人数的比例为 59%）相比，共和党选民对自由贸易协定的看法较差（29%持正面看法）。共和党人对自由贸易协定的支持在总统竞选期间大幅下降，这与特朗普对贸易的持续攻击一致，但自 2014 年以来已经在下降。因此，特朗普在 2016 年竞选期间的强硬言论不一定与共和党对贸易的看法相左。自 2009 年以来，民主党人对自由贸易协定表达了比共和党人更有利的观点。2016 年总统竞选期间，尽管希拉里・克林顿和伯尼・桑德斯对贸易协定尤其是 TPP 提出了普遍批评，但是民主党人对自由贸易协定的支持仍然相当稳定。

从对 NAFTA 的态度看，党派之间的贸易分歧也很明显，这是特朗普在竞选期间批评贸易的核心问题。2017 年 2 月至 3 月期间进行的民意调查中，68%的民主党人认为北美自由贸易协定对美国有利，而共和党人只有 30%的人持相同观点。对 NAFTA 的党派评估还取决于各党派之间的人口统计学差异：就对北美自由贸易协定的看法而言，妇女、年轻人和非裔美国人以及西班牙裔美国人（历史上是民主党选民）的观点比男子、50 岁以上公民和非西班牙裔白人（通常是倾向于共和党的选民）的观点更为积极。[2]

特朗普政府的贸易政策，如对外国铝和钢铁进口征收关税，事实上确实迎合了美国人口中的一个特定群体。瑞士信贷首席经济学家詹姆斯・斯威尼在该行年度亚洲投资会议上表示，在美国的某些地区，制造业活动空心化对人们造成了影响，但美国经济主要以服务业为中心。特朗普政府是在迎合人口的一个小群体。第二次世界大战以来，美国普遍无视贸易逆差……但大家都认为，美国实际上从

---

① http://www.pewresearch.org/fact-tank/2017/04/25/support-for-free-trade-agreements-rebounds-modestly-but-wide-partisan-differences-remain/.

② http://www.pewresearch.org/fact-tank/2017/05/09/views-of-nafta-less-positive-and-more-partisan-in-u-s-than-in-canada-and-mexico/.

中得到了很多好处，而世界其他国家持有美国国债的意愿也在发生变化。①

但这部分特定群体并不代表大多数，2019 年 2 月盖洛普的一项调查结果显示，绝大多数美国人现在认为国际贸易对美国有利。总体而言，共和党人和民主党人在这个问题上相对团结，但民主党人（持有利观点的人员比例为 79%）比共和党人（持有利观点的人员比例为 70%）更相信贸易是经济增长的机遇。过去 4 年的民意调查并未表明美国人对特朗普的贸易政策非常满意。2018 年，只有 31%的受访者表示预计特殊关税将带来积极影响。2019 年，对特朗普贸易政策的评估并不比他担任美国总统期间的整体表现更好。商界过去和现在都对特朗普政府的关税措施持极端批评态度。特别是美国农民，他们因中国的报复措施而遭受了巨大的损失，一再要求取消额外的贸易壁垒。②

总而言之，在新的形势下，特朗普政府逆转了大约 70 年来的共识，即美国政府应该如何对待国内外贸易，无论是在概念上还是在实践上。它让美国重新回到了第二次世界大战前的贸易政策版本，但如今，美国却拥有了其作为第二次世界大战后自由世界经济长期领导者所积累的权力和影响力。

第二节　特朗普政府贸易政策的主要内容

通过梳理美国贸易政策的内容（见表 10.1）发现，美国贸易政策主要体现在以下三个方面："美国优先"的国内政策；强化双边、区域性贸易机制；弱化多边贸易体制。③

表 10.1　　2017—2020 年美国总统贸易政策议程梳理

时间	主要任务
2017	1. 严格执行美国贸易法，确保美国工人和企业在美国国内市场和全球其他主要市场都有公平的竞争机会； 2. 利用杠杆打开国外市场，打破其他市场上阻碍美国出口的不公平贸易壁垒； 3. 通过政策维持美国所有经济部门的利益均衡； 4. 保护美国知识产权，确保美国所有人均从知识产权受益； 5. 在现行协定中强制执行劳工条款，并禁止进口和出售由强迫劳动生产的产品；

① https://www.cnbc.com/2018/03/20/credit-suisse-chief-economist-james-sweeney-on-us-trade.html.

② https://english.bdi.eu/article/news/how-did-donald-trump-change-us-trade-policy-and-what-can-we-expect-from-joe-biden/.

③ 孔庆江，刘禹．特朗普政府的"公平贸易"政策及其应对［J］．太平洋学报，2018（10）：41-51.

续表

时间	主要任务
2017	6. 捍卫美国贸易政策的主权，抵制其他国家或 WTO 等国际组织的成员关于削弱美国权力和利益、或增加美国作为缔约国各种义务的解释 7. 签订新的贸易协定，根据需要更新现行的贸易协定，以应对不断变化的市场条件 8. 确保美国贸易政策有利于维持美国经济实力和制造业竞争力，加强美国国家安全
2018	1. 支持国家安全，保护美国利益，使用所有工具阻止他国妨害公平竞争 2. 强化美国经济，通过税法改革减少法规限制 3. 谈判以达成更佳贸易协定，重谈 NAFTA，处理美韩自由贸易协定存在的问题，努力方向还有英国、印太及非洲地区洽谈 4. 积极执行美国贸易法，利用各种救济工具处理贸易问题 5. 改革 WTO，对其争端解决机制表示关注
2019	1. 继续深入开展全球贸易体系，让国会批准 USMCA 2. 继续努力解决与中国存在的贸易问题 3. 使美国贸易政策更好地为美国工人服务，与日本、欧盟和英国展开新的贸易谈判，为美国工人和出口商提供更多机会 4. 推动新的贸易交易和更强有力的执法，继续平衡美国的贸易关系
2020	1. 与包括英国、欧盟和肯尼亚在内的重要战略伙伴达成平衡和对等的贸易协定 2. 继续积极执行美国贸易法，以保护美国企业和工人利益 3. 在 WTO 中探索更广泛的重构，从根本上重新考虑美国及其贸易伙伴的关税承诺，并继续推动对 WTO 预算的仔细审查 4. 倡导革新，以允许形成更多、更有效的诸边协议

注：根据特朗普政府执政期间总统贸易政策议程整理。

一、“美国优先”的国内政策

美国所追求的“公平贸易”政策本质是“美国优先”，即美国利益至上，这体现了特朗普政府的美国孤立主义精神。美国《2018 总统贸易政策议程》强调了“公平贸易”政策，着力打击“不公平贸易行为”，而事实上，在 2017—2020 年的总统贸易政策议程中均体现了把维护美国利益作为政策施行的准则。因此美国贸易政策需适应国家利益及安全战略的要求，在现行的贸易协定下，推行美国贸易法和美国权利，将其作为主张“公平贸易”的依据。在这方面，“美国优先”的贸易政策体现为一系列接踵而至的国内经济政策以及贸易保护措施。

（一）国内经济政策

2017 年 4 月 18 日，特朗普发布“买美国货，雇美国人”的行政命令，要求所有行政部门最大限度地使用美国生产的商品、产品和材料；同时，美国成立贸易和制造业政策办公室。2018 年 1 月，特朗普批准向部分行业制造商提供救济；同年 7 月，美国农业部宣布向美国农民提供高达 120 亿美元的财政援助，以保护他们免受美国与贸易伙伴贸易战的负面影响。

（二）贸易保护政策

美国主要运用美国贸易法实行贸易救济措施：美国商务部依据 1962 年《贸易扩展法》第 232 条款的规定于 2017 年 4 月分别对进口钢铁和铝产品启动“232 调查”；同年 5 月，美国国际贸易法委员会依据《1974 年贸易法》第 201 条款的规定对全球光伏电池及组件发起保障措施调查（“201 调查”）；8 月，美国贸易代表办公室（USTR）依据《1974 年贸易法》第 301 条的规定就中国政府有关技术转让、知识产权及创新的政策措施发起“301 调查”。2018 年 5 月，美国以国家安全为由对进口汽车及零配件发起“232 调查”；同年 5 月，宣布将对包括《中国制造 2025》相关技术在内的 500 亿美元中国输美商品征收 25%的关税；2018 年 7 月，美国农业部宣布向美国农民提供高达 120 亿美元的财政援助。2019 年 4 月，USTR 公布美国计划对欧盟产品征收惩罚性关税以报复欧盟飞机补贴的初步清单；同年 7 月，USTR 对法国拟议的针对美国科技公司的数字服务税发起“301 调查”。2020 年 1 月特朗普总统在公告中宣布，将针对钢（25%）和铝（10%）的额外关税延长至特定的成品钢和铝产品；同年 11 月 30 日，美国海关对新疆建设生产兵团生产的棉花产品发布扣留放行令；12 月 9 日，USTR 提交 USMCA 执法行动，并对加拿大乳制品关税配额的分配提出质疑。2021 年 1 月 13 日，美国海关和边境保护局对所有来自中国新疆地区的棉花和棉花产品发布了全面扣留放行令。

美国采取的一系列保护措施所涉产品十分广泛，包括钢铁与铝产品、汽车、飞机、农产品与数字服务等。与此同时，其贸易政策实施对象也涉及颇多，从墨西哥、加拿大、日本与韩国再到欧盟，其中中国作为美国最大的贸易伙伴和最大的贸易逆差来源国，被美国视为“侵蚀美国安全与繁荣的挑战者”，成为美国贸易保护措施的主要实施对象。①

二、强化双边、区域性贸易机制

特朗普在 2018 年 1 月 30 日发布的国情咨文中提到，美国寻求的贸易关系

① 孔庆江，刘禹．特朗普政府的“公平贸易”政策及其应对［J］．太平洋学报，2018（10）：41-51.

是“公平和互惠”的，并表示将努力解决“坏的贸易协议”、谈判“好的”和“公平的”新协议。

在对 WTO 多边贸易机制不满的情况下，特朗普政府转而通过双边谈判模式，利用其强势地位，充分发挥优势，秉持“美国优先”原则，制定更加利己的规则，并实现美国利益最大化。特朗普政府强调为了更好谈判出“公平平衡”的贸易协定，退出 TPP，重新谈判 NAFTA、《美韩自由贸易协定》、《美日自由贸易协定》，建立美英贸易投资工作组，开放对印度洋—太平洋地区、非洲地区签订双边贸易协定的潜在可能。

对于 NAFTA 的修订，美国寻求建议性而非强制性的争端解决机制，并要求在其中设立“日落条款”，即满 5 年后，除非三国一致同意更新该协定，否则协定将自动终止生效。若不能重新谈判，美国将依据 NAFTA 第 2205 条的规定退出该协定。

对美韩贸易逐年增长的巨大逆差，特朗普对韩国没有严格遵守协定中关于劳工、竞争、关税、医疗器材等的承诺表示担忧，并表示要求重谈《美韩自由贸易协定》，以达成更 “公平”的贸易协定。[①]2018 年 10 月 16 日，USTR 表示，为解决关税和非关税壁垒，并与欧盟、日本及英国实现“更公平、更平衡的贸易”，就《美欧自由贸易协定》《美日自由贸易协定》和《美英自由贸易协定》进行谈判。在与欧盟的谈判过程中，美国主要确保美国纺织品和服装产品的免税准入，并寻求改善美国纺织品和服装产品出口的机会，同时考虑到美国的进口敏感性，还将为原产地规则的认证和核查建立原产地程序。美国和日本于 2019 年 10 月签署《美日自由贸易协定》和《美日数字贸易协议》，其中加强了汽车和农业等行业的市场准入。美国与英国的谈判主旨和要求与对欧盟的谈判主旨和要求相似。

三、弱化多边贸易体制

在美国 2017 年 12 月发布的《国家安全战略报告》中，特朗普政府指出要塑造和改革 WTO，以确保后者提高裁定“不公平贸易行为”的效率和能力。

USTR 美国贸易代表办公室于 2019 年 3 月 1 日发布了《2019 贸易政策议程及 2018 年度报告》，其中美国对 WTO 改革的建议主要有：（1）WTO 必须解决非市场经济的挑战。美国认为 WTO 规则并未充分预料到由国家主导经济发展的

① 孔庆江，刘禹. 特朗普政府的“公平贸易”政策及其应对 [J]. 太平洋学报，2018（10）：41-51.

成员对全球贸易造成的破坏性影响。（2）WTO 争端解决必须充分尊重成员的主权政策选择。WTO 争端解决机制，尤其是上诉机构层面的争端解决机制，大大削弱了现行制度的政治可持续性。（3）WTO 成员必须遵从通知义务。对通知义务的遵从不力使 WTO 缺乏对现有义务的重要执行信息，并且也相应导致谈判进展不足。美国建议对未能履行通知义务的国家和地区施加惩罚。（4）必须改革 WTO 对发展中国家的待遇问题，以反映当前的全球贸易现状。虽然 WTO 使用联合国标准界定了最不发达国家，但发展中国家的界定并没有 WTO 标准。在多边贸易体制方面，美国主张颠覆性地进行 WTO 改革，将重点放在补贴及发展中成员待遇等方面。

正是因为 WTO 对所谓“不公平贸易做法”的无能为力以及对 WTO 改革的不满，美国试图塑造和改革现行多边贸易机制，将“公平贸易”政策纳入其中，从而可以将“市场经济地位”“国家安全”等因素作为实施贸易保护措施的依据。也正是基于这点，在争端解决机构上诉机构三名法官任期已满，再不及时任命法官争端解决机构则无法有效执行 WTO 规则，从而影响多边贸易体制的稳定性和可预见性的背景下，美国依然以 WTO 透明度、上诉机构超期做出判决、上诉机构成员卸任后继续审案为由阻碍法官的甄选，以此胁迫 WTO 成员接受美国提出的 WTO 改革方案。①为“捍卫美国贸易政策的主权”，美国从建设新规则以及阻止上诉机构恢复等方面入手，采取一系列与 WTO 相关的措施：2019 年 1 月，美国和 WTO 其他 47 个成员（包括欧盟和中国）宣布开始就电子商务协议展开谈判，旨在进一步提高电子商务对企业、消费者和全球经济发展的好处；同年 7 月，美国表示阻止 WTO 成员中的发展中国家自封为有资格享受特殊和差别待遇的国家；同年 12 月，特朗普政府一再否决了上诉机构法官的任命；2020 年 2 月，美国发布对 WTO 上诉机构的全面研究报告并对其提出批评；同年 4 月，特朗普政府驳回 WTO 上诉机构一项有利于加拿大的裁决（对加拿大超级日历纸采取反补贴措施），这是 WTO 成员首次对上诉机构的裁决采取这样的态度。时任美国贸易代表的莱特西泽甚至公开赞扬 GATT 框架下的非约束性争端解决机制的有效性，认为 WTO 框架下的强制性争端解决机制超越了成员的授权范围，需要进行改革。

从以上美国“公平贸易”政策的具体表现来看，特朗普执政以来，为促进美国制造业发展、保护关键行业并促使其他国家减少贸易壁垒，反复强调了与

① 孔庆江，刘禹．特朗普政府的“公平贸易”政策及其应对［J］．太平洋学报，2018（10）：41-51.

贸易政策有关的三个主题：贸易平衡（包括双边贸易平衡）的重要性，为在贸易中获得不公平优势而操纵汇率，以及“灾难性的”贸易协定。以“美国优先”为前提、单边主义为手段、保护主义为目的的贸易政策的主要内容包括：一是强调“美国利益优先”或“美国第一”，利用一系列贸易救济措施对其国内相关产业进行保护；二是强化国内贸易法实施，由于美国国内贸易法相对完善，利用自身优势进一步打开外国市场；三是弱化多边贸易体制，通过双边谈判寻求美国利益。总而言之，尽管美国的贸易政策具有相当的不确定性，但始终体现了特朗普视角下美国在当前国际形势下的国家经济利益。

第三节　特朗普政府时期美国贸易政策的特征

特朗普当选美国总统以来，美国的贸易政策给世界经济增添了变数。特朗普政府既改变了贸易政策的实质，也改变了美国在第二次世界大战后全球管理中扮演的传统角色。与此同时，它重新配置了总统和行政部门在国内贸易政策制定过程中的角色。令盟友和对手都失望的是，特朗普政府将贸易作为其外交政策的主要强制武器，其面对新的形势采取的贸易政策体现出新的特征。

一、逆全球化

逆全球化即减少世界上某些个体，特别是民族国家之间的相互依赖和一体化的过程，是一种与全球化进程背道而驰、重新赋权于地方和国家层面的思潮。特朗普在第 74 届联合国大会上的讲演中提出，未来不属于全球化主义者，未来属于爱国者，未来属于拥有主权和独立的国家，这些国家保护本国公民，尊重邻国，并尊重使每个国家与众不同和具有独特性的差异，旗帜鲜明地站在全球化的对面。

特朗普的“逆全球化”思想主要表现为三个方面：否定经济全球化的基本理念；退出或者威胁退出支撑全球化的载体；拒绝提供公共产品。美国不仅退出 TPP、《巴黎协定》、联合国教科文组织等，并且威胁退出 WTO。特朗普上任以来对 WTO 的正常运作屡屡加以阻挠：阻止新法官的任命，抱怨用“诉讼”而不是“谈判”，一手促成 WTO 在布宜诺斯艾利斯的僵局。

二、突出产业保护

特朗普的贸易政策中十分强调保护，对劣势行业和优势行业都采取了保护措施。主张保护贸易的全球化受害者们是特朗普的民意基本盘，因此特朗普政府提出重振制造业，主张制造业回流，提高第二产业的就业水平，提高工人收入。特朗普命令商务部对铝和钢进口对美国国家安全构成的风险进行特别“232调查”。

特朗普政府声称，美国在金属方面过于依赖其他国家，如果战争爆发，美国无法使用自己的工业生产足够的武器或车辆，而其所体现的贸易保护主义试图利用关税等限制措施来促进本国的工业，保护本国不受外国竞争的影响，尽管如此会伤害消费者的利益。2018 年 5 月，特朗普宣布对所有钢铁进口征收 25%的关税，对铝进口征收 10%的关税，然而其忽视了钢铁行业的大部分长期失业不是由进口造成的，而是由技术进步（自动化）和行业重组（转而依赖回收废料的小型钢铁厂）造成的。通过关税或者其他手段在美国已经丧失比较优势的行业设置壁垒，减少其竞争压力，保护目标产业，是特朗普政府时期美国贸易政策的一大特点。

三、强调“美国优先”

特朗普政府的“公平贸易观”以其执政理念“美国优先”为前提，贸易政策体现出极端的“利己主义”，其在贸易模式上追求美国顺差，在贸易所得上追求美国利益，并试图利用经济大国的主导权将大部分扭曲效应转嫁他国。

特朗普政府时期的贸易政策均是从美国利益出发：（1）通过支持国家安全来重新平衡美国贸易关系。认为贸易政策应该更多地关注美国的国家安全利益，达成让竞争对手变得更强大或削弱美国的贸易协定毫无意义。以国家安全为由，美国还为对钢铁和铝征收关税提供了理由，并威胁要对进口汽车征收关税。（2）“过时和不平衡”贸易协定的重新谈判以及“让所有美国人受益”的新协定的谈判。特朗普政府希望通过谈判达成更公平、更平衡的贸易协定，以促进美国的就业和繁荣。（3）积极执行美国的贸易法。严格执行国家贸易法也是特朗普政府的优先事项之一，其中一项法律就是《1974 年贸易法案》。根据该法律第 301 条的规定，如果一个国家拒绝美国根据自由贸易协定享有权利，或采取不合理或歧视性的措施，总统可以采取报复性措施，包括征收关税和配额。另外一个是《1962 年贸易扩张法》，其中第 232 条规定，允许在危及国家安全的情况下限制进口。（4）在 WTO 捍卫美国的利益。朗普政府对 WTO 持高度批评态度，批评 WTO 已不再“能够跟上现代经济挑战”，因此应该进行改革。

四、较强的不确定性

美国贸易政策是总统、议会、利益集团和公众四方互动的结果。但特朗普执政期间政府干预频繁，不仅使用国家力量干预企业及其交易，特朗普甚至多次以总统身份要求美联储改变货币政策。美联储自 2015 年进入为期 4 年的加息通道，但特朗普执政后多次公开要求降息。虽然美联储表示美国需要独立的货币政策，但仍然进行了降息。2019 年，在美联储已经进行 3 次降息的情况下，特朗普仍然不满，表示美国需要更快速、更激进的降息。

特朗普政府贸易政策的反复性特点，会破坏基于规则的贸易秩序。在退出 TPP 不到 3 个月后，特朗普表示他将考虑重新加入 TPP，以达成一项明显更好的协议，但几天后他又给这个想法泼了冷水。起初，特朗普政府以加拿大构成国家安全威胁等可笑的理由为钢铁关税辩护，后来特朗普总统在推特上表示，对加拿大钢铁征收关税是对其向美国乳制品征收关税的回应。美国政府的财政政策和货币政策目标指向不明确，扩大出口和资产回流都直接通过政府进行干预，而不是通过政策引导市场激励，为国际经济和贸易发展带来不确定因素。

由图 10.1 可知，自 2016 年 11 月以来，贸易政策的不确定性激增源于美国的路线变化。更引人瞩目的是，美国的变化正在全球范围内回荡，对其他国家的贸易政策也有着不容忽视的影响。

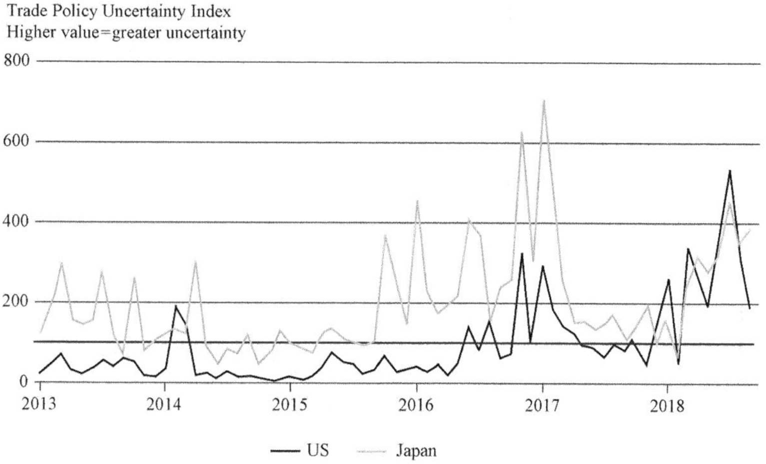

图 10.1　美国与日本的贸易政策不确定性指数

资料来源：https://review.chicagobooth.edu/economics/2018/article/trump-s-trade-policy-uncertainty-deters-investment。

第四节　特朗普政府时期美国贸易政策的影响

特朗普政府时期，美国的贸易政策不仅影响了国内经济贸易发展，也对世界其他国家造成显著的影响。

一、对国内经济贸易的影响

特朗普政府实施了一系列贸易政策后，美国确实在以“美国优先”的前提下取得了相应成果，例如签订了新的更好的贸易协定，无论是 USMCA、《美韩自由贸易协定》《美欧自由贸易协定》还是《美日自由贸易协定》，都在更高程度上维护了美国利益。然而相对其缩减贸易逆差的初衷而言，特朗普政府实施的贸易政策并未取得理想的结果。

特朗普着眼于缩小美国巨额的贸易逆差，将其描述为经济疲软、不当交易和其他国家滥用行为的证据。他承诺增加出口，并通过对许多外国商品征收关税来限制进口。然而，在他最关心的商品和服务贸易总赤字方面，这种好战的做法收效甚微。特朗普任总统初期，美国贸易逆差为 4 810 亿美元。到 2020 年其任期结束时，美国贸易逆差达到 6 790 亿美元，增加了近 2 000 亿美元，较 2019 年增加 17.7%，创 2008 年国际金融危机以来新高①。在对中国的贸易上，美国贸易逆差由 2016 年的 2 507 亿美元增加到到 2020 年的 3 169 亿美元，增加了 662 亿美元。②其中虽然有新冠肺炎疫情影响的原因，但也可以看出特朗普以消除贸易逆差为目标的贸易政策并未达到预期效果。康奈尔大学经济学家、IMF 中国部前负责人埃斯瓦尔·普拉萨德表示，特朗普政府的做法几乎没有给美国经济带来切实的好处，同时也削弱了多边贸易体系，破坏了与美国贸易伙伴的长期联盟关系，并引发了不确定性。③

单就中美贸易关系而言，美中贸易全国委员会进行的一项研究显示，特朗普政府对中国的贸易战使美国损失了 24.5 万个就业岗位，但双方逐步削减关税将促进经济增长，到 2025 年将增加 14.5 万个就业岗位。如果中美这两个经济体大幅脱钩，可能会在未来 5 年使美国 GDP 缩水 1.6 万亿美元。美国对中国的出

① http://www.xinhuanet.com/2021-02/06/c_1127072698.htm.

② https://baijiahao.baidu.com/s?id=1695738420686353311&wfr=spider&for=pc.

③ https://apnews.com/article/donald-trump-virus-outbreak-global-trade-trade-policy-mexico-39aadae9a6d18de2b91889f1e552b605.

口支持了 120 万个美国工作岗位，中国跨国公司直接雇用了 19.7 万名美国人，美国公司 2019 年在中国投资 1 050 亿美元。未来 10 年，预计中国将为全球经济增长贡献约 1/3 的动力，因此保持对中国的市场准入对美国企业在全球取得成功越来越重要。这将导致美国在 2022 年减少 73.2 万个工作岗位，到 2025 年减少 32 万个工作岗位。[①]

二、贸易与对外关系的交易制模式

特朗普政府时期贸易政策的另一个重点是重新谈判有 1/4 世纪历史的 NAFTA，其一再谴责 1994 年的协定是历史上最糟糕的贸易协定，指责它造成美国制造业就业和产出的巨大损失。与此同时迫使韩国就 2011 年《美韩自由贸易协定》部分内容进行重新谈判。

特朗普是商人出身，习惯将自己描绘成一个交易制定者，并一再强调他愿意将贸易与其他外交政策问题联系在一起。美中关系是这种模式最突出的例子。特朗普将贸易作为向其他国家讨价还价筹码的所有言论，到目前为止，几乎没有任何迹象表明已付诸实践。例如，关于墨西哥，特朗普建议 NATFA 的重新谈判应从移民和边境安全问题开始。他还提出对墨西哥进口商品征收 20%关税的设想。

特朗普似乎认为贸易是一种零和游戏，将自由贸易和贸易保护视为二元选择。对他来说，双边贸易逆差表明各自的贸易伙伴没有遵守规则。特朗普政府时期，美国的首要议程是中国。但同时也对欧盟、日本等亲密伙伴的贸易政策提出非常严厉的批评。为实现自己的目标，特朗普总统专注于双边和交换解决方案，而不是多边合作。比起可执行的国际贸易法，他对“交易”更感兴趣。特朗普在贸易和外交政策方面所青睐的交易方式如何发挥作用，还有待观察。从理论上讲，将贸易与外交政策问题联系起来，可能为美国对外关系带来达成协议和突破的机会。然而，在现实中，面对复杂的历史关系和相互竞争的利益，此类交易可能被证明是非常不稳定的。

三、对国际贸易合作的影响

特朗普总统的行动对 WTO 构成的威胁来自多个方面。首先，对新法官的持

① https://www.reuters.com/article/us-usa-trade-china-jobs/u-s-china-trade-war-has-cost-up-to-245000-u-s-jobs-business-group-study-idUSKBN29J2O9.

续封锁有可能颠覆 WTO 上诉机构的核心作用。“WTO 皇冠上的明珠”对于全球贸易秩序的正常运作必不可少，因为它是执行 WTO 规则的机制的关键部分。其次，美国方面对钢和铝征收关税（以及对汽车关税的调查）的国家安全理由可能会使 WTO 体制陷入困境。要么是 WTO 争端解决机制发现美国的论点是不合理的，从而激发了美国政府的愤怒，要么是 WTO 捍卫了美国以维护国家安全利益为理由，如此便意味着允许其他国家也这样做。解决这些难题的选择非常有限，因为任何解决方案都会疏远美国或鼓励美国离开该组织，只会加深 WTO 的危机，并鼓励主要贸易国无视或规避 WTO 的义务。鉴于此，唯一可行的选择似乎由主角谈判自己的出路或撤回其争端，从而留下目前的歧义。此类谈判可能解决美国对上诉机构运作的程序性担忧。

尽管 G20 成功度过了 2008 年国际金融危机最严重的阶段，但它一直难以在遏制全球经济不断上升的风险方面发挥领导作用。2017 年，G20 集团财长和央行行长会议召开前，所有 G20 领导人都一致承诺推动贸易自由化。然而，由于特朗普政府的参与，G20 没有就反对保护主义的基本声明达成一致。在激烈的讨论后，G20 公报承认了打击保护主义的传统承诺，但联合公报草案和最终签署文件中均删除了反对贸易保护主义的措辞，取而代之的是“公平贸易”，这也是 G20 历史上第一次没有明确支持自由贸易。

由于美国只关注国内，其言论和行动都将遵守“美国优先”的原则，国际经济合作将更难实现。在贸易领域，美国采取更激进的做法可能导致与其他主要经济体的关系紧张。WTO 的多边贸易自由化进展在 2016 年特朗普大选前已经止步不前。此外，美国的贸易保护主义可能会破坏 WTO 作为解决贸易争端论坛的作用。更具侵略性的贸易政策可能意味着美国违反 WTO 规则，导致更多案件可能遭受损失。2017 年 USTR 贸易政策议程表明，美国将不受 WTO 裁决的约束。不遵守裁决将严重损害 WTO 争端解决系统的信誉。

第十一章

特朗普政府对华贸易政策与中美经贸关系转变

在特朗普就任美国总统期间，由美国挑起的中美经贸关系摩擦频现。在“美国利益优先”的基调下，特朗普政府将中国定位为“战略性竞争对手”。其对华经贸政策以遏制和打压中国的经济发展与技术进步为最终目标，并实际在单边、区域和多边等不同层面对中国采取了不同形式的强硬举措，导致中美经贸关系出现两国建交以来的异常严峻局面。

第一节　特朗普政府对华贸易政策

基于对事件的梳理，我们将美国对华采取的具体经贸措施分为以下三个方面进行阐述：一是以大幅加征关税为主的单边贸易保护主义措施；二是推动针对中国问题的国际经贸规则塑造与改革；三是在技术领域对中国进行封锁和打击。

一、全面加征关税措施

特朗普政府对华发起单边贸易保护主义措施，主要体现为基于“301 调查”和“232 调查”对中国出口产品大规模加征进口关税。

2017 年 4 月特朗普总统指令美国商务部对外国钢铁产业发起了“232 调查”。根据“232 调查”的结果，美国认定自中国进口的钢铁和铝产品威胁美国国家安全，决定于 2018 年 3 月 23 日起，对自中国进口的钢铁和铝产品全面征税，税率分别为 25%和 10%。这是美国政府自 2001 年针对铁矿砂与半成钢发起

“232 调查”后，时隔 16 年再次发起“232 调查”，也是对华发起的首次“232 调查”。

2017 年 8 月美国对华发起“301 调查”，根据美国《1974 年贸易法》第 301 条的规定，针对所谓的“中国不公平贸易行为”进行调查。基于“301 调查”的结果，美国认为中国关于技术转让、知识产权和创新的政策和做法对美国企业造成了歧视，并启动单边报复性措施，对中国出口产品大规模加征关税。

美国对华产品加征关税的措施可分为三轮，中国也制定了相应的措施予以反制。第一轮为 2018 年 4 月，美国宣布对约 500 亿美元的中国产品加征 25% 的惩罚性关税。此轮加征关税共分为两部分：2018 年 7 月对 340 亿美元的中国商品开始加征 25%关税，次月对 160 亿美元的中国商品开始加征 25%关税。中国采取了对等的加征关税措施进行反制。第二轮为 2018 年 9 月，美国宣布对约 2 000 亿美元的中国产品加征 10%的惩罚性关税，并于 2019 年 5 月 10 日将加征关税税率由 10%提高到 25%。中国采取了一定的反制措施，对 600 亿美元的美国商品加征 10%和 5%的关税，后续提高税率至 10%～25%不等。第三轮为 2019 年 8 月，特朗普宣称拟将于 9 月 1 日起对 3 000 亿美元中国输美商品加征 10%关税。此轮加征关税共分为两部分：2019 年 9 月 1 日，美国对该轮征税清单中的 1 250 亿美元中国商品加征 15%关税，在 2019 年 12 月将原有 15%下降到 7.5%。美国政府对余下的第二部分价值为 2 750 亿美元的中国商品未曾征税。中国采取了相应的反制措施，对 750 亿美元的美国商品加征 10%、5%不等的关税。经过十余轮中美经贸高级别磋商，2020 年 1 月中美双方签署中美第一阶段经贸协议。美国 USTR 公布了第 33 批排除清单，中国公布了两批四次的排除清单。

二、在 WTO 多边贸易规则领域针对中国

美国认为以 WTO 为主的多边贸易体制存在巨大缺陷，中美之间的贸易问题不能通过 WTO 争端解决机制得以有效解决，美方需要寻求 WTO 以外的方式解决中美贸易争议。WTO 虽处于当今多边贸易体制的核心地位，极大地推动了全球贸易便利化发展，但是美国认为 WTO 在贸易合作谈判、争端解决机制、涉及中国“不公平贸易”等方面存在严重缺陷，意在与“志同道合”的国家“破局性”地改革 WTO。2018 年 USTR 发布公告称，美国对 WTO 未能解决中国“国家主导经济”感到失望，后悔支持中国加入 WTO。USTR 于 2019 年 2 月 4 日发布了 2018 年度《中国履行 WTO 承诺情况报告》，报告基于美国的国内法律，而

非 WTO 协定和多边规则，声称中国在履行 WTO 规则中合规记录差，中国未能达到 WTO 成员追求开放和市场导向的政策的期待，而是在经贸领域采取了政府主导的和重商主义的方法；中国扭曲市场的政策和做法让中国从 WTO 中获得巨大利益，同时损害了其他 WTO 成员的利益。2018 年度报告同时声称需要采取新的、更有效的战略，包括在必要时在 WTO 之外采取行动，以解决中国“非市场经济体制”带来的问题。

2019 年 7 月 26 日，美国总统特朗普签署了一份备忘录，要求美国贸易代表迫使 WTO 重新评估其对某些成员发展中国家地位的认定。备忘录称，发达国家和发展中国家的分类方法已经“过时”，这使得一些 WTO 成员在国际贸易领域获得“不公平的”优势。2020 年 2 月 11 日，USTR 发布针对 WTO 上诉机构的报告，指出 WTO 本应只在极少数情况下干预贸易争端，但现实中不断扩大自身权限，拖长贸易争端解决进程，打击外界对 WTO 的信心。其中超过 1/4 的案例针对美国，或与美国法律冲突，因而对美国造成更大影响。自 2017 年以来，美国以所谓上诉机构“越权裁决”“审理超期”“法官超期服役”等为由，将上诉机构裁决与遴选挂钩，频频动用一票否决权，单方面反对启动新法官遴选程序，致使在任法官人数一再缩减，致使上诉机构自 2019 年底因法官人数不足陷入瘫痪。

USTR 于 2020 年 3 月 6 日发布了 2019 年度《中国履行 WTO 承诺情况报告》，报告称美国为了解决中国的贸易扭曲做出了各种努力，并最终与中国达成了第一阶段贸易协议。第二阶段贸易谈判中将涵盖第一阶段协定中没有解决的知识产权、技术转让和服务市场准入问题，以及过剩产能、补贴、国有企业、网络安全、数据本地化和跨境数据传输、药品和医疗器械、竞争执法、监管透明度和标准等领域的关键问题。

此外，美国拉拢欧盟和日本等发达成员攻击中国的产业补贴和国有企业，给中国贴上“非市场经济”的标签。自 2017 年 12 月以来，美国与欧盟、日本联合发表了 7 份部长级别的联合声明，议题包含非市场导向的政策与做法、国有企业和补贴规则、强制技术转让与知识产权保护、数字贸易电子商务和数据安全以及 WTO 改革等。从声明的内容看，三方正在推动形成“非市场导向的政策与做法”、国有企业、公共机构、产业补贴等针对中国问题的界定标准，在 WTO 框架以外重新构造“市场经济国家”与“非市场经济国家”的认定规则，旨在给中国等发展中经济体施加更多的国际义务。

三、科技领域实行企业制裁与出口限制

（一）加紧对华技术出口限制

一个标志性事件发生在 2018 年 4 月。美国商务部宣布，在未来 7 年内，禁止美国公司向中兴通讯销售零部件、商品、软件和技术，并对中兴通讯处以 3 亿美元罚款。8 月，美国商务部又以国家安全为名，将 44 家中国企业和研究机构列入出口管制实体清单。10 月，美国对从事芯片和半导体生产的中国企业福建晋华集成电路有限公司下达出口禁令，旨在切断美国企业与其技术往来。11 月，美国商务部工业安全局提出“特定新兴技术管制审查”框架方案，列出 14 个“具有代表性的新兴技术”清单，试图对生物技术、人工智能与机器学习等新兴技术领域加强出口管制。2019 年 5 月，美国商务部将华为及其 68 家子公司列入实体清单，禁止美国企业在没有许可证的情况下向华为提供商品和服务。10 月，美国商务部又将中国 20 家政府机关以及 8 家高技术企业列入出口管制实体清单。11 月，美国商务部发布《确保信息通信技术与服务供应链安全》的法规草案，加强对信息通信技术领域的出口管制。2020 年初，美国政府还就通用公司向中国供应大型民用客机发动机展开辩论。2020 年 5 月 18 日，美国商务部宣布加强对华为使用美国半导体技术的限制，两类外国生产的产品将受到《出口管制条例》的管辖：一是华为及其实体清单中的关联公司（如海思）利用在美国出口管制清单上的软件及技术进行的技术设计，即华为的芯片设计向国外出口或向中国境内销售时，需要美国商务部和产业安全局颁发的许可证。二是利用在美国境外的、《商务管制清单》上的半导体设备生产华为及其实体清单中关联公司设计规格的产品，如芯片组。对于这些海外生产的产品，仅在知道其是向华为或被列入实体清单的关联公司再出口、从境外出口或者境内转让时需要获得许可证。2020 年 9 月 15 日，美国在 5 月 15 日下发的对华为芯片管制升级令正式生效，台积电、高通、联发科、三星、SK 海力士、美光公司不再为华为供货。2021 年 1 月 18 日，美国特朗普政府通知包括英特尔在内的几家华为芯片供应商，将吊销华为出售产品的某些许可证，考虑拒绝向华为供货的数十个申请。

（二）对中国半导体企业展开“337 调查”

2019 年 9 月 26 日，美国国际贸易委员会决定对半导体设备及其下游产品发起两起“337 调查”。该调查由美国格罗方德半导体股份有限公司于 8 月 26 日依据《美国 1930 年关税法》第 337 节规定向美国国际贸易委员会提出，指控对美

出口、在美进口和在美销售的上述产品侵犯其专利权，请求美国国际贸易委员会发起“337调查”，并发布有限排除令和禁止令。中国TCL集团、海信集团、联想集团和深圳万普拉斯科技有限公司等企业涉案。本次是2019年以来美国对中国企业发起的第14次“337调查”，之前的调查分别针对口袋打火机、皮卡车折叠盖板、牛磺酸产品、半导体器件和集成电路、光伏电池片、儿童背袋、塑胶地板、女性时尚服装、食品加工设备、LED产品系统及组件、触控移动设备、餐饮加工设备、控鱼钳及其包装产品。

（三）以国家安全为由的其他限制与制裁

在电力领域，2020年12月17日，美国能源部长丹·布鲁耶特签署了一项行政命令，禁止向“关键国防设施”供电的电力公司从中国进口电力系统产品，以保护美国的安全免受境外网络和其他攻击。根据美国能源部声明，这项命令禁止向美国关键国防设施供应69千伏或以上电压的电力企业，在获取、进口、转让或安装大容量电力系统设备时，选择由中国掌握、控制、管辖的人员制造或提供的设备。

在通信领域，2018年7月2日，美国国家电信和信息管理局阻止中国移动向美国电信市场提供服务。2019年8月7日，美国国防部、总务管理局和国家航空航天局发布了一项过渡规定，调整《联邦采购条例》以实施2019财年《国防授权法案》中有关某些通讯和视频监控服务或设备的禁令。5家被临时列为禁止采购对象的中国企业包括华为、海康威视、中兴通讯、海能达、大华技术。2020年12月31日，美国纽约证券交易所发布声明，为遵守特朗普政府禁止美国人投资“有军方背景的中国企业”的行政令，将对中国联通（香港）、中国移动和中国电信3家中国公司进行退市处理。

（四）联合盟友及利用长臂管辖实行技术封锁

在高新技术领域，美国试图说服盟友一道执行其对华经贸政策，如希望盟友拒绝华为的电信网络产品，以网络安全等国家安全风险为由，抑制华为等中国高新技术企业在相关技术领域的领先优势。美国以情报合作威胁英、德等欧洲盟友停止使用华为设备，如果有关国家使用华为的设备，将被切断关键情报数据来源。2020年5月3日，美国联合德国、日本、韩国等32个国家代表，欧盟北约以及4个全球移动网络组织代表，在捷克首都布拉格围绕5G安全发布了《布拉格提案》，要求重点关注第三国政府本国5G供应商施加影响的所谓“风险”，意图打造5G领域对华围堵“同盟军”，以继续维持其全球网络空间一家独大的主导地位。

美国对多家中国企业实施出口管制以来，不仅令美国企业切断与中国相关企业的合作，而且利用其“长臂管辖权”[①]，令诸多非美国企业因次级制裁威胁，撤销与受美制裁中国企业的合作，如台积电声明若美国禁令不变，2020 年 9 月 14 日起断供华为。

第二节 中美经贸关系转变

特朗普政府时期，中美经贸关系呈现出不断下降趋势，并在各个方面加剧对抗和摩擦。

一、关税措施层面

WTO 成立之后，WTO 成员的关税措施受到入世承诺和 WTO 规则的约束，在贸易领域的摩擦与争端可通过 WTO 规则下的贸易救济等措施，或诉诸争端解决机制予以解决。因而从中美经贸关系的历史看，中美在贸易领域的主要摩擦也表现为贸易救济措施的发起。虽然基于“301 调查”的加征关税措施是特朗普政府对华发起经贸摩擦的最主要手段，但美国基于“301 调查”等单边发起的保护主义措施则在较少的情况下被采用。

随着经济全球化进程的快速发展，中国的经济实力得到较快的提升，中国的贸易市场在国际中发挥着越来越重要的作用。在中国加入 WTO 之前，美国对华反倾销的案件数量始终处于较低的比重，直到中国正式成为 WTO 的一员，随着中国产品的出口迅速扩大，反倾销和反补贴措施也成为中国产品出口的严重阻碍，自 1994 年以来，美国总计对涉及 20 多个行业的产品征收反倾销和反补贴惩罚性关税。美国并不是对中国实施反倾销调查数量最多的国家，但从被调查产品向美国的出口金额方面看，美国的反倾销措施对中国的影响是最大的（见图 11.1）。在美国次贷危机至国际金融危机爆发期间，美国极为频繁地对中国产品发起反倾销、反补贴调查。自 2007—2009 年金融危机后，美国对华发起的贸易摩擦呈上升趋势。2018 年，美国对华反倾销和反补贴措施的数量达到前所未

① “长臂管辖权”指美国法院对外国被告（非居民）所主张的特别管辖权的总称。企业不需在美国设立，也不必在美国有业务经营，只要企业经营行为与美国市场、美国企业、美国机构等有联系，那么美国法院即有权管辖被告。如果法院认定企业或者企业高管存在行贿等腐败行为，即使这些行为不是发生在美国，也同样会受到美国法院的长臂管辖。在长臂管辖运用下，美国也限制第三方与受制裁主体进行金融和贸易往来，否则将施加处罚或予以制裁，即次级制裁。

有的峰值，这一变化也与美国对华贸易逆差的不断上升相吻合。

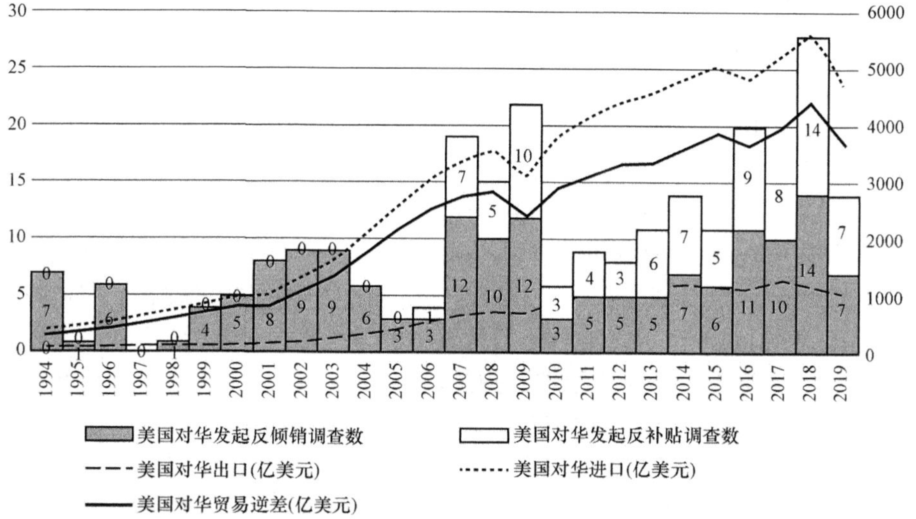

图 11.1 美国历年对华发起的反倾销、反补贴调查数

资料来源：反倾销、反补贴调查数根据 WTO 官方网站（https://data.wto.org）发布的数据绘制；贸易数据根据 UNComtrade 数据库（https://comtrade.un.org）中美国统计的金额进行绘制。

美国对华启动“301 调查”主要集中在中国加入 WTO 之前，四次调查中三次是针对中国知识产权问题的“特别 301 调查”，在中国加入 WTO 后，美国启动调查的频率大大降低。回顾美国对华发起的 6 次“301 调查”，我们可以看到调查重点从传统专注知识产权保护转向产业政策、技术创新等战略竞争领域。第一次对华“301 调查”是在 1991 年 4 月，美国认为中国在药品专利、作品版权保护、商标及商业秘密方面存在侵权行为。此次“301 调查”后，中美之间签署了第一个知识产权保护协议，中国全面修改了知识产权领域的法律法规。第二次对华“301 调查”是在 1991 年 10 月，美国无视中国在市场准入方面做出的积极努力，认为中国设置了市场准入壁垒，使得美国商品进入中国市场遭遇不公平。1992 年 8 月，USTR 单方面发布了惩罚性关税报复的商品清单，包括中国向美国出口的各种工农业产品，其中有鞋类、丝绸服装、皮货、矿物、工业设备和电子产品，总价值约 39 亿美元。经双方谈判后，中美签署了《中美市场准入谅解备忘录》，中国承诺在 5 年内对许多重要的美国出口产品取消进口壁垒。第三次对华“301 调查”是在 1994 年 6 月，美国认为中国在知识产权保护方面的执法队伍和法院体系存在不足。美国希望中国提高对知识产权的保护力度。

此次“301 调查”后，中美签署了第二个关于知识产权保护的协议，中国承诺加大对知识产权的保护力度。第四次对华“301 调查”是在 1996 年 4 月，美国认为中国盗版仍然猖獗，损害了美国的相关产业。此次“301 调查”使得中美之间签署了第三个关于知识产权保护的协议，中国开启了加强知识产权保护的漫长道路。这两次的“301 调查”几乎涉及了中国在知识产权领域从立法到执法的各个方面。第五次对华“301 调查”是在 2010 年，美国认为中国存在清洁能源产业补贴，力图消除贸易壁垒，打开中国市场。此次“301 调查”后，中国同意停止对使用国产零部件的风电企业提供补贴。第六次对华“301 调查”就是特朗普政府在 2017 年 8 月对华发起的“301 调查”，认为中国在技术转让、产业政策以及对外投资等领域存在危害美国的行为。“301 调查”报告中出现针对《中国制造 2025》等大量不实判断和无端的指控，例如较大篇幅指责中国知识产权保护不力，这实际上完全无视中国多年努力完善创新生态、加大知识产权保护的做法；报告以《中国制造 2025》提出要掌握核心技术为理由，臆测中国政府要求外国企业转让技术，同样与事实不符。通过对比可以看到，特朗普政府发起的“301 调查”除有针对美国对华贸易逆差这一传统问题外，更是有遏制中国战略性新兴产业崛起的战略意图。

二、WTO 层面对比

中国在 2001 年正式加入 WTO。针对中国加入 WTO，美国最初持积极态度。一方面中国削减关税扩大了美国的出口，并允许外国投资中国工业，给予外国银行更多的自由经商权利；另一方面，他们认为中国加入 WTO 有助于中国完善自身知识产权保护不力的问题，降低市场准入，促进中国不断深化改革。但中国加入 WTO 后，中国经济融入世界经济的进程不断加快，贸易规模大幅度提升，经济呈现高速增长势头，中国已成为世界经济增长的引擎，特朗普政府对多边贸易体制以及中国加入 WTO 的态度和看法较以往发生了较大的转变。

在关于贸易冲突的解决方式方面，特朗普政府之前的美国政府就两国贸易冲突一般能通过协商和谈判达成结果，即便结果令美国不甚满意，但也基本能够按照规则解决摩擦与矛盾。但特朗普政府对华态度极为强硬，以致坚持认为让中国加入 WTO 的决定是错误的，认为中国加入 WTO 以后，中国对美出口给美国就业造成巨大压力，致使美国出现高失业率及工资下降等问题，甚至流失大量制造业工作机会。特朗普政府公然违背 WTO 原则，利用国内法对华发起“301 调查”“232 调查”，进而对华发起关税战，严重影响了中美两国的经贸关系。中国就美国对华“301 调查”项下的征税在 WTO 争端解决机制下提出磋商的请求，正式启动 WTO 争端解决程序。特朗普政府要求中国撤回向 WTO 提出的磋商要求，并要求中国对美国基于“301 调查”而采取的任何措施，不可采取任何形式的报复行动。

关于中国履行加入 WTO 承诺方面，美国要求中国履行加入 WTO 的承诺，主要在知识产权保护不力、服务业开放、农产品市场准入及政府补贴等方面。特朗普执政之前的美国政府除通过 WTO 贸易政策审议机制，还在美国国内设置 3 个层次的监督机制，分别是：第一，美国政府 USTR 搜集关于中国是否履行加入 WTO 的承诺的具体资料，并从 2002 年起每年发布《中国加入 WTO 承诺履行报告》。第二，美国在国会层面设立与两国有关的中国专门委员会，追踪中国履行加入 WTO 承诺的情况。第三，美国政府责令美国商会每年发表一份针对中国履行加入 WTO 承诺的评估报告。特朗普政府在沿袭前任政府做法的基础上，公然利用国内法律违反 WTO 规则，采取单边贸易保护主义措施，挑起中美贸易争端。

在 WTO 改革方面，特朗普政府提出的很多主张是带有歧视性的针对中国的改革，希望 WTO 制定更严厉的措施解决与中国相关的问题。特朗普政府认为 WTO 制度力度不足，无法有效阻止中国对多边贸易体制的冲击。在中美双边和 WTO 多边博弈中，美国通过向中国施压迫使中国开放市场。这一策略沿袭了美国政府的传统做法，但在特朗普时代变得更加专横。

三、高新科技领域对比

在高新科技领域，美国对华的经贸政策从逐步放松到加强收紧。自 20 世纪 70 年代以来，美国对华技术政策可分为三个阶段。

20 世纪 70 年代美苏争霸时期，来自苏联的竞争压力迫使美国加强限制对苏联的技术出口，此时美国政府采取的是放宽对华技术出口限制。美国先后出台了一系列对华技术转让政策，既有效改善了中美关系，又达到了遏制苏联经济发展的目的。这项政策从尼克松开始，经过卡特，在里根执政时期达到顶峰。但是，美国对华技术转让措施仍有许多门槛：第一，美国对华转让技术时设置了严格的审查程序，审批程序繁琐且耗时，影响了中国的项目进程。第二，美国没有转让核心技术，转让的技术相对当时的中国而言是高新技术，但相对美国自己而言是比较落后的技术。此阶段美国对华技术转让政策不是一种单独的经济政策，而是更多地与政治和安全问题相联系，是美苏争霸的产物。美国既想利用中国制衡苏联，阻挡其发展势头，同时美国也不想中国增强自身实力。20 世纪 90 年代苏联解体后，美国对华技术政策出现了小幅波动，但大体延续了之前的宽松政策。

20 世纪 80 年代美日争霸时期，日本生产商几乎垄断了消费电子产品和一系列组件技术的供应，美国生产的民用电子产品几乎完全依赖日本提供零部件。来自日本的经济竞争压力促使美国在加强对日本技术进口限制的同时，放宽对华技术进口限制。美国实施了一项重要的政策——“通过亚洲来打败日本”。美国在亚洲建立了一个替代日本的生产网络，将技术转移到亚洲其他国家，中国成为美国亚洲生产网络最重要的伙伴之一。美国成功地利用亚洲市场打败了日本。当日本对美国构成的大国战略竞争压力逐渐褪去时，美国对华技术政策再度面临调整压力，但是美国政府没有立刻调整对华政策。美国政府对华技术政策总体延续了前期的稳定性和开放性。

21 世纪以后，美国的对外技术政策开始出现调整。出于国家安全考虑，已通过的技术转让计划被美国政府否决。并且，美国政府加强对华技术出口的审批，审批时间显著延长，有时获得一项技术出口证书的申请耗时长达 3 个月甚至 1 年。2008 年全球金融危机爆发后，美国对华战略逐步调整。美国曾承诺过要促进高技术产品对华民用出口，但始终没有实质性进展。由奥巴马总统签署通过的《2013 财年国防授权法案》中更是明确了“中国例外”条款，严禁卫星及相关物项的对华出口及再出口。在特朗普执政时期，美国的对外技术政策大幅转变。美国政府不仅加强了对华技术出口限制，还加强了对华技术进口限制，特朗普政府亦通过发起对华贸易战，打压中国高新技术产业。

第三节　中美经贸关系转变原因的分析

一、美国对华经贸政策的转变

特朗普政府采取的对华经贸政策较过去的美国政府都更为强硬，其背后的动因主要有三：一是为缓解国内失业问题和履行竞选承诺而采取的贸易保护主义措施；二是要求“对等贸易”施压中国经济体制与经贸政策改革；三是遏制中国高新技术产业的发展。

第一，特朗普的贸易保护主义倾向自其竞选时就已初现端倪，他在宣布参选美国总统的演讲中指责中国抢走了美国的就业岗位。特朗普认为美国对中国存在如此大的贸易逆差是一种“单方输血”，在有损美国经济健康发展和产业竞争力的同时增强了中国的经济实力，因此必须对这种模式加以改变。2017 年 1 月，特朗普在国会大厦的就职演讲上提出“美国优先”战略，他表示“贸易和外交的每一个决定都会将美国劳工和家庭的福祉放在首位”，他将通过两个原则来实现美国的“再次伟大”：一是购买美国产品，二是雇用美国员工。在这一保护主义倾向下，特朗普针对中国挑起的大规模贸易摩擦似在意料之外，却在情理之中。

第二，特朗普认为中国政府对出口企业有大量的出口补贴。正是因为中国有明确的产业政策规划，比如“中国制造 2025”，所以对高科技部门特别是集成电路，以及用于制造半导体和集成电路的机器及装置部门存在着大量的补贴，这导致这些产业产品生产成本比较低，从而在国际贸易中美方相应产业处于一个不利的位置。

第三，随着中国不断深化改革，不断优化产业结构和技术水平，中国产业逐渐由劳动密集型、资本密集型向知识密集型、技术密集型转变。美国认为中国在高科技领域，如计算机软件、芯片、人工智能等方面对其造成了潜在威胁，认为中国与美国争夺市场和资源。特朗普政府对华发起“301 调查”也是围绕技术升级和产业升级问题展开的，“301 调查”的核心就是针对中国高端产业的法规与政策。美国关注中国积极推动的技术升级、产业升级战略，这使中美贸易摩擦的重点发生了转变，美国对华贸易政策的重点转变为抑制中国产业从低端向高端转型。美国对中国部分高科技产品提高贸易壁垒，增加关税，企图限制高新技术产业的发展，根本目的在于保住自己的比较优势。美国力图使中国在技术领域继续受制于人，延缓中国相关产业的技术进步和发展进程。

美国的高新技术产业发展依赖于对知识产权的充分保护以及将这些创新技术转化为最终产品的高度专业化的供应链。然而，随着中国创新驱动发展战略的深入实施，信息技术、新材料产业成为推动制造业转型升级的优先发展领域，华为等一批中国高新技术公司不断壮大。同时，在发达国家“去工业化”的背景下，美国企业乃至美国的防务等战略领域对中国制造业的依赖加深。美国认为自身的工业、技术优势和国家安全受到严重威胁，为避开中国这个强劲的竞争对手，并降低对中国的供应链依赖，必须对本国的尖端技术加以严密保护并对来自中国的产品采取严格的技术性贸易壁垒，阻止旨在获得关键技术的投资和并购，从而确保美国在这些领域始终领先于世界。

二、中美经贸关系转变的影响因素

回顾中美经贸关系的历史，特朗普时期这一对华经贸政策的形成既取决于美国国内外的政治因素，也取决于国内经济的变化。

（一）美国国会的“中国威胁论”

在美国的国内政治方面，国会在对华贸易政策方面起到了消极作用。中国是社会主义国家，美国国会对中国的防范心理由来已久。在美苏争霸时期为制衡苏联，国会对华态度趋于和缓。苏联解体后，美国国会议员大肆宣扬“中国威胁论”，他们认为中国作为新兴的强国会为了自身利益向现有的国际秩序发起挑战，进而危害美国的国家利益。美国应该时刻保持对中国的警惕，对一切有可能增强中国科技及军事实力的技术出口要严格控制，防患于未然。国会妄图通过遏制中国、打压中国来确保美国“再次伟大”。

此外，美国国会议员若想连任必须通过选举方式，这使得议员们非常在意自己所在选区选民的需要。他们往往做出对自己最有利的选择，而不是站在国家整体利益的角度。所以，美国国会议员在公开场合的言论基本都是为了迎合选民的观点。随着中国的崛起，曾经认为中国不是威胁的美国选民如今转向“中国威胁论”，认为中国的发展会影响美国的领导地位。故而议员坚持的“中国威胁论”正是为了迎合选民的心理，肆意“抹黑中国”以吸引选民的眼球，力图获得选票实现连任。

（二）利益集团的影响

在美国政治运行中利益集团是非常重要的存在，美国大多数国内外政策都是利益集团博弈的结果，特朗普时期的对华贸易政策同样受到利益集团的影响。美国的利益集团主要有五类，大致可分为华尔街金融集团、企业利益集团、农业利益集团、工会利益集团、宗教和人权组织。利益集团的游说方式主要包括以下几种：出席国会委员会的调查听证会；通过与国会议员或政府官员的个人沟通，进行直接游说；利用媒体、广告等形式宣传引导舆论；发动公众游行示威；进行政治捐款等。议员们为了竞选，需要财力的支撑，利益集团可以通过向议员提供竞选资金，进而将他们的政策主张传达给议员。利益集团主要通过游说活动向政府官员和国会议员施加压力，以此来影响对外政策的制定。

针对美国对华贸易政策，利益集团可分为强硬和宽松两派。主张对华实施强硬贸易政策的利益集团包括美国的各种顽固反共组织和军工利益集团等。他们认为中国是美国的潜在威胁者和挑战者，需要实行强硬的对华贸易政策，如实行严格的对华技术出口管制政策。主张对华实施宽松贸易政策的利益集团主要是高科技领域内的大公司和行业协会。虽然他们对国会的影响力目前不如前者，但为了在国际市场上获取更大的经济利益，也一直试图通过多种渠道影响美国的对华贸易政策。比如为了尽快实现与中国的正常技术贸易，一些要求放松对华技术出口管制的利益集团还加强了对行政当局的游说。

（三）国际政治局势的转变

2017 年以来，朝鲜先后试射新型洲际导弹、成功爆炸氢弹。对于特朗普而言，解决朝核问题可以大大增加自己的政绩，有助于自己获得下一个任期的选票。同时在处理中美贸易问题时，特朗普也将其与朝核问题绑定，以增大美国与中国谈判的筹码。在美国对华发起“301 调查”后，特朗普政府表示美国将考虑暂停与一些中国机构的贸易往来，理由是这些机构都同朝鲜保持了贸易和投资关系。

国际政治局势的转变在一定程度上可以解释特朗普政府对华采取贸易遏制政策的意图，即迫使中国在朝核问题上与美国进行合作。如果中国能够帮助美国有效降低朝核问题的压力，美国可以在贸易问题上作出妥协，否则便以“301 调查”为手段向中国施压，美国财长甚至威胁中断与中国的贸易关系。

（四）美国国内经济问题

自 2008 年金融危机以来，美国经济开始衰退。奥巴马政府和特朗普政府都采取了许多经济刺激计划，但是没有达到预期目标。美国政府将美国经济衰退归结于中国进口的增长，从中国进口的增长降低了美国就业水平，这个观点在特朗普时期尤为盛行。特朗普政府将其国内失业不能缓解的原因归结于中美贸易中美国存在大量贸易逆差，试图通过扩大向中国出口、限制从中国进口来缓解国内就业矛盾。

但实际上，国内因素才是美国经济问题产生的根源。第一，金融危机和房地产泡沫引起失业。金融危机发生之前，金融和房地产一直是美国经济的支柱产业，其蓬勃发展在吸纳就业方面扮演了重要角色，为美国创造了大量就业岗位。第二，先进技术设备替代人工引起失业。随着技术升级，先进技术设备可以提高劳动生产率，进而减少就业岗位。第三，美国跨国公司对外直接投资引起失业。发展中国家的人力成本相较于美国的人力成本较低，越来越多的美国本土居民不愿意做低端的累活，越来越多的跨国公司产业外移。跨国公司外移带动了就业机会外移，进而导致美国失业率升高。这三种状况都导致美国国内的失业率增加。

美国失业人口增加本质上并非对华贸易引起的结果，美国宣扬的中国进口威胁论及中国造成美国失业率严重的论调是没有依据的。由于美国自身要素禀赋及产业结构的限制，使得在全球化时代下，美国即使不从中国进口，也会从其他劳动密集型国家进口。而随着中国等其他新兴经济体市场的不断开放，美国产品的出口也会相应增加，实际有助于美国国内的经济增长与产业升级，促进美国就业的增长。美国以减少就业为由挑起中美贸易摩擦只会损害双边贸易关系，无助于美国国内就业问题的解决。

第十二章

拜登政府的贸易政策与中美经贸关系展望

美国历来奉行单边主义与霸权主义，在经济和政治上遏制中国等其他国家。近年受特朗普政府贸易战、关税战等政策的影响，美国对外破坏承担国际责任的承诺，失去国际信誉、得罪众多盟友，同时面临日益恶化的中美贸易关系。国内由于新冠肺炎疫情的影响，2020 年的失业率升高，国内阶级和种族矛盾日益激化，特朗普政府的经济政策未来得及发挥应有的刺激经济的效果，经济疲软、财政赤字、下岗失业问题时刻困扰着美国民众，经济亟须恢复。2020 年 12 月，拜登以 74 张选举人票的优势赢得了美国大选，成为美国第 46 任总统。不同于前任总统特朗普强硬猛烈的单边主义贸易政策，拜登的贸易理念主要倾向于重新集合盟友力量，通过建立美国主导的全球贸易规则来挤压中国的贸易空间，重新树立美国的领导地位，其贸易政策将对中国和世界其他国家带来更为异质性的影响。

纵观中美贸易历史，从 1979 年中美正式建交开始，美国历届政府对华手段虽有所不同，但始终持“遏制中国，称霸全球”的立场。1979—1989 年，中美贸易关系尚宽松友好，美国为了在美苏争霸中取得胜利，放宽对中国的商品技术出口管制以获得中国的支持，此间中美贸易持续发展，形成了紧密合作关系；之后 1989—2001 年中美贸易关系经历了竞争摩擦与和平合作并存的阶段，一方面美国采取制裁中国的对华贸易政策，取消中国的最惠国待遇并挑起知识产权与纺织品贸易摩擦，但另一方面美国总统克林顿认为中美贸易有利于美国的长远发展，因此在其第二个任期内主张在多个经济领域与中国进行合作；2001—2017 年美国对华实行全面战略打压，面对金融危机对美国造成的创伤与中国成为世界第二大经济体地位的确立，美国一方面对人民币汇率进行施压，给人民币带来升值压力，另一方面对中国出口商品发起反倾销、反补贴调查，同时实施“亚太再平衡”战略，试图将中国排斥在美国主导的世界贸易体系之外；2017年特朗普执政以来，中美贸易摩擦频频升级，美国采取“美国优先”的贸易保护政策，指责中国凭借制造业优势在经济全球化中获得了超额的利益，造成了美国制造业不振、失业率升高、实体经济受创，于是通过一系列强硬的贸易制裁手段打击中国。如今，崇尚自由贸易的民主党获得执政权，与特朗普政府的单边主义与“退群”政策相比，拜登更注重重建美国与盟友的友好关系，希望世界回归美国主导的国际贸易体系，主张集合多边力量共同挤压中国，与中国争夺在亚太甚至全球贸易规则制定方面的领导地位。

第一节　拜登政府的贸易政策分析

一、修复盟友关系，重建美国信用

特朗普执政期间，在贸易上贯彻“美国优先”的政策，以本国的经济发展为核心，优先促进美国经济增长。特朗普反对贸易全球化，奉行单边主义与保护主义，认为自由贸易影响了本国中下层劳动人民的就业，将美国的贸易问题归结为贸易逆差过大，以向贸易国加征关税、退出 TPP 等作为对外贸易手段，不再承担从前承诺的国际贸易责任。特朗普上任初期就要求重新谈判北美自由贸易协定，还多次批评 WTO 的低效率、低标准，企图将美国法律凌驾于 WTO 贸易规则之上，要求其他贸易顺差国遵从美国标准下“公平贸易”的秩序，迫使别国在政治经济等多方面作出让步，以减轻美国贸易逆差压力，并以征收惩罚性关税及发起反倾销反垄断调查等手段制裁其他主要贸易国的“不公平贸易行为”，以维持美国的霸权地位与国内经济。由于特朗普政府时期美国的连续“退群”和频频施压，使得目前美国在国际上处于失信状态，以破坏以往建立的国际贸易关系为代价帮助美国获取更大经济贸易利益的行为使其失去许多盟友。如今美国国内失业、疫情问题仍未得到解决，特朗普任期结束前未来得及恢复遭受打击的经济和就业，尚未弥补疫情带给工人和农民的巨大损失，而此时中国等主要经济体早已开始恢复被疫情破坏的经济和贸易。无论是国内发展还是国际地位，美国均处于不利境地，拜登领导的美国政府面临国内外重重压力。

与偏向保守政策的共和党不同，美国民主党主张自由主义，倡导自由贸易和国际合作。拜登赢得大选后美国迎来了民主党的执政，讲求自由合作的民主党正逐渐意识到修复盟友关系的重要性，主张重构并修复盟友关系，联合盟友对他国施加压力，以此减少美国对外贸易的阻力。在多边贸易方面，拜登表示，采取更加自由开放的贸易政策，不支持使用关税武器打击他国的方式，而是关注贸易的“不正当竞争”和窃取美国知识产权的不正当行为，与日本、欧盟及澳大利亚等国家共同协商，推动WTO上诉机制改革以扭转他国政府补贴国有企业等非市场经济行为给美国带来的利益损失。具体而言，WTO的补贴规则与美国贸易利益相冲突，拜登政府将改变特朗普执政时期的消极批判态度，而是以积极谈判的方式参与WTO争端解决机制的改革，支持、推进WTO对多边贸易体系的构建，与其他成员共同磋商共性问题。但是由于美国与其他成员在WTO争端解决机制方面长期存在分歧，迅速达成一致十分困难，因此预计拜登政府将同时在其他领域寻求盟友的支持，其中环境与卫生是比较可能达成一致协议的领域。

于是，在国际条约方面，拜登提出关注环保与气候等问题上的合作，重新加入《巴黎协定》和世界卫生组织。一方面，拜登提议在协定中补充更多关于气候变化等内容的环境条款，并带头征收“碳调整费”，改善国内市场准入与营商环境，同时要求其他国家共同遵守环境协定，提升对中国等发展中国家的要求，并在环境议题上提出符合全球利益的政策，使美国不仅能够获得世界盟友的支持，还能够在替代能源领域得到一定的投资利益与空间。拜登在2019年6月5日就发表声明称，美国要进行“清洁能源革命”，维持“环境正义”，还曾提出要与国会合作，未来实现美国零排放目标，支持全球气候行动，以身作则，推动主要国家实施更激进的气候目标。2020年拜登公布了更详尽的新能源计划，承诺利用多种手段帮助因退煤而失业的劳工重新找到工作，并在未来四年内在美国新能源基建领域投资2万亿美元，增加1 000万个新能源行业就业岗位，增加4 000亿美元的新能源汽车电池及零部件的采购，这些计划都体现了其支持全球气候外交的理念，并证明美国未来在贸易协议环境条款方面可能提出更高的要求。另一方面，受新型冠状病毒肺炎疫情的影响，美国不得不将注意力集中至医疗卫生领域，注重构建更强劲的关键药品与医疗设备的区域供应链，因此未来美国可能会重返世界卫生组织，主导建立新的医疗卫生贸易规则，巩固医疗供应链上的盟友关系，从而增加国内的医疗卫生储备，增加国内医疗产品与设备的生产。

另外，拜登在2020年大选演讲时就提出要重视与欧盟友好关系的重建，并提出要重新加入伊核协议，意图履行美国维护欧亚大陆和平稳定的责任，并减少与欧洲等盟友的分裂。由此可知，欧盟作为美国长久以来平衡亚欧大陆经贸发展的盟友，成为拜登政府希望恢复友好关系首要考虑的伙伴。2020 年 8 月民主党党纲宣称“我们相信欧洲是我们与中国竞争的天然伙伴”。从以下三方面可以推断，未来美欧关系很大可能将逐步走向合作而非继续对立。

第一，意识形态上，欧盟人民反对封闭的经济和保护主义，这与拜登政府的贸易理念相吻合。民主党代表了从自由贸易中获得利益的美国商会、华尔街、跨国公司，即金融界、科技界、媒体界、工会蓝领、公务员教师等人群，他们倡导“人权与自由”，拥有民主党与中立派背景的拜登更是主张平衡多方利益，修复美国在多边贸易领域和国际规则制定领域与盟友的合作关系，希望重新树立美国的国际信誉，恢复美国的国际经济领导地位。拜登在演讲中提出，要恢复多边合作关系，解决美国和国际盟友之间关于高科技企业的公平征税分歧等方面的问题，未来将以美欧合作为着力点，逐步缓解美国与欧洲因诸如波音空客航空补贴纷争等带来的贸易紧张关系。在这一贸易理念上，拜登政府的思想与欧盟自由开放、民主人权的外交价值观相吻合，加上美国在部分领域增加对俄战略制裁的政策也有利于保护欧盟的利益，因此欧盟可能会重新考虑美国的合作请求。

第二，欧盟方面，它们认为近年来中国的崛起同样给它们带来了竞争与挑战。中国在欧洲的影响力与日俱增，欧盟对中国“一带一路”倡议及中国与中东欧国家的合作持怀疑和警惕态度，并认为中国技术虽然进步迅速，但技术安全性得不到保证。为了防止中国在技术领域确立领导地位，欧盟也希望与美国组成“反华技术联盟”，共同打压中国高新技术产业，并扶植欧洲电信行业的发展。并且英国脱欧后使欧盟失去重要的一极，目前凭现有力量很难脱离美国战略目标的渗透并在国际经济上成为领导的一方。由于欧盟和美国在文化制度、价值观方面有相同点，而对中国的政治经济制度与人权保障等方面持反对态度，因此曾将美国看作是“比中国还重要的贸易投资伙伴”，希望与美国合作建立“民主同盟”，共同应对中国地缘经济的影响，维持“正常”的国际秩序，因此欧盟很大可能会倾向于加入与美国的合作阵营，共同制裁中国的所谓“不公平”贸易行为。另外，欧盟 2019 年在吸引新能源汽车电池开发投资方面领先全球，创造了 600 亿欧元的记录，在美国新能源计划的影响下，美欧在新能源领域存在很大的利益交汇点，未来具有较为广阔的发展空间。而且，即使具有同样的民主党派背景，拜登与奥巴马理性化的工作风格也有所不同，他在以往的政治生涯中注重培养关系网，更倾向于倾听与理解，这种行事作风也延续到了他的外交政策上。未来拜登政府可能在气候、反补贴与新能源问题上与欧盟找到契合点，与欧盟等面临相同问题的国家共同应对中国的挑战，要求中国政府进行符合美国利益的改革。

第三，从拜登政府最新提名的美国内阁成员可以看出，拜登的内阁成员涉及非裔、妇女、有色人种等，组成更为多元化、包容化，而主管外交事务的国务卿席位由安托尼·布林肯继承。鉴于拜登年事较高、美国国情更为复杂，此届政府的国务卿将承担更多的义务，也被赋予了更大的权力。安托尼·布林肯曾发表演讲称，特朗普破坏盟友关系的策略让中国得到了巨大优势，而拜登的归来，不是美国的归来，而是美国盟友的归来。这体现了他的主要外交原则。布林肯从 2002 年开始一路跟随拜登工作，2008 年在白宫担任副总统拜登的国家安全顾问，主导伊核协议和 TPP 的谈判，主张“重返亚洲”和建立“跨太平洋贸易组织”，以维持“亚太再平衡”。他曾为说服日韩加入 TPP 亲自前往日韩进行演讲或施压，未来布林肯可能也将通过类似的游说手段来加强与欧盟的经贸关系。

综合以上原因，美国和欧盟之间存在共同的敌人和重叠的利益，如果拜登上台后寻求与欧盟的合作与信任，双方很有可能重新结盟。

二、重返 CPTPP 的可能性存在

TPP 是奥巴马政府时期与日本、加拿大、韩国、澳大利亚等国签订的自由贸易协定，协定主张全面彻底地实行零关税、零贸易壁垒，覆盖了货物、服务、技术、投资、金融资本、环境保护等多个传统贸易领域，同时在电子商务、能源贸易等新兴贸易领域做出了相应的规定，规则范围超过 20 项，比中国适应与共生的 WTO 规则更为广泛。实际上，TPP 是按照美国“取消政府对资本的主导权，实现国际资本的无障碍自由流动”的贸易原则，意图使参与国成为美国主导下的国际分工链条环节的贸易协定，是美国以渗透亚太经济圈的方式来孤立中国的政策体现。如果中国试图加入 TPP，则需接受严格的劳工标准、环保标准和知识产权标准，美国希望以此将中国排除在亚太经济圈之外，从而减弱中国制造业的成本优势，阻止中国取得技术后发优势。但是 TPP 签订后，零关税条件导致美国的农林资源等多种本土产品受到冲击，美国消费者更多地使用价格低廉的外国进口品，而不是购买本国生产的同种产品，进而导致美国农民收入削减、中下层劳动人民失业，而美国资本家从中获得大量金钱利益。这种趋势如果持续下去，TPP 给美国带来的损失必将超过给中国带来的损失。因此，美国

国会和两党曾经对 TPP 持有一定的反对态度。于是，2016 年特朗普由于得到铁锈地带和中下层劳动人民的支持而胜选，为了兑现促进美国制造业回流、创造更多就业岗位、降低美国失业率的承诺，他上台后立即退出了 TPP，但是这在创造就业、去除过剩产能的同时，也使得美国对中国在亚洲的封锁圈被打破，一定程度上动摇了美国在亚洲规则构建上的领导地位。而随着中国“一带一路”倡议的提出和 RCEP 的签署，中国与其他发展中国家正在不断磋商，谈判内容逐步从传统贸易领域向外扩展，正在创造包容、开放、平等的贸易圈，这更加威胁了美国的世界霸权地位。

因此，如果拜登希望重新建立跨太平洋伙伴关系，就需要重视目前由 11 国公布的 TPP 修改版——CPTPP 的存在。首先，近年中国在亚太地区贸易体系制定中的角色逐渐由“参与者”向“领导者”转变，中国在 RCEP、“一带一路”以及中日韩自贸区建设上的话语权逐年增大，CPTPP 作为能够制衡中国的亚太地区自贸协定，其关税减让规则带来的出口扩大效益能够一定程度上弥补贸易战给美国带来的中国市场的贸易损失，美国还可以通过 CPTPP 的“原产地规则”，制衡“中国制造 2025”目标中引进海外更高级的技术资源、争取更多国际技术合作以及增加中国对外资的吸引等战略规划，也能够通过重返 CPTPP 继续控制南海地区的贸易活动，以此减缓“一带一路”建设的发展速度，阻断中国对外贸易的向南发展，降低中国的经济增长速度，恢复美国在未来可能的贸易方向上取得领导地位。其次，CPTPP 涉及许多太平洋地区国家，其协定内容覆盖范围广泛，规定降低贸易壁垒水平，遵循严格的环境保护及劳工保护原则，涉及的环境章节对成员的环保行为做出了较具体的要求，在贸易便利化、服务业与金融业、数字贸易与电子商务等贸易前沿领域起到了领导作用，与拜登政府的对外贸易理念相吻合，如果重新加入规则较成熟且全面的 CPTPP，美国不仅能够保持在传统贸易领域的规则优势，而且能够在非传统领域占据技术及制度优势，促进贸易结构多元化，使得亚太地区成为美国产品输出的广阔市场。最后，由于目前 CPTPP 的领导国日本与美国在农产品市场准入方面具有利益共同点，所以日本也希望美国能够回归。2019 年美日政府曾就农产品和汽车的关税问题进行谈判，根据 CPTPP 贸易技术壁垒章节，日本需要取消其进出口结构中绝大多数工业品和农产品的关税，这有利于美国扭转近年来汽车行业海外市场份额下降的趋势，并且对于美国希望开拓海外农产品市场的农场主来说有较大吸引力，这同时也使日本农产品与汽车行业的海外贸易更加稳定。因此，拜登政府可能希望通过重新加入 CPTPP 建立新的联盟来对付中国，把亚太地区与美国具有相同“民主自由”思想的国家集合起来，制定针对中国的规则体系，进而建立美国主导的世界贸易体系，将包含美国贸易自由主义的思想贯彻到国际贸易规则中。

由此可知，虽然重返CPTTP将会遭到美国社会的多方阻力，与CPTPP国家的磋商需要花费一定的时间，但是根据当年奥巴马政府时期拜登对TPP的大力支持与日本对于美国回归的期待，以及拜登政府联合盟友的未来策略可以推断，拜登政府可能会重新加入CPTPP，但会对现有的CPTPP规则进行修改，降低其对美国的“副作用”。

三、加快推行“美国制造”，维护美国供应链

在特朗普执政时期，制定了终止业务离岸外包的政策，意图创造更多的就业机会，但是却出现了税收漏洞，实际上是维护了跨国公司的利益，鼓励了跨国公司将利润和就业岗位转移到海外的行为，损害了美国劳工的利益。尽管特朗普强调支持购买美国货，但是其仍然允许部分持有联邦合同的公司开展利润更高的海外业务。而拜登政府试图弥补这一漏洞，制定离岸税收惩罚规则，改变特朗普鼓励公司外迁的政策，采取税收抵免政策手段，打击国际避税行为，并增加美国在关键领域供应链的重点采购政策，恢复对美国清洁能源、基础设施、医疗卫生和半导体等重点行业的政府战略投资，加快推行“美国制造”“购买美国货”的步伐。拜登在竞选集会上表明：“只有承包商使用的所有产品均为美国制造，美国才会签订合同。所有产品，必须是美国制造。”根据拜登的提案，他计划惩罚向海外输送工作岗位的公司，继续支持美国制造业回流，为美国创造更多就业岗位，将向国内富人征收的较高税收收入用于购买美国生产的产品，对位于海外的美国公司的所有海外收入征税，以此维护美国供应链的持续。另外，拜登将通过建立回拨机制条款，对关停美国本地工厂、将业务转移至海外的美国企业要求返还税收优惠和公共投资。美国民主党也表示要打击因其他国家倾销钢铁行业产品、出口不公平补贴产品而导致的美国制造业遭到削弱的不公平贸易行为，确保美国制造业的生产独立与市场稳定。

但是，“美国制造”的愿景不可能在短期内实现，拜登希望所有产品均产自美国这一要求与当今WTO非歧视规则相悖，可能会被伙伴国视作补贴行为，存在一定的贸易风险。因此，如果拜登政府希望最终实现美国制造，那么可能会希望美国逐渐建立起独立于国外的价值链，可能首先考虑在保持本国技术优势的同时，提升底层劳工的工作条件。在这种情况下，拜登可能会改变特朗普时

期禁止移民的政策，加强对优秀人才的吸引力，保持美国在知识技术领域的开放度和领先地位。其次，继续发挥 USMCA 的作用可能成为美国维护本国供应链的首要步骤。拜登希望保护美国劳工的利益，而美国临近墨西哥的南部各州的拉美裔工人是不可忽视的劳工群体，特朗普政府时期重新修改的 USMCA 在为墨西哥工人提供安全的工作环境、为加拿大带来新的经济增长点的同时，可以巩固美国在北美市场的绝对领导地位，为其实现完全“美国制造”创造条件。因此，USMCA 可能成为维护美国供应链的抓手，重塑北美地区价值链可能仍会成为拜登继续考虑的方向之一。另外，拜登提出美国新政府成立后便开始进行供应链检查，确定国家重要部门，扶持关键产品的生产。具体而言，首先拜登主张把目前美国产业发展重点逐渐从疫情期间需要的医疗卫生设备领域转移到通信设备与半导体产品生产上，通过具有高级研究与联邦采购等功能的政府机构的帮助，保证关键产品的本地生产。其次要改革美国税法，消除对公司海外转移的激励，转而奖励在美生产的行动。再次要定期检查美国供应链的库存与漏洞，即使在危机时期也要保证足够的本国制造能力。最后加强与同盟国家的合作，减少对中国中间品的进口依赖，保障美国供应链的持续与安全。可以预计，未来拜登将逐步实现改革税法填补漏洞、加强合作维持生产与政府支持维护供应链的计划，努力实现完全的“美国制造”目标。

第二节　中美经贸关系展望

一、长期内中美贸易关系并未缓和，对华出口管制依然趋紧

与为了维护蓝领工人与贸易保护主义者的利益而制定尖锐、对立及施压政策的特朗普不同，拜登及其团队的决策风格较包容开放，拜登领导下的美国会综合考虑美国多方利益诉求，愿意倾听多方声音从而在谈判中做出适当妥协，在整体上对外政策较为温和。特朗普并不认为中美之间存在公平竞争，不相信和平对话与人文交流对于中美关系具有缓和作用，而是认为美国的贸易逆差是中方带有不公平色彩的贸易行为所导致的，使得中美关系日渐僵化。而拜登政府成员大多相信中美之间存在选择性合作的可能，可以通过战略对话来阻止中美关系的继续恶化，在诸如全球卫生问题、防止核扩散问题、气候问题等方面寻求可能的合作，短期来看中美贸易关系似乎有缓和趋势。

但是，虽然拜登未来的贸易政策风格可能趋向柔和，但其始终代表美国的

国家利益，并且继承了特朗普“经济安全就是国家安全”的理念，主张减少或完全消除对中国经济的依赖，以更多元的贸易政策手段对待中国。根据目前美国经济正在缓慢恢复的现实状况可以推断，拜登领导下的美国政府在初步整顿经济、恢复正常秩序前，短期内不会撤销对华的高关税政策，尽管未来拜登可能会采取更为合作的方式，在中国做出让步的基础上，仔细分析利弊后做出削减如生活必需品等非关键领域部分关税的决定，以此来减轻高关税对美国消费者的损失转嫁，但是在人工智能、航空航天以及电子通信等高新科技关键领域，美国将保持防范和警惕的态度，相关领域对华高关税的政策依然会持续。另外，拜登提出“中美贸易问题不在于贸易逆差”的观点，虽然不像特朗普那般一致对外采取强硬介入的贸易手段直接“攻击”、遏制中国，但在中美贸易触及美国关键利益时也绝不会心慈手软。近年来中美两国在电信行业的冲突更是说明美国政府始终保持着对国家安全问题的重视，这意味着未来美国在贸易领域对华政策将更为复杂，在投资领域仍然会加强关于中国对美 FDI 的审查与监管，未来对华出口管制仍然趋紧。

从美国民主党党纲也可以看出，拜登要坚持与中国的竞争，将采取传统贸易制裁以外的措施继续打压中国，长期内中美贸易关系并不会得到根本性的缓和。虽然 2020 年民主党党纲表示“中美必须避免掉入冷战‘陷阱’，美国应从维护世界和平稳定的角度来考虑中美关系”，但党纲也声称，“民主党将会对中国及任何试图削弱美国制造业的国家采取积极行动，我们将抵制中国窃取美国知识产权，并要求中国停止对美国企业的网络间谍行为……民主党将与盟国一道，发动世界上超过一半的经济体制衡中国，并尽可能从最强有力的位置进行谈判。民主党人对中国的态度将以美国的国家利益和盟国的利益为指导，并利用美国社会开放、经济活力以及同盟力量来塑造反映我们价值观的国际准则。”由此可知，尽管拜登上台后可能会取消贸易战，但是后期拜登可能会采取更多针对中国经济体制的策略，联合国际盟友共同挤压中国的领导空间。如在气候与知识产权方面对中国提出更高要求，提高中国生产成本，使中国对外贸易受创。

2020 年 11 月 15 日，覆盖全球 30%人口的最大自由贸易协定 RECP 成功签署，中国再次巩固了在亚太地区的经济地位，也代表着美国对于亚洲的控制力正在减弱。在中国宣布签署 RCEP 的一天后拜登就在演讲中宣称“不会采取损害盟友让中国获益的惩罚性的贸易政策，新政府将在 2021 年 1 月 21 日宣布详尽的对抗中国的计划”。由此可见，中美贸易关系未来仍然面临极大的不确定性，总体缓和的可能性很小，美国新政府可能会联合其国际其他盟友对中国进行制衡，尤其在高新技术领域的竞争会更加激烈。

二、短期维持协议现状，未来将重启与中国的贸易谈判进程

特朗普一直采用对立的对华贸易政策，在贸易协议中主要强调对中国征收惩罚性关税，而拜登对于自由贸易更为支持，不同意特朗普加征关税的“灾难性”做法，并批判特朗普独断强硬的反倾销反补贴制裁措施，他更愿意通过对贸易协议的调整，保障美国工人的权益，重新配合 WTO 与环保组织的工作，更加均衡地分配贸易利益。2020 年 1 月，特朗普政府与中国达成第一阶段的经贸协议，协议要求中国购买超过 2 000 亿美元的美国商品，但是由于新冠肺炎疫情的影响，中国并未实现承诺的购买要求，中美第二阶段的贸易谈判计划被迫终止。虽然拜登继续采取特朗普对华的对立态度，但由于拜登的政策具有国际自由主义的倾向，他将对外贸易政策重点放在处理多边关系、恢复世界盟友的全局现状上，需要首先解决过去特朗普政府遗留的包括对外钢铁关税、数字服务税、对欧飞机补贴冲突等多边贸易问题，并且拜登目前面临国内农民与企业希望削减关税、国内工人希望保证就业的双重矛盾，国内不同阶层利益的冲突导致拜登政府对中美经贸问题仍然持观望态度，短期内可能无暇继续与中国直接进行第二阶段的谈判，而是通过减少与盟友的贸易争端尽快建立对华贸易联盟，通过调整外部制度规则来对中国施压。但在拜登上台之后，面对美国国内仍然严峻的疫情形势与国内大量印钞所导致的通货膨胀、美元购买力下降危机，以及失去国际盟友的信任、对中国实行贸易战策略的国外困境，为维持美元在国际支付体系中的关键地位，防范制裁措施的不当使用，预计未来拜登也将重启与中国和其他国家的谈判进程，加强与各国，尤其是与中国之间的贸易，促进美元在国际上的流通，在一定程度上使中国的零部件继续在美国销售，从而促使美国进一步降低制造成本，增加就业岗位，促进美国制造业回流。

虽然拜登声称“除非对美国做出重大投资，否则不会签署新的贸易协议”，民主党党纲也表示“在重塑美国国内竞争力前不会进行任何新的贸易协议谈判”，短期内中美第一阶段协议可能延续，不会签订新的贸易协议。但是值得注意的是，在重新建立符合美国利益的国际贸易规则前，未来拜登政府可能会以减少关税作为谈判要求，在原来的协议基础上进行调整以适应新的经济现状，在更多非传统领域对中国施加压力。2020 年 12 月 10 日，拜登提名美籍华人女性凯瑟琳·戴为美国贸易代表，这预示着其正在为中美贸易问题的长期谈判做准备。美国贸易代表在美国内阁中属于部长级官员，在贸易与外交事务中的地位

举足轻重。由于凯瑟琳·戴曾在美国贸易代表办公室担任中国事务高级律师，她的专业性强，政府经验也丰富，受其影响，预计未来美国对华政策将会更激进全面。凯瑟琳曾在美加墨贸易协定谈判中表现突出，在奥巴马政府时期经办在WTO的中国贸易争端诉讼，有丰富的处理与中国贸易争端的经验。凯瑟琳·戴认为，加征关税属于“防御性”的贸易政策，目的是使中国“遵守贸易规则”，对于中国“超越规则”的行为采取惩治措施。但是她指出，美国更好的对华贸易政策应该包含具有“进攻性”的内容，通过对美国产业的激励或补贴政策，鼓励美国和盟友之间的相互购买，为企业保证一定的海外市场，刺激企业生产更多的产品，进而使得美国逐渐脱离对中国的依赖。对凯瑟琳的提名受到了美国多方利益团体的欢迎。前白宫首席贸易谈判代表克莱特·威廉姆斯认为，“凯瑟琳·戴懂得如何结合WTO规则体系与盟友力量向中国施压，并且她流利的中文能够在未来与中国的谈判中发挥优势”。同时，拜登在回答媒体对华关税问题的提问时表示，“不想提前预判选择，而是上任后结合实际对中美阶段性贸易协议进行全面评估，并与欧亚盟友协商后做出决断”。上述事实均表明，拜登暂时会维持与中国的贸易协议现状，但仍在为重启与中国的贸易谈判进程做准备，将针对中国制度特点和意识形态特征采取更有力的竞争与打击手段。

三、通过制定国际贸易规则的新手段继续打压中国

特朗普认为，传统的自由主义的贸易政策使得美国丧失领导世界的权力，造成了国内制造业外流等问题，于是他追求恢复自身权力最大化，以谋求美国最大利益为目标，因此他将遏制中国作为美国全球战略的重点，认为要阻止中国试图在国际竞争中超越美国的行为。而与特朗普奉行的民族主义不同，拜登新政府奉行自由主义，认为美国的强大归功于历史上坚持的自由贸易与“民主联盟”，目前自由主义只是出现了新的实际问题，美国可以通过调整使得自由主义更加适应时代变化，于是拜登把全球战略重点放在构建新的全球贸易制度框架上，维护美国在政策规则上的领导地位，而不能给中国等新兴国家领导的机会，中国可以参与美国对于某些机制的制定，但要始终保持美国的领先与领导地位。而民主党党纲也宣称，美国应与伙伴国家和同盟一同制定世界贸易规则，如果让中国主导这些规则的制定，那么美国的中产阶级与工薪家庭将付出代价，民主党应与同盟一起联合全球一半以上的国家与中国展开谈判，打破中国或其他国家破坏国际秩序的企图。

对华政策只是奉行自由主义的拜登政府维持全球领导地位政策中的一环，

未来美国很可能不再以“关税战”为主要手段来打压中国，而将竞争重点放在贸易规则的较量上，以更加复杂多元的战略来对待与中国的竞争与合作。民主党党纲表示，特朗普保护主义倾向的贸易政策虽然给受经济全球化冲击的传统制造业带来了调整机会，但是美国其他行业的产品仍然需要大量出口至最大市场中国，对华高关税使得美国许多产业由于自由贸易受阻而遭受较大的冲击与损失，这不符合美国社会的整体利益。拜登奉行“规则范围内的公平竞争”的外交理念，试图制定以美国为核心的规则系统来约束中国，使中国朝着美国所希望的方向发展，而不是直接抑制中国的贸易。如前文所述，TPP 协议是奥巴马政府试图针对中国的经济与制度特点而制定的，目的是把中国从东亚供应链中剔除，实现美国对东亚和世界经济体系的主导。如今在中国为了避免贸易争端的裁决权力被美国及其他国家掌握，与东盟谈判多年的 RCEP 已经成功签署的背景下，拜登很可能通过重返 CPTPP 的方式，“取消对中国的单方面关税，转而以一种国际联盟的方式让中国负起责任”。因此，拜登政府在恢复主要盟友关系之后，可能会重新评估对中国的关税征收问题，在放松部分关税的同时，将伴随着更全面、更深层次的贸易规则谈判与磋商，中国将面临更艰难的国际贸易规则制度的挑战。

第三节　结论与建议

一、识别美国战略目标，在融合中走中国自强之路

拜登上台并不意味着中美关系的缓和，民主党执政也不会放弃对中国的打压。通过总结以特朗普为代表的共和党以及以拜登为代表的民主党的对外政策可以看出，共和党政策的重点在于保证美国的独霸地位，收缩全球战略空间与促进制造业回流以促进国内就业和本土优势，只要“有损”美国利益，特朗普就会对其强硬打击，对日欧等世界盟友也不例外。但是除了“退群”与反倾销反补贴的传统贸易保护主义行为外，特朗普并不会过多采取灵活的打击方式，并且当外贸打压措施使得美国的利益重新得到满足时，特朗普便不会持续干涉各国外贸事务。但是反观拜登政府的贸易方略会发现，拜登并没有延续其作为奥巴马政府的副总统时对于中国非对抗合作的思路，而是将中国作为主要竞争对手，因此民主党意图“拉拢”世界盟友共同对抗中国，倾向于采用更改国际贸易规则的方式把中国阻挡在贸易“高门槛”之外，削弱中国现存的劳动成本

低的优势，实现美国在世界贸易规则中的绝对领导地位。

但是，由于多年来中美经贸关系日益深化，并且中美贸易实力彼此接近，在这种情况下双方均无法迫使对方接受自己制定的全球性贸易规则，中美两国的贸易存在能够使双方产业层次互补的贸易利益，双方在贸易规则的制定上也存在透明度、法制化提升的共同要求，双方贸易体系实际是在融合中竞争，不可能相互孤立、彼此取代。拜登曾发表文章表示，中美两国在国际秩序维护方面的制度竞争无法避免，但在世界治理等热点问题方面的合作不可或缺，中美关系存在复杂性。因此，面对利益融合趋势不可避免、竞争领域逐渐增加的大环境，中国要在融入国际贸易体系的同时，提升自身经济实力与国际竞争力，打破美国的规则限制。

具体来说，首先，针对美国对华高科技打压措施，要加快中国高科技本土化进程，降低美国政府对于云计算、人工智能等新技术的管控对中国制造的影响，减少对国外高新技术的依赖，提升独立自主的创新能力，加快促进中国比较优势从劳动力成本转移到高新技术上来，提升产品与服务的质量水平，提升出口产品国内增加值，进一步转变经济增长方式，推动国内产业转型升级。其次，当今人民币汇率市场化进程加快，中国对美元的依赖逐渐降低，人民币国际化的实现能够使中国从美国主导的货币体系中取得一定的独立地位，因此中美在区域经济竞争关系中争取区域贸易规则主导权的同时，还可以通过加快人民币国际化进程的方式来提升中国的国际影响力，并且要加强对资金流动的监管，通过服务业与金融业的融合，在智慧竞争中逐步扩大贸易开放。最后，面对美国联合国际盟友企图从国际市场方面联合打压中国的行为，中国要增加国内的有效需求，通过国内的产业集聚与城乡协调扩大国内市场，稳定国内就业，释放经济活力；继续深化供给侧结构性改革，推动国内“小循环”，同时坚持合作开放，积极参与世界关于新兴产品贸易的谈判，弥补本国新兴贸易领域内规则不规范、不完善的缺陷，积极融合国际先进行政管理体系的制度模式，不断简化进出口行政流程手续，提升商品出入境效率，扩大市场准入，推动建立更大的世界经济循环体系，促进国内国际“双循环”。总之，中国必将始终保持警惕，准确认识美国的政策意图，针对民主党的政策特点制定更为灵活的战略方针，以“十四五”规划为指导，通过自身的改革开放与经济转型走自立自强的发展之路，保护国家利益与人民福祉。

二、充分利用缓冲期，争取亚太领导角色

中国清醒地认识到未来中美关系是国际贸易规则与全球竞争力的较量，将始终保持谨慎的态度和冷静的头脑，以强大的决心和勇气面对新的挑战，与亚太盟友一同提前做好战略防范。虽然美国试图重建同盟国家的信任，世界贸易体系可能因此逐渐回归到以往建立起来的以美国为中心的常态，但是也有另外一种可能，那就是由于特朗普“退群”的这四年来，各国之间已经建立起了不以美国为核心的新型贸易联系，国际贸易已经适应了失去美国领导的新体系，因此世界贸易体系是否能朝着拜登政府的预期发展从而恢复美国领导的稳定状态还仍然是个未知数。另外，虽然拜登政府可能会联结盟友促进 WTO 改革，但是美国不同意对国有企业补贴的理念也存在与 WTO 规则不符的嫌疑，美国试图主导 WTO 改革的目标将面临长期的谈判与过渡过程。赋予美国总统掌握贸易谈判协议的《贸易促进授权法案》（TPA）在 2021 年 7 月 1 日失效，TPA 的更新过程中将会面临美国内部各党派阶级对未来国际贸易问题的激烈讨论，拜登是否会顺利更新 TPA 仍是未知。如果最后废除 TPA，那么拜登贸易政策的实施与协议签订能力将受到美国国会的干预，因此拜登政府的贸易政策仍存在变数。

在这种情况下，中国在警惕美国未来新的对华政策的同时，充分利用短期的缓和，保持好自身的战略定力。一方面，在美国尚未做出是否加入 CPTPP 等具体贸易决策的缓冲期内，要时刻关注美国谈判动向，巩固亚太地区的伙伴关系，继续争取亚太经济圈的引领者角色，积极参与全球贸易规则的制定，提升中国在亚洲乃至全球经贸体系中的地位，主导建立分层次的关税减让优惠以及贸易争端解决规则，避免被美国设计的亚太和全球贸易规制排除在外。2020 年 11 月签订的 RCEP 是更适合发展中国家的自由贸易协定，其内容虽然不如 CPTPP 范围广，但在关税规则、知识产权、竞争政策、投资条款、电子商务等核心贸易领域都做出了相关规定，中国要抓住当前已有机遇，利用好“一带一路”框架拓展贸易品类，同时积极参与 RCEP 的进一步实施，让伙伴国明白中国从不以称霸世界为目标，而是积极履行“让贸易利益惠及伙伴国，谋求世界人民共同进步”的责任，组建坚实的“亚太伙伴圈”，在美国制定新的对华贸易政策前获得在亚太地区的引领者地位。另一方面，在尚不确定未来贸易体系的情况下，要不断提升中国自身贸易实力，推动中国由“贸易大国”走向“贸易强国”，做亚太地区的贸易领头人。在加强中国国内的贸易体制改革的同时，继续扶持周边地区自由贸易区的建设，不断拓展自贸区的贸易与投资领域，更新金融、服

务、数字贸易等方面的贸易规制，在自由贸易试验区的不断尝试中吸取经验，推动中国对外贸易长期稳定发展。

三、坚持和平合作立场，加强与贸易伙伴的联系

中美双方在新能源、基础设施、跨境电商、旅游及教育等领域存在合作的空间，应该共同承担起全球卫生安全、气候变化等领域的领导责任。

第一，中国要始终坚持构建“人类命运共同体”的目标，承担有益于世界人民的大国责任。在与贸易伙伴合作的过程中，要以开放与理解的态度促进双方或多方的友好协商。根据“一带一路”倡议经验，中国可以通过加强与伙伴国、贸易对象国的人文交流，增强双方人民的文化认同感，以文化交流促进经济合作，以此降低谈判难度，另外，无论美国未来是否加入 CPTPP，中国都将以包容的态度对待 CPTPP 成员，尽量与其建立和平合作的经贸关系，将其接纳为中国贸易伙伴。

第二，只有扩大中国的区域经贸圈，才能联合伙伴力量共同抵御美国未来可能的经济打击。中国在持续巩固与亚太地区贸易伙伴的友好关系，加强与“一带一路”沿线国家合作的同时，对于 CPTPP 可以采取积极开放的态度，化冲击为融合。最近中国在签订 RCEP 后积极与欧洲国家、日本与韩国取得联系，未来可能就恢复经济与共同抗疫方面展开友好会谈。2021 年 9 月 16 日，中国向 CPTPP 保存方新西兰提交了中国正式申请加入 CPTPP 的书面信函。如果加入 CPTPP，可以补充 RCEP 在制度建设和市场开放程度方面的不足，利用 CPTPP 在环保、劳工与国企等多方面的高标准规则倒逼中国经济转型升级，加快自身的改革开放进程，促进建立更高水平的国内制度体系，推动亚太经济一体化，阻断美国试图在亚太地区遏制、孤立中国的企图。

第三，绿色贸易是符合世界人类利益的新兴领域，是中国扩展国际合作的可行领域。一方面，绿色贸易是欧盟、英国、澳大利亚等国家十分注重的贸易范畴，以发展绿色贸易为抓手，能够与国际组织中气候、环保等相关条款的谈判相结合，与欧盟等主要经济体开展合作，表明中国经济模式的合理性，体现中国承担环境责任的决心，进一步消除各国对中国经贸增长的疑虑。另一方面，可以以绿色贸易促进国内绿色生产，构建中国绿色供应链和新型产业链，将绿色生产技术应用到所有生产工序中，促进绿色产业链的优化，优化产业结构，提升中国在国际循环体系中的竞争力，扩大中国的国际威信和影响力。同时，绿色贸易对于中美贸易关系的缓和也能起到一定的促进作用。拜登政府的新能

源政策说明美国政府未来在绿色贸易领域可能会进一步制定详细的规划方案，在新能源领域展开合作能够为中美双方提供新的市场，有利于双方经济升级。但是，美国在国家安全方面可能会对中国继续挑动是非，在新能源合作中更会限制中国高新科技的发展，因此在某些合作领域充满挑战，中国更需要减少对国外技术的依赖，构建完整的国内绿色生产链条，预判并减少未来合作中可能出现的摩擦。

第四，中美之间的贸易博弈具有长期性，需要制定长期的战略规划以应对美国对华政策。但是，无论美国未来对华贸易施展何种手段，中国都要以和平谈判、开放共赢的态度对待中美关系，中美双方关系的缓和将有利于世界的和平进步与国际贸易的健康发展。未来在多方面考虑国家利益的基础上，中国可以首先提出与美国建立自由贸易区，双方在部分生产与贸易领域开展没有任何贸易壁垒与补贴政策的跨国合作，这不仅有利于中国对外开放进程的推进，更有利于改善中美关系，为世界自贸区建设树立典范，引导国际贸易向包容合作的方向前进。

参 考 文 献

1. Tatiana Prazeres，林桂军，任靓．美国对华遏制和贸易秩序再平衡：对2019年WTO的回顾［J］．国际贸易问题，2020（6）：1－18．

2. 白洁，苏庆义．《美墨加协定》：特征、影响及中国应对［J］．国际经济评论，2020（6）：123－133．

3. 白明．RCEP并非诸多自贸协定简单叠加［J］．中国金融，2020（23）：69－70．

4. 蔡清福．全球金融市场回顾与评论［J］．国际金融，2021（1）：23－27．

5. 陈瑶．新一代区域贸易协定对非歧视待遇与商业考虑条款的重塑［J］．海关与经贸研究，2021（1）：107－121．

6. 冯晓玲，张宁．现阶段美对华贸易政策转变中的中美贸易摩擦研究［J］．广西财经学院学报，2020（1）：42－53．

7. 光明网．外商投资法实施一年多成效显著利用外资逆势增长4.5%［EB/OL］．https://m.gmw.cn/baijia/2021－03/03/1302144660.html．

8. 工行现代金融研究院宏观经济与政策研究团队．走出深度衰退欲待共振复苏——2020年国际经济金融形势研判及2021年展望［J］．现代金融导刊，2021（1）：36－40．

9. 黄琪轩．大国战略竞争与美国对华技术政策变迁［J］．外交评论（外交学院学报），2020（3）：94－120，7．

10. 冀牡丹，李少华．全球经济治理的挑战与展望［J］．西部学刊，2020（21）：151－153．

11. 姜跃春，张玉环．2019年世界经济：同步放缓，复苏乏力［J］．世界知识，2020（2）：62－64．

12. 姜跃春，张玉环．上半年世界经济形势及中国面临的外部挑战［J］．世界知识，2019（15）：54－56．

13. 经济日报．美“301调查”歪曲了《中国制造2025》本质［EB/OL］．

http://www.gov.cn/zhengce/2018－04/09/content_5280747.htm.

14. 孔庆江，刘禹．特朗普政府的“公平贸易”政策及其应对［J］．太平洋学报，2018（10）：41－51.

15. 刘猛，曹誉波．2020 年全球外汇市场回顾［EB/OL］．https://mp.weixin.qq.com/s？src＝11&timestamp＝1619361648&ver＝3030&signature＝qbA25csEzSKwY3IB03W-8jnNqNFuAzPwnjvg0MKISmbC2GZSrO-9FdBFQycm-NQQwywTb42cdHlZCNow0uR-jOm4T3p78yotFGWSM6BAWuJdL1PMXK-0CtqNSbiVDw4z&new＝1.

16. 刘连舸．后疫情时代全球经济的破题之道——2020 年全球经济金融回顾与展望［J］．国际金融研究，2021（1）：3－4.

17. 刘典．开启中欧经济合作的崭新篇章［N］．解放军报，2021－01－04（4）.

18. 刘明．对 2017 年以来美欧日三方贸易部长联合声明的分析［J］．国家治理（周刊）．2019（21）：13－25.

19. 李俊，张谋明．全球服务贸易发展：回顾与展望［J］．海外投资与出口信贷，2021（1）：4－7.

20. 李梦妍．国会在美国对华经济政策中的影响力：克林顿、小布什、奥巴马政府对华经济政策对比研究［D］．华东师范大学，2018.

21. 李曦子．拜登上台后，全球或开启新能源竞赛！这一领域新增投资将达数十亿美元［N］．国际金融报，2020－12－15.

22. 马弘，滕越，徐媛．总统的权力：美国执政党更替与中美贸易（1984—2015）——兼议中美经贸关系［J］．经济学报，2018（4）：208－244.

23. 马涛．美国对华战略规锁下的贸易冲突博弈路径选择［J］．当代亚太，2020（2）：75－99，153.

24. 清华大学五道口金融学院国际金融与经济研究中心．中美贸易争端大事记［EB/OL］．http://cifer.pbcsf.tsinghua.edu.cn/index.php？m＝content&c＝index&a＝show&catid＝107&id＝319.

25. 任希鹏．美欧跨大西洋关系的中国挑战［J］．文化纵横，2020（5）：10－13.

26. 沈铭辉，郭明英．大变局下的《区域全面经济伙伴关系协定》：特征、影响与机遇［J］．焦点透视．2021（1）：44－51.

27. 宋国友．中美经贸关系：再融合、强竞争、弱脱钩［J］．复旦学报（社会科学版），2020（4）：125－131.

28. 三联生活周刊．拜登获胜，但特朗普主义的影响犹在［N］．三联生活周刊，2020－11－08.

29. 王灏晨．2020 年全球贸易形势分析与 2021 年展望［J］．中国物价，2021（2）：3－5.

30. 王宇．全球外商直接投资有望重振活力［J］．西部金融，2020（12）：3.

31. 王春丽，冯莉．国际经贸规则重构对中国对外开放的影响与应对策略［J］．亚太经济，2020（5）：126－131.

32. 王浩．从制度之战到经济竞争：国内政治与美国对华政策的演变（2009～2018）［J］．当代亚太，2019（1）：38－55，156－157.

33. 王浩．特朗普政府对华战略调整的双重逻辑及其互动［J］．世界经济与政治，2018（3）：47－69，156－157.

34. 王海龙，朱京安．美国重返 CPTPP 的动因及其影响与应对——以中美经贸关系为视角［J］．管理现代化，2018（6）：47－50.

35. 魏伟，张欣欣，赵丽．中欧投资协定的缘起、意义和未来展望［J］．边界与海洋研究．2021（1）：100－115.

36. 薛熠，金枫，李经纬．中美贸易关系的演进、影响与我国企业的应对［J］．宏观质量研究，2020（1）：1－18.

37. 姚枝仲．2020—2021 年世界经济形势分析与展望［EB/OL］．https://www.sohu.com/a/441871553_729263.

38. 姚枝仲．2019—2020 年世界经济形势分析与展望［EB/OL］．https://mp.weixin.qq.com/s？src＝11&timestamp＝1619179155&ver＝3026&signature＝CbifUEDkBRGnj4DpMz6RshHRDrP3n2xitVR5GWWKQ4xmw3BAmfxK1Gq3DpJncpn*ZlzZ9fGEkJ5Ry*4PhkumSs0dfjboZZzW9hmHcI69jG3EJo2Puzjdx98f1SES59dS&new＝1.

39. 杨攻研，谭予婷．RCEP 的起源、内容特征与经济影响评估［J］．亚洲区域合作研究，2021（4）：1－8.

40. 余淼杰．中美贸易摩擦的认识误区和正解［J］．长安大学学报（社会科学版），2018（5）：32－41.

41. 张洋．区域贸易协定的盛行及对多边贸易体系的影响［J］．价格月刊，2020（11）：89－94.

42. 张倪．中欧投资协定助力中国多边贸易关系提质升级［J］．中国发展观察，2020（1）：33－36.

43. 张幼文．中美贸易战：不是市场竞争而是战略竞争［J］．南开学报（哲学社会科学版），2018（3）：8－10.

44. 张锐．2019—2020：全球金融市场的过去与未来［EB/OL］. http://finance.eastmoney.com/a/202001071349245067.html.

45. 中国宏观经济研究院对外经济研究所形势分析课题组．2020 年上半年世界经济和我国外贸外资形势分析与展望［J］. 中国物价，2020（7）：7－9.

46. 中国工商银行现代金融研究院国际市场研究团队．全球经济低增长货币宽松将延续——2019 年国际宏观经济金融走势回顾及 2020 年展望［J］. 现代金融导刊，2020（1）：31－37.

47. IHS Markit. New Global Trade Forecast by IHS Markit GTA Forecasting［EB/OL］. https://ihsmarkit.com/research-analysis/new-global-trade-forecast-by-ihsmarkit-gta-forecasting.html.

48. IMF. Global Trade：What's behind the Slowdown in World Economic Outlook：Subdued Demand-Symptoms and Remedies［EB/OL］. Washington D.C.：International Monetary Fund，https://www.imf.org/external/pubs/ft/weo/2016/02/pdf/c2.pdf.

49. UNCTAD. UNCTAD B2C E-Commerce Index 2019［R］. 2019.

50. UNCTAD. Global Foreign Direct Investment Projected to Plunge 40% in 2020［EB/OL］. https://unctad.org/news/global-foreign-direct-investment-projected-plunge－40－2020.

51. UNCTAD. World Investment Report 2020：International Production beyond the Pandemic［EB/OL］. https://unctad.org/topic/investment/world-investment-report.

52. UNCTAD. Global Foreign Direct Investment Fell by 42% in 2020，Outlook Remains Weak［EB/OL］. https://unctad.org/news/global-foreign-direct-investment-fell-42-2020-outlook-remains-weak.

53. UNESCAP. Foreign Direct Investment Trends and Outlook in Asia and the Pacific 2020/2021［EB/OL］. https://www.unescap.org/resources/foreign-direct-investment-trends-and-outlook-asia-and-pacific-20202021.

54. WTO. Workshop on Public Health，Intellectual Property and Government Procurement for WAEMU Members Held in Dakar［EB/OL］. https://www.wto.org/english/news_e/news19_e/tra_04jul19_e.htm 2019－07－04.

55. WTO.WTO Members Stress Role of IP System in Fighting COVID－19［EB/OL］. https://www.wto.org/english/news_e/news20_e/trip_30jul20_e.htm.

56. WTO. Members Discuss Intellectual Property Response to the COVID－19

pandemic [EB/OL]. https://www.wto.org/english/news_e/news20_e/trip_20oct20_e.htm.

59. WTO. Members to Continue Discussion on Proposal for Temporary IP Waiver in Response to COVID-19 [EB/OL]. https://www.wto.org/english/news_e/news20_e/trip_10dec20_e.htm.

60. WTO. New WTO Report Looks at the Global Intellectual Property System and COVID-19[EB/OL]. https://www.wto.org/english/news_e/news20_e/trip_15oct20_e.htm.

61. WTO. WTO Maps out Trade Issues Related to COVID-19 Vaccine Rollout [EB/OL]. https://www.wto.org/english/news_e/news20_e/covid_20nov20_e. htm.

62. WTO. WTO Paper Explores Role of Trade Policy in the Rapid Roll-Out of COVID-19 Vaccines[EB/OL]. https://www.wto.org/english/news_e/news20_e/trip_22dec20_e.htm.

63. WTO. WTO Members Agree to Extend E-Commerce, Non-Violation Moratoriums[EB/OL]. https://www.wto.org/english/news_e/news19_e/gc_10dec19_e.htm.

64. WTO. TRIPs Council Launches New Notification System, Discusses Incentives for Technology Transfer [EB/OL]. https://www.wto.org/english/news_e/news19_e/trip_13feb19_e.htm.

65. WTO. Members Discuss LDC Technology Transfer, Highlight Progress on Transparency Obligations [EB/OL]. https://www.wto.org/english/news_e/news20_e/trip_07feb20_e.htm.

66. WTO. TRIPs Council Discusses IP and Innovation, New ETRIPS Portal under New Chair [EB/OL]. https://www.wto.org/english/news_e/news19_e/trip_06jun19_e.htm.

67. WTO. Annual Report 2019 [R]. Geneva: WTO, 2019.

68. WTO. Annual Report 2020 [R]. Geneva: WTO, 2020.

69. WTO.25 years of the WTO: A Photographic Retrospective [R]. Geneva: WTO, 2020.

70. WTO. Appellate Body Annual Report for 2019—2020[R]. Geneva: WTO,

2020.

71. WTO. WTO Accessions－2020 Annual Report by the Director-General ［R］. Geneva：WTO，2021.

72. WTO. Overview of Developments in the International Trading Environment Annual Report by the Director-General ［R］. Geneva：WTO，2020.

73. WTO. Facts & Figures Regional Trade Agreements 1 July 2020－1 January 2021 ［R］. Geneva：WTO，2021.

74. WTO. Publications Catalogue 2020/2021 ［R］. Geneva：WTO，2021.

75. WTO. World Trade Report 2020 ［R］. Geneva：WTO，2020.

76. WTO. Gloria Abraham Peralta to the Committee on Agriculture in Special Session ［R］. Geneva：WTO，2020.

77. WTO. Dispute Settlement Body Annual Report 2019—2020［EB/OL］. https://docs.wto.org/dol2fe/Pages/SS/directdoc.aspx？ filename＝q： /WT/DSB/81.pdf&Open＝True.

78. WTO. Appellate Body Annual Report 2019—2020 ［EB/OL］. https://www.wto.org/english/tratop_e/dispu_e/ab_anrep_2019_e.pdf.

79. WTO. Trade Policy Review Mechanism Report of the Trade Policy Review Body for 2019 ［EB/OL］. https://www.wto.org/english/tratop_e/tpr_e/tpr_e.htm.

80. WTO. Trade Policy Review Mechanism Report of the Trade Policy Review Body for 2020 ［EB/OL］. https://www.wto.org/english/tratop_e/tpr_e/tpr_e.htm.

81. WTO. Trade Policy Review Report by the Secretariat（Canada 2019）［EB/OL］. https://www.wto.org/english/tratop_e/tpr_e/tp489_e.htm.

82. WTO. Trade Policy Review（Canada Minutes of the Meeting Addendum）［EB/OL］. https://www.wto.org/english/tratop_e/tpr_e/tp489_e.htm.

83. WTO. Trade Policy Review Report by the Secretariat（Lao People's Democratic Republic 2019）［EB/OL］. https://www.wto.org/english/tratop_e/tpr_e/tp494_e.htm.

84. WTO. Trade Policy Review（Lao People's Democratic Republic Minutes of the Meeting Addendum）［EB/OL］. https://www.wto.org/english/tratop_e/tpr_e/tp494_e.htm.

85. WTO. Trade Policy Review Report by the Secretariat（European Union 2020）[EB/OL]. https://www.wto.org/english/tratop_e/tpr_e/tp495_e.htm.

86. WTO. Trade Policy Review（European Union Minutes of the Meeting Addendum）[EB/OL]. https://www.wto.org/english/tratop_e/tpr_e/tp496_e.htm.

87. WTO. Trade Policy Review Report by the Secretariat（Australia 2020）[EB/OL]. https://www.wto.org/english/tratop_e/tpr_e/tp496_e.htm.

88. WTO. Trade Policy Review（Australia Minutes of the Meeting Addendum）[EB/OL]. https://www.wto.org/english/tratop_e/tpr_e/tp496_e.htm.

89. WTO. Trade Policy Review Report by the Secretariat（Japan 2020）[EB/OL]. https://www.wto.org/english/tratop_e/tpr_e/tp497_e.htm.

90. WTO. Trade Policy Review（Japan Minutes of the Meeting Addendum）[EB/OL]. https://www.wto.org/english/tratop_e/tpr_e/tp497_e.htm.

91. WTO. Trade Policy Review Report by the Secretariat（Macao，China 2020）[EB/OL]. https://www.wto.org/english/tratop_e/tpr_e/tp502_e.htm.

92. WTO. Trade Policy Review（Macao，China Minutes of the Meeting Addendum）[EB/OL]. https://www.wto.org/english/tratop_e/tpr_e/tp502_e.htm.

93. WTO. World Trade Statistical Review 2020 [EB/OL]. https://www.wto.org/english/res_e/statis_e/wts2020_e/wts20_toc_e.htm.

94. WTO. World Trade Primed for Strong But Uneven Recovery after COVID-19 Pandemic Shock [EB/OL]. https://www.wto.org/english/news_e/pres21_e/pr876_e.htm.

95. WTO. Trade Set to Plunge as COVID-19 Pandemic Upends Global Economy [EB/OL]. https://www.wto.org/english/news_e/pres20_e/pr855_e.htm.

96. WTO. World Trade Report 2020：Government Policies to Promote Innovation in the Digital Age[EB/OL]. https://www.wto.org/english/res_e/publications_e/wtr20_e.htm.

97. WTO. WTO-WHO-WIPO Symposium Looks at Challenges and Opportunities of Cutting-Edge Health Technologies [EB/OL]. https://www.wto.org/english/news_e/news19_e/heal_31oct19_e.htm.

网站资料

98. RCEP could drive more foreign direct investment into Asean this year，says UOB report［EB/OL］. https://www.businesstimes.com.sg/asean-business/rcep-could-drive-more-foreign-direct-investment-into-asean-this-year-says-uob-report.

99. https://www.chathamhouse.org/2017/11/trade-policy-under-president-trump.

100. https://safety4sea.com/wto-trends-in-global-trade-2018/.

101. https://www.imd.org/research-knowledge/articles/Trump-and-the-rising-spectre-of-proctectionism/.

102. http://cmbinsight.hsbc.com/americamadefortrade.

103. http://www.gallup.com/poll/204044/record-high-foreign-trade-opportunity.aspx.

104. http://www.pewresearch.org/fact-tank/2017/04/25/support-for-free-trade-agreements-rebounds-modestly-but-wide-partisan-differences-remain/.

105. http://www.pewresearch.org/fact-tank/2017/05/09/views-of-nafta-less-positive-and-more-partisan-in-u-s-than-in-canada-and-mexico/.

106. https://www.cnbc.com/2018/03/20/credit-suisse-chief-economist-james-sweeney-on-us-trade.html.

107. https://review.chicagobooth.edu/economics/2018/article/trump-s-trade-policy-uncertainty-deters-investment.

108. https://apnews.com/article/donald-trump-virus-outbreak-global-trade-trade-policy-mexico-39aadae9a6d18de2b91889f1e552b605.

109. https://www.reuters.com/article/us-usa-trade-china-jobs/u-s-china-trade-war-has-cost-up-to-245000-u-s-jobs-business-group-study-idUSKBN29J2O9.

110. 世界贸易组织

111. 联合国贸易和发展会议

112. 国际货币基金组织

113. 世界银行

114. 中华人民共和国中央人民政府

115. 中华人民共和国财政部

116. 中国人民银行

117. 中华人民共和国商务部
118. 中华人民共和国国家发展和改革委员会
119. 中华人民共和国海关总署
120. 美国商务部
121. 美国国际贸易委员会
122. 美国贸易代表办公室